彼得·林奇点评版
股票作手回忆录

REMINISCENCES
OF A STOCK
OPERATOR

[美] 杰西·利弗莫尔（J. Livermore）著

中国青年出版社

图书在版编目（CIP）数据

彼得·林奇点评版《股票作手回忆录》/（美）利弗莫尔著；黄程雅淑译.
—北京：中国青年出版社，2012.1
ISBN 978-7-5153-0362-8

Ⅰ.彼… Ⅱ.①利… ②黄… Ⅲ.股票投资—经验—美国 Ⅳ.F837.125

中国版本图书馆CIP数据核字（2011）第228390号

Reminiscences of a stock operator by J. Livermore, reviewed by Peter Lynch,
Warren Buffett, George Soros, Benjamin Graham, etc
China Youth Press is publishing this edition, due to its public domain status.
The editorial recreation copyright including deletion, addition, modification and
reconstruction copyright © 2012 by China Youth Press.

彼得·林奇点评版《股票作手回忆录》

作　　者：	〔美〕杰西·利弗莫尔
译　　者：	黄程雅淑
责任编辑：	肖妩嫔
美术编辑：	张　建
出　　版：	中国青年出版社
发　　行：	北京中青文文化传媒有限公司
电　　话：	010-65511272/65516873
公司网址：	www.cyb.com.cn
购书网址：	zqwts.tmall.com
印　　刷：	大厂回族自治县益利印刷有限公司
版　　次：	2012年1月第1版
印　　次：	2025年11月第44次印刷
开　　本：	850mm×1020mm　　1/16
字　　数：	171千字
印　　张：	13.5
书　　号：	ISBN 978-7-5153-0362-8
定　　价：	33.90元

目录
CONTENTS

序
FOREWORD

如何学习在股市里赚钱的方法

作者是怎么在股市里面赚到钱的呢？"我想告诉你这一点，我的想法从来都没有替我赚过大钱，总是坚持不动替我赚大钱，明白吗？是我坚持不动！"为什么呢？"不理会大波动，总是设法抢进抢出，对我来说是致命大患。没有一个人能够抓住所有的起伏。"

我十分惊讶于作者的经验和我的经验竟然是如此的类似，因为同样的事情也在我的身边发生过。对于技术指标而言，大牛市，几乎每天技术指标都是超买，但是股市照样上涨。同样的道理，对于大熊市，技术指标每天都是超卖，但是你买进去照样被套。所以坚持自己的判断，不为技术指标所动，拿住股票真的很难。而恰恰是大牛市拿住牛股，坚持不动，熊市拿好现金，不为短期利润所诱惑，您才能真正赚到钱！

正像作者所讲的"看对个股波动没什么了不起。你能在股市发现很多高手，看时机很准，总能在最佳利润点买卖股票，但他们都没能真正赚到钱。为什么呢？能看对波动方向的人很多，能看对波动并坚持不动的人才真正厉害。但是，一个股票投资者只有牢牢掌握了这个诀窍才能赚大钱。而这是最难学的。"

作者经验的例子，几乎就是在讲我身边的真事。我以前有两个管理员，网名女的叫花，男的叫神。花是个医学硕士外科医生，神在某社会科学院下属的电子公司。加入我的团队之前，我和他们讲会做股票最少需要3年经验，神对我说，最好教我一个最快的赚钱方法，我赚钱了肯定不会忘记你们。花则默默的学习投资。从2007年4月到2007年10月股市见顶前，花坚持长期操作，股票账户从十几万变成了七十多万。神则利用短线技术从几万迅速变成了200万。就在最辉煌的时候，我认为股市泡沫太大，股市已经不值得投资，就警告了大家有风险，解散了团队，潜心去写第一本书提示股民股市的风险。

大概一年多后，2009年6月左右的时候，沪指经历了从6124跌到1664的大跌，然后反弹到了3000点。神告诉我这一年做短线做得不好，现在开始做生意了，资金大概不到100万，花给我看了账户，有1400万，都是股票。

一年后，到了2010年的3月份，花给我看她的账户市值竟然达到了9990万，我告诉花，该兑现利润了。她说市值越大，自己也感觉越来越难买股票了，所以今天准备把自己的股票卖出，减到1000万，未来市值再做到一个亿，其余的资金都拿来买房。2010年底的时候，花高兴地告诉我她现在拥有28套房子。神呢？后来他做生意业失败了，股票账户则天天短线折腾得里面不到20万，重新回到了起点。

股市里面的确每天都有赚钱的机会，但是财不入急门，有句俗语叫欲速则不达，其实当你不相信别人的经验，想自己独创一条赚快钱方法的时候，不妨想想作者开篇讲的话："华尔街没有新鲜事，因为投机像群山一样古老，股市上今天发生的事，过去曾经发生过，将来也必然再次发生。"

股市里面赚钱没有捷径，学习大投资家的失败经验就是掌握投资方法最快的捷径。一个超级操盘手的投机经验是花费了无数的金钱验证出来的，他的投机经验非常值得后来人借鉴。对于炒股的人来说，股市里面的错误就意味着真金白银的损失。所以投资者进入股市之前真的应该认真地学习前人的经验和告诫，所以我劝想进股市和已经在股市里面没有赚到钱的人，认真读一下本书，看看大操盘手操盘的心得和投机大师真金白银换来的实战经验。

凯恩斯

2011年1月20日写于北京

▮ 第1章

不要问为什么，
原因总比机会晚来很久

　　我中学没毕业就直接工作了，在一家股票交易所做记价员，记价员的工作就是负责把成交价格、成交量更新到客户室的报价板上。我对数字很敏感，上学期间，学了一年本来需要三年学完的算术内容，我尤其擅长心算。有一个客户经常坐在行情收录器旁边把最新价格大声读出来，对我来说，他读得很快，但我能从容地跟上他，我一向很容易记住数字，一点儿问题也没有。

　　交易所里还有很多其他同事，当然，我和其中一些交上了朋友。当市场交易活跃的时候，从早上10点到下午3点我都没有时间和他们聊天，但在工作时间我也不喜欢聊天。

　　但是，市场的嘈杂并不妨碍我思考。对当时的我来说，那些报价并不代表股票价格，它们只是数字。当然，它们必然是有涵义的，因为它们总是在变化。我最感兴趣的只是"变化"，至于它们为什么会变，我不知道，我也不想知道，我从来没想过为什么，我只是看见它们在变。数字总是在不停地变化，而我星期一到星期五每天5小时、星期六2小时所要关注的，只是这些变化。

　　我开始对股价行为产生兴趣。我对数字的记忆力不错，可以记住股价在上涨或下跌的前一天是什么样子的，我对心算的爱好也派上了用场。

要成为伟大的投资家，你不需要极高的智商。你真正需要的是正确的性格。你需要能够将自己从别人的观点或看法中抽出身来。你需要能够看清一家企业、一个行业的真实情况，并且能独立评估一家企业，而不被别人的看法左右。

可以这么说，我注意到在上涨或下跌前，股价总会呈现某些"习惯"，一种特定的模式。相同的情形总是在不断重复，一遍又一遍，这些重复给了我指导，让我有了预测的能力。虽然当时我只有14岁，但是我已经默默地观察了数以百计的实例，我开始把今天的行情和昨天的进行比较，来检测那些规律是否正确。不久我就开始预测股价的动向，而我唯一的依据，正像我刚刚说的，是股价之前的表现。就像有内线消息一样，我看着价格朝着我预测的方向发展。我还给当下的趋势计时，你知道"计时"是什么意思。

我很快就明白了另一个道理：华尔街没有新鲜事，因为投机像群山一样古老，股市上今天发生的事，过去曾经发生过，将来也必然再次发生；我一直牢记这一点。我必须努力记住它们是什么时候怎样发生的，我必须努力记住，因为经验可以让我在交易中少交学费。

我很喜欢我的游戏，急切地想预测活跃数字的涨跌，所以我买了一个笔记本，把我观察到的信息记录在里面，我也记录自己是否预测成功了。我的兴趣不只是预测数字的起落，我更热衷于验证我预测成功的概率有多大，也就是我的正确率有多大。

我发现，如果把行情收录器作为唯一的判断依据，我就有七成的胜算。我只是对数字变化的规律感兴趣，而不是在做虚拟交易。虚拟交易中，人们会突然觉得自己赚了几百万但又兴奋不起来，或者突然觉得自己会赔几百万却不担心自己会进救济院。我只是对数字的起起伏伏感兴趣，这是我的爱好。

比如说在研究了一只活跃股一天的波动后，我就可以断定，这种波动以前也发生过，之后它会突破当前价位8—10个点。通常我会在星期一记下股票的名称和价位，参考它之前的表现，然后预测星期二和星期三它会怎么走，然后我会对照行情收录器验证我判断得对不对。

以上就是我对行情收录器产生兴趣的过程，我想知道它到底要告诉我什么信息。当然，从一开始我就知道波动预示着涨跌。股价的波动总是有原因的，但行情收录器不会告诉你它为什么这么动而不那样

尽力对传统的知识进行质疑，并努力避开周期性席卷华尔街的非理性行为和情绪。这种行为经常导致虚高的价格，最终带来永久性资本损失。不要忽视冷门的公司，它们往往提供了绝佳的投资机会。

动，它不做任何解释。在14岁时，我并没有问记录器为什么价格会这么动而不那么动，现在我40岁，我仍然不问。今天，股价涨跌的原因也许两三天、几周甚至几个月之后你也不知道；但是，知道了有什么用，不知道又有什么关系？你需要在现在采取行动，而不是明天再干。原因可以以后再找，至于现在，你要么立刻行动，要么丢掉机会。我可以回忆起很多次，我因为没有立刻采取行动而丢掉了机会。你记得几天前市场上其他股票已止跌回稳，空管公司（Hollow Tube）的股票却又下跌了3个点。这是你第一时间看到的事实，是结果。在第二个星期一你看到报道说股东们没有分红。这是你后来知道的情况，是原因。股东们知道股价会怎么发展，虽然他们自己没有卖出，至少没有买进，内部不撑盘，股价没有理由不跌。原因比事实迟到了很久。

我在笔记本上大概记了六个月的备忘录。每天干完活儿我并不直接回家，而是记下那些我想研究的数字，研究其变化，并一直寻找完全重复或表现相似的波动——尽管当时我没意识到，但是我已经在研究如何解读行情了。

有一天，我正在办公室吃午餐，一个比我年长的同事跑过来，悄悄地问我身上有没有带钱。我问："干什么？"他说："是这样的，我有伯灵顿（Burlington）的内幕，如果有人愿意跟我一起干，我就玩一把。"

"玩一把？什么意思？"在我的脑子里，能玩这种游戏的人都是那些顾客，那些有大把大把钞票的冒险家，因为玩这个游戏需要几百甚至几千美元，而那样的人基本上都有私人马车，马车夫也都戴着丝绸做的帽子。

他说："玩一把就是过过瘾呗。你带着多少钱？"

"你要多少？"

"嗯，有5块做保证金，我就可以买5股伯灵顿。"

"你准备怎么玩？"

"我想把这些钱放给空壳证券公司做保证金买伯灵顿，能买多少就买多少。一定能赚，就跟从地上捡钱一样，我们的钱马上就能翻番。"

投资那些为股东带来高收益的公司。长期来看，股价的上升与股东投资所得的公司盈利具有最直接的联系。由于比账面盈余更难操纵，因此现金流是另一个很有效的准绳。尽力鉴别出那些能稳定地保持高于平均水平盈利能力的公司。

"等一下。"我对他说，然后掏出了我的笔记本。

我对钱翻番并不十分感兴趣，但是既然他说伯灵顿要涨，我的小本也应该显示出来。我查了查，没错，根据我的记录，伯灵顿表现得像之前涨前一样。当时，我还从没做过任何交易，也从来没有和别人一起赌过什么。但我想这是个好机会可以检测我的工作兼爱好是否准确。我立刻想到，如果我的预测在实际中不管用的话，那么这套理论就不会让任何人感兴趣了，我也就不会接着玩下去了。所以我把所有的钱都掏给了他，他带着我们凑起来的钱跑到附近一家空壳证券公司买了一些伯灵顿。两天后我们套现时，我分到了3.12美元的利润。

这是我平生第一次交易，之后我开始独自在空壳证券公司里做交易，我总是在午餐时去买或卖。我对买或者卖并不特别在意，我只是在根据自己总结的理论玩，不是在买卖自己喜欢的股票，也不依靠别人的建议或所谓的内幕。我知道的只是数字，只是股价的算术规律。实际上，我的方法是在空壳证券公司交易的最佳方法，交易者唯一要做的就是根据行情收录器上的波动下赌注。

不久之后，在交易中赚的钱超过了我做记价员赚的工资，所以我辞掉了工作。家人虽然反对，但看到我赚的钱也就没有过多指责。我只是个孩子，做记价员挣不了多少钱，可做股票交易却挣了不少。

15岁的时候我赚够了人生的第一笔1000美元，几个月就赚了这么多。我把这1000美元的现金——其中包括之前已经带回家的钱——放在母亲面前的时候，她开始说一些奇怪的话。她说我可能会禁不住诱惑把钱花掉，所以想让我存到银行去；她说她从没听说过哪个15岁的男孩能空手赚到这么多钱；她甚至不相信那是真正的钞票；她经常因为这么多钱而担心、抑郁。但是对我来说，只要能让我一直玩这个游戏，验证自己推测得对不对，别的也就无所谓了。我所有的乐趣就是，用脑子做正确的推断。如果我买10股，结果证明我的推断是正确的，那么买100股我就10倍正确。这就是保证金多寡的意义。买100股比买10股需要更多的勇气吗？不。两者没有什么不同。

评估管理层可以考虑四个问题：1.管理层与公司的股份是否有实质的利害关系？2.管理层与股东打交道时，是否正直坦率？3.管理层是否愿意剥离非盈利业务？4.管理层是否会用超额现金回购股份？

总之，15岁的时候，我已经在股市赚了不少钱，日子过得还算可以。一开始我在一些较小的空壳证券公司里交易，在这种地方，如果你一笔交易20股就会被认为是乔装打扮的约翰·盖茨或微服出行的摩根。空壳证券公司是个暴利行业，从不让顾客高兴，他们不需要那样做，即使客户把股价走向猜对了，他们也有的是办法把客户的钱吞掉。即使空壳证券公司合法经营，我是说他们循规蹈矩地做事，只要空壳证券公司存在，只要在空壳证券公司里，价格的波动都自然地会让小额交易的客户爆仓。价格只需向不利于客户的方向挪3/4个点，客户还没来得及反应，保证金就已经血本无归了。如果有人赖账，那他就永远不能再进入这个游戏，没有资格再交易了。

我不和人合伙。我自己单干，只凭自己的脑子赚钱，不应该这样吗？股价朝我预测的方向发展，并不是因为有朋友或伙伴帮忙；股价朝不利的方向发展，也没有好心人能让它停下来。所以我不需要把我的交易告诉任何人。当然，我有不少生活上的朋友，但做股票我总是独来独往，这本来就是一个人玩的游戏。

那时候空壳证券公司总找我的麻烦。在我开始交易不久，空壳证券公司就因为我总是赚他们的钱而不痛快，当我把保证金堆在柜台上时，他们只是盯着钱而不动手，他们会说今天不开门营业。也就是从那时起我有了"抢钱小子"的外号。我不得不频繁地换公司，从一家空壳证券公司换到另一家，甚至被迫使用假名。而且，刚到一家新公司的时候，我只能买卖15—20股做伪装。而被怀疑的时候，我就会先输些钱给他们，然后再一下子叮死。当然他们很快就会发现我这个客户太能挣钱了，然后逼我走人，告诉我不要再在他们那儿交易，不许我妨碍他们的正常生意。

有一次，我在一家大型空壳证券公司仅仅做了几个月，他们就拒绝再让我进门了，但是我打定主意必须从这家公司多拿些钱出来。这家空壳证券公司的分店遍布全城，无论市内的酒店大堂还是郊区都有他们的分店。我去了一家酒店大堂分店，问了分店经理几个问题，最

只支付合理的价格，即使面对的是优质企业。如果价格太高，即使世界上最好的企业也不再是好的投资标的。

终决定在这家做。但是，当我开始用我特有的方式操作一只活跃股时，分店经理收到了总部的电话，问是谁在做这只股。分店经理向我转达了总部的询问，我对他说我叫爱德华·罗宾森，剑桥人。他回复电话那头说是好消息，不用担心。但是电话那头想知道这个人长得什么样。我告诉经理："告诉他我是个矮胖子，黑头发，大胡子。"但是他没有按我说的回复，而是描述了我真正的模样。他听着电话，然后脸开始变红，最后他挂断电话，告诉我赶快滚蛋。

"他们跟你说了什么？"我非常礼貌地问他。

"他们说：'你太傻了，难道我没有告诉过你不能把拉里·利文斯顿放进来吗？你让他从我们这儿弄走了700块！你绝对是故意的！'"他没接着说下去。

我把其他分店一个一个地都试了一遍，但是他们都认识我，不接受我的保证金，所以我的钱也就无用武之地了。就连进去看看行情收录器也会招致店员的冷言冷语。我试图各个击破，单独约见他们，想让他们允许我做长线，但是没有什么效果。最后只剩下一家可去了，那是世界一家空壳证券公司最大、最有钱的分店。

世界一家空壳证券公司是一所顶级的空壳证券公司，生意做得非常大，新英格兰的每个工业城市都有分店。开始的时候，他们并没把我当回事儿，我去做交易，买进卖出，几个月有赔有赚。但是最终他们也和别家一样了。他们并没有像之前那些小公司一样直截了当地拒绝我，不让我交易。啊，但是那并不是因为他们有公平开放的精神，而是因为他们担心，拒绝和一个碰巧儿赚了点儿钱的小伙子做生意是件不光彩的事儿，万一让公众知道了，必然有损他们的名声。但是，他们采取的措施更加可恶：他们要我付三倍的保证金，溢价开始是1/2点，接着是1点，最后变成了1 1/2点。这是恶意设置的障碍！但是，这是唯一一家愿意让我做交易的空壳证券公司，我要么接受条件，要么洗手不干了。

当然，我时赚时赔，但总体上我是个稳稳当当的赢家。虽然世界一家强加给我的条件足已把任何人扫地出门，但是他们仍然非常不满。他们想给我设套，但是套不住我。我总能逃掉，就像躲避圈套是我的一种本能一样。

我之前说过，世界一家是我最后的胜地，它是整个新英格兰最有钱的空壳证券公司，所以他们向来不限制谁做交易。我想我是他们顾客中手笔最大的一个，我是说那些每天都来的稳定顾客中手笔最大的。他们有我所见过的最上档次的交易厅和最完备的报价板。报价板从大厅这头铺到另一头，囊括你想知道的任何报价和任何信息：纽约和波士顿证交所里的股票，从棉花、小麦到日常用品和五金，总之，从纽约、芝加哥到波士顿、利物浦，所有地方能够买卖的所有东西这里都有。

你知道客户是怎么在空壳证券公司里做交易的吧？你把钱交给一个营业员，告诉他你想买或卖哪一只，他会看一眼行情收录器或报价板，把价格记下来，当然，是最新的价格。他还会把时间写在交易单上。这样，有时间有价格，这张交易单记录着股票的名称、股数、交易日期、时间以及成交价，不过它看起来更像是他们在哪一天什么时间赚了你多少钱的记录单。当你想平仓的时候，你就跟营业员说，这位营业员就会记下最新的成交价，如果你的股票并不活跃，他可能会等行情收录器显示新的数字之后再写。他记下你结头寸的价格，盖个章，把交易单还给你，然后你就可以去柜台该换多少钱就换多少了。当然，当市场形势不利，股价突破了你的保证金能承受的范围，你就会自动平仓，而你的单子也变成了废纸一张。

在小型空壳证券公司里，人们可以少买少卖,5股都行，交易单是不同颜色的纸条。当市场处于狂牛市的时候，空壳证券公司会损失惨重，因为所有客户都在做多头而且总赚钱。这时，空壳证券公司会买卖双向收取手续费。

但世界一家是新英格兰最好的空壳证券公司，有数千的恩主，我确实觉得我是唯一让他们害怕的人。超高的溢价和三倍的保证金都没有减少我的交易量。他们给我设定了最大交易量：5000股，不让多做，所以我很多笔交易都是5000股。

啊，接下来我要告诉你一件事。那天，我做空了3500股美国制糖（Sugar），持有七张500股的粉色交易单。当然，他们是从来不要求客户追加保证金的。保证金越少，对他们越有利，因为他们最赚钱的模式就是客户爆仓。

好了，言归正传，我记得那天我有约1万美元的保证金。我赚到1万美元现金时只有20岁。你也一定还记得我母亲的话，或许同意她的观点,1万美元现金非常多，除了石油大王约翰·戴维森·洛克菲勒，谁会随身带那么多钱？她经常告诉我她已经对我很满意了，希望我做一些正规生意。我费了很大功夫才说服她我并不是在赌，我只不过在靠自己的计算能力和预测能力赚钱。在我母亲眼中，那是1万美元的巨款，而在我眼里，那却只是1万美元的保证金。

我以105 1/4的价位做空了3500股美国制糖。交易大厅里另一个人做空了2500股，他叫亨利·威廉姆斯。我经常坐在行情收录器旁边，为记价员大声念出价格来。正像我起初预料的一样，股价行为是这样的：急跌几点，然后停一下，仿佛是另一次急跌前的盘整；市场整体表现相当疲软，各种情况都表明我必能大赚一笔。但是，这只股票表现出的犹豫不决是我始料未及的，它突然让我感到有些不快。我开始觉得不舒服，我想我应该马上平仓离场。这时的价位是103，这个交易日的低点，我本该壮志满怀，但我却觉得很怪，有点儿不安。我知道，一定在什么地方出了什么差错，但我不知道是哪里出了什么问题。如果要发生什么事儿，但是我又不知道会发生什么，我就没办法保护自己，所以，我想我最好还是赶快离场。

你知道我从不盲目行事，我不喜欢盲目，也从不盲目。甚至当我还只是个孩子的时候，我就必须清楚地知道自己在做什么，为什么这么做。但是这次我给不了自己明确的理由，我只是感到非常不舒服，这种感觉让我受不了了。我把一个熟人叫过来，他叫大卫·威曼，我对他说："大卫，我想让你帮个忙，你替我盯一会，在你报美国制糖的下一成交价之前，稍微停一下，好吗？"

他说好的，然后我让出行情收录器旁边的位子，他坐在那里，为记价员念出最新的价格。我从口袋里拿出那七张美国制糖的卖单，走向做平仓的柜台。但是，我真的不知道我为什么要平仓离场，所以，我只是靠着柜台，站在那里，我把交易单捂在手里，免得让营业员看到。没过多久，我听到电报机一阵叮叮当当响，汤姆·本汉姆，那个营业员，立刻把头转过去听。然后，我感觉仿佛有什么人在酝酿什么，我决定不能再等了。正在这时，行情收录器旁边的大卫·威曼开始报价："美国制……"他还没报完我就像闪电一样把交易单摔在柜台上叫道："平掉美国制糖！"因为大卫还没报完，所以汤姆当然必须按上一成交价给我平仓。大卫报的价格仍然是103。

根据我的预测，美国制糖这时应该已经跌破103点了。然而这次我的预测机制失灵了，我有一种预感：这里面有猫腻。那个电报机现在不顾一切发了疯似的一个劲儿地咔嗒咔嗒响，而我发现汤姆·本汉姆，就是那个营业员，把我的交易单放在一边，迟迟不在上面作记录，只是专心去听电报机的咔嗒声，像是在等待什么发生。于是我朝他大喊："嘿！汤姆，你到底在等什么？快在我的交易单上把价位记下来！103点，麻利点儿！"

大厅里每个人都听到了我的叫声，开始朝这边张望，探听发生了什么事情。世界一家以前从没赖过账，但这并不代表他们以后就不会，谁也不能打保票。一旦发生了什么事情，大家就会像挤兑一家银行一样挤兑空壳证券公司。只要有一个客户起疑，其他的客户就会纷纷怀疑。所以汤姆只好绷着脸转过来，在我的单子上记下："于103点平仓。"然后拉长着脸，把那7张交易单递过来。

从汤姆的柜台到出纳员的座位距离差不多只有两米的距离，我还没走到出纳员的座位拿钱，大卫·威曼就激动地报出行情收录器上的价格："天啊！美国制糖108！"但对于世界一家公司来说，这一切还是太迟了。我大笑着对汤姆说："还是晚了一步，是吧，老兄？"

很明显，这是个圈套。亨利·威廉姆斯和我总共做空了6000股美国制糖。这家空壳证券公司拿着我和亨利的保证金，当时交易厅里应该还有不少人做空了美国制糖，所以总共可能有8000—10000股的空头。如果世界一家公司拿着这2万美元的保证金在纽约证券交易所拉抬价位，就可以把我们全都逼出局。在那个年代，当空壳证券公司发现许多客户都盯着同一只牛股时，往往会在交易所里找个作手，打压股价，直到超出客户保证金能承受的限度，使客户爆仓。空壳证券公司只需交易几百股，亏几个点，就能赚几千块。

这就是世界一家公司用来对付我和亨利还有美国制糖其他空头的方法。他们在纽约证券交易所的作手把价位抬高到了108点。当然，价位旋即回跌，但是亨利和其他许多客户就这样爆仓了。但凡市场上出现出人意料的急剧波动，紧接着又急剧恢复正常，那时的报纸把这种现象叫做"空壳证券公司的赶市"。

最讽刺的事情是，就在世界一家企图算计我之后不到十天，一个纽约的股票作手让世界一家损失了7万美元。这个人当时如日中天，在市场上相当有影响力。他是纽约证券交易所的会员，因在1896年的布赖恩金融恐慌中做空一举成名。他为了实施自己的操作计划，常常不惜牺牲其他会员的利益。证券交易所有明文规定不能这么做，所以他总是与证交所的制度对着干。有一天，他想，谋取部分空壳证券公司的不义之财，证交所不会有什么意见的，而警察局也没法起诉他，因为空壳证券公司本身就不合法。于是，他派了35个人乔装成客户去了世界一家的总部和较大的分店。这35个人在同一天的同一时间以最大限额做多同一只股票，并按指示在特定的利润点全部卖出脱手。他需要做的就是，在朋友圈里散播这只股票利多的消息，然后煽动证交所里的场内交易商抬高股价。因为很多人都很信任他，所以这两条足

寻找有可靠跟踪记录、强效管理层、大概率持续稳定增长、有定价权、有财务优势、有回报股东记录的低估值企业。

够达到目标了。行动前很久他就精心挑选了最合适的股票，所以他们毫不费力就把股价抬高了3—4个点，而此时他派去的那35个人就按计划套现。

一位老兄告诉我，除去给那35个人的报酬，这个作手最后净赚了7万块。在美国，他多次上演了同样的把戏，狠狠地教训了从纽约、波士顿、费城、芝加哥到辛辛那提和圣路易斯的那些大空壳证券公司。西部联合（Western Union）是他最宠爱的股票之一，因为这只股票处于半活跃状态，让它起伏几个点非常容易。他的手下会按事先约定好的价位买入西部联合，股价涨2个点就卖出，然后转手做空，再赚3个点的利润。

顺便提一下，后来我听说那个人死的时候一贫如洗，而且已经很少有人记得他了。如果他改在1896年死的话，纽约所有报纸的头版都会给他留至少一个专栏的位置，不过，他没有，所以只有一家报纸的第五版给他留了两行。

第2章
犯错的是人不是市场，
不要抱怨市场

　　世界一家空壳证券公司用三倍的保证金和1 1/2个点的溢价都没有打败我，所以必将使用更加卑鄙的手段来对付我，而且他们已经暗示不愿再接我的生意了。我发现这件事之后，很快就决定去纽约，这样我就可以在纽约证券交易所会员办公室里真真正正地做交易了。我不想去波士顿，因为在波士顿的任何一家公司，行情报价都必须通过电报传过去。我想去靠近源头的地方。这样，我在21岁的时候来到了纽约，身上一共2500块。

　　我曾经说过，我20岁的时候就有1万元美金了，在美国制糖那宗交易里保证金就有1万多美元。但我并不是总能赚钱，这不是交易方法的问题。我的方法很完美，盈多亏少；如果我能一直坚持我的交易方法，那么我便有七成的胜算。

　　事实证明，只要我确定自己一定是对的再出手，通常就能赚钱。我失误的原因是不能坚持自己的交易原则：市场信号出现之前，不要出手。任何事情的成功都需要掐准时间，但我当时恰恰不懂这点。这也正是华尔街上众多高明的投机者失败的原因。世界上的傻子，大多随时随地都会做错事，而"华尔街傻瓜"也认为自己要不停地做交易。没有任何人有充分的理由天天买卖股票，没有任何人有足够的知识保证自己的每次交易都理智。

> 不要根据别人的分析报告或卖方研究员的言论来寻找投资机会。华尔街那些人通常口才一流，受过高等教育，聪明机智，说服力也很强，最好的对策是离他们远一点。

　　这一点我是深有体会的。每当我根据经验仔细解读行情，谨慎操作，就能赚钱，而当我像只没头苍蝇一样频繁交易时，就必然会亏钱。毕竟我也是人，不是吗？在交易大厅里，巨大的报价板上记载着变化着的行情，客户们忙着交易，眼看着手里的交易单变成钞票或废纸。在这种环境下，我进场的欲望压倒了理智。频繁的交易便是盲目的交易，是华尔街上甚至最专业的投机者都会亏损的主要原因，他们把股票交易当成了一份有固定收入的工作，总觉得自己每天都应该赚些钱回家。不过请理解我，当时我还只是个孩子，并不懂得后来学到的这些东西，并不知道15年后发生在自己身上的事能让我大彻大悟。

　　20年后的我会耐心地等两个星期，等到看好的那只股票上涨30个点，感觉安全后才买进；当时我钱紧，一心想再赚回来，我不能失败，无力承受鲁莽的交易，所以我选择忍耐。那是1915年。那个故事说来话长，我会另找个合适的地方详细讲讲这个故事的。

　　现在让我们把话题转回来。我在空壳证券公司里赚了几年钱，然后我又眼睁睁地看着：啊，完蛋！当然，这样的事不止发生过一次。一个投机者必须要战胜自己心中许多昂贵的敌人。

　　我带着2500块来到了纽约。这里没有可以交易的空壳证券公司。证券交易所和警察局对它们严防死堵。而且，我不想再在空壳证券公司做了，我只想找一家可以让我放开手脚做交易的地方，我不想除了保证金的多少之外还有别的束缚。即使一开始我的交易量不大，但情况总有改变的一天。当时对我来说，最重要的就是找到一个可以不被黑的地方。于是我来到了纽约证券交易所的一家会员公司，艾德·富乐顿公司（A. R. Fullerton & Co）。

　　想必艾德·富乐顿公司早对我之前的所作所为早有耳闻，因为没过多久他们就开始叫我的绰号"抢钱小子"。我当时很年轻，很多人都想占我的便宜，所以我面临很多障碍，但这也让我学会了自强。那些同行看我年轻，都认为我能赚到钱纯属瞎猫撞着死老鼠。可是他们不明白，如果瞎猫总能碰上死耗子，那也就不太一样了。

投资组合应该由一系列合理估值的公司构成，并且投资者应当有信心地认为，这些公司在三至五年后，规模会变得更大，盈利能力会更强。

　　可是，不到半年的时间我就破产了。我的交易活跃，有"常胜将军"的名声。算一算，单交易佣金一项都应该是一笔巨资了。我曾经赚过不少钱，但最终我还是赔光了。我非常谨慎，却注定会输。我告诉你原因：之前在空壳证券公司里的骄人成就注定了我会亏损。

　　只有在旧式的空壳证券公司里，我那套交易方式才管用。在空壳证券公司里，我根据价格的波动下赌注。我唯一要做的就是观察价格的波动。我买进时，价格就在我面前的报价板上，就在我眼皮子底下；甚至在我买进之前，我就知道需要多少钱，而且总能在想脱手时立刻卖出。由于行动迅速，我总能成功转手，瞬间套现或止损。比如说，我确信某只股票会上涨至少一个点。我不会觉得自己太贪心，所以我会提高一倍的投入，然后一眨眼的工夫赚双倍的钱；不然我就只能赚一半了。每天这样交易一两百股，一个月下来，也是笔不错的收入，不是吗？

　　不知道为什么，空壳证券公司里的那套完美交易策略，在富乐顿公司却失灵了。而正是在富乐顿公司，我才开始了真正意义上的股票交易。当行情收录器显示美国制糖股价105点的时候，我能预测到它会下跌3个点。但是，此时交易所场内的实际价格已经是104—103点了。当我卖出1000股的交易委托传达给证券商去执行时，价格可能已经更低了，直到我从营业员那里拿到交易报告时我才知道自己到底是在什么价位卖出了那1000股。同样的一笔交易，换做是在空壳证券公司，我肯定能赚3000块，可到了证券交易公司可能一分钱也赚不到了。当然，我举的是个比较极端的例子。但事实就是，在富乐顿公司，行情收录器传给我的股价总是慢很多，而我还在用以前的策略做交易，完全没有意识到这一点。

　　更糟的是，如果交易量很大，我的买单会进一步抬高股价，我的卖单会进一步压低股价。然而在空壳证券公司里，我根本不需要考虑自己的交易会对股价产生什么影响。由于游戏规则完全不同，我在纽约亏得一塌糊涂。我亏钱只有一个原因：我完全不了解游戏的规则。

时间，是优秀企业的朋友，是平庸企业的敌人。

以前，曾有人夸我善于解读行情，但我对行情的专业解读现在帮不了我了。如果我可以在交易所场内交易，也许情况会比现在好得多。在场内交易，也许我就能迅速调整交易策略以适应面临的情况。但我现在的交易规模会对股价产生影响，我的交易策略还是行不通。

简而言之，我并没有掌握股票投机的精髓，只了解其中重要的一部分，这一部分对我一直很有价值。我掌握了这些，还是亏了钱，更别提那些对股票一窍不通的外行新手了，他们还怎么指望赚钱呢？

我很快意识到自己的交易方法有问题，但又无法确定问题究竟出在哪里。交易偶尔会非常成功，但突然又遭会到接二连三的打击。但是别忘了，我那时毕竟只有22岁，不是我刚愎自用，不想弄清问题所在，而是在那个年龄，没有人会懂得特别多，什么事儿都一样。

富乐顿证券公司的人都对我很好。虽然他们公司对保证金有限制，所以我无法随心所欲地下注，但因为老富乐顿先生和其他人对我都不错，我仍然在那里做交易。六个月的频繁交易后，我不仅把带来的2500块和后来挣的钱全都输光了，还欠了公司几百块。

在纽约，我这个第一次背井离乡的小毛孩输了个精光。但是我知道这不是我自己有问题，而是方法有问题。我不知道能不能说明白，但是，我从来不会抱怨市场。我从不责备行情收录器上的数字，因为我知道，责任永远不在市场，对市场发火一点儿好处都没有。

我急切地想重回交易市场，于是一刻也没耽搁，马上去找老富乐顿说："我说艾德，借给我500块吧。"

"干什么用？"他问。

"我急需用钱。"

"用来做什么？"他继续问。

"当然是用来交保证金。"我回答说。

他皱起眉头："500块现金？你知道，保证金是10%，也就是100股1000块。我看你还是记账多拿些吧……"

我坚决反对，"不，我已欠了公司的钱，不想再记账了。我只

市场经常是有效的，这个观察是正确的。但进一步认定市场总是有效的，这就是错误的。这两个命题的差别就像白天和黑夜一样明显。

想借500块现金，然后出去赚上一倍再回来。"

"你打算怎么做？"老富乐顿问。

"我想到空壳证券公司里去赌一把。"我告诉他。

"就在这里交易吧。"他说。

我坚持说："不，在这儿我没有赚钱的把握，但我确信可以在空壳证券公司赚钱。我比较清楚那里的游戏规则。我知道自己的交易方法在这儿出了点儿问题。"

最后他借给了我500块。我带着钱离开了富乐顿公司。在这个公司里，我这个"空壳证券公司的抢钱小子"输了个精光。我不能回家乡，因为那里的空壳证券公司都不让我交易。我也不可能在纽约交易，因为那里不允许经营空壳证券公司。有人告诉我19世纪90年代的百老街（Broad Street）和新街（New Street）有很多空壳证券公司，但是当我需要它们的时候它们却已经不在了。经过反复考虑，我决定去圣路易斯。我听说那里有两家空壳证券公司，在中西部地区生意算是很红火的，在几十个城市里都有分店，一定赚钱很多。实际上，人们告诉我没有任何其他东部空壳证券公司能在营业额方面和它们相提并论。他们公开营业，最正儿八经的人也可以毫无顾虑地在那里交易。一个老兄还告诉我，其中一个空壳证券公司的老板是商会的副会长，但他一定不是圣路易斯辖区内商会的副会长。总之，我带着那500美元去了那里，想赚回一笔本钱，可以在艾德·富乐顿公司交易时做保证金。

到达圣路易斯后，我先去旅店梳洗了一番，然后上街去找那两家空壳证券公司。一家是杜兰公司（J. G. Dolan Company），另一家是特勒公司（H. S. Teller & Co）。我确信只要自己小心谨慎，一定能在他们那里赚钱。我唯一担心的是有人认出我来，揭穿我的身份，因为全美国的空壳证券公司都听说过"抢钱小子"的事。空壳证券公司像赌场一样，能打探到所有专业玩家的消息。

杜兰公司比特勒公司近一些，所以我先去了杜兰公司。我希望抓紧时间，尽量在他们发现我的身份并把我赶走之前在那里多做几天交易。我走了进来，这里极其宽敞，至少有几百人在盯报价板。我心里窃喜，因为有这样一大群人作为天然的掩护，就不会有人注意到我了。我站在那里看了一会儿报价板，经过仔细观察，选定了要做的第一只股票。

我环顾四周，在客户交钱下单的窗口处看到一个下单员，他正在打量我。我走过去问："这里是买卖棉花和小麦股票的地方吗？"

"是啊，哥们儿。"他说。

"我可以买股票吗？"

"只要你有钱。"他回答。

"啊，我有啊，有钱！"我说话的口气就像个吹牛的孩子。

"你有钱？真的吗？"他笑着问。

我装作有些生气地问道："100块能买多少股？"

"如果你真有100块，就能买100股。"

"我当然有100块，我还有200块呢！"我对他说。

"哇，天哪！"他惊叹地说。

"那你给我买200股吧。"我斩钉截铁地说。

"买200股什么？"他严肃地问，因为现在是在谈生意了。

我又看了看报价板，装出一副在动脑筋猜的样子，然后告诉他："买200股奥马哈。"

"没问题。"他说，收了我的钱，清点好后给我开了单子。

"你叫什么名字？"他问。

"霍拉斯·肯特。"我回答。

他把单子递给我，我坐到客户中间，等着股价上涨。那天我速战速决，做了好几笔交易。第二天依然一切顺利。两天就赚了2800美元，我心里希望能在这里做完这一个星期。照这个速度，情况会很不错。然后我可以再去另一家空壳证券公司，如果能走运再做完一个星期，我就可以满载而归，去纽约东山再起了。

第三天早上，我装做一副害羞的样子，去窗口买500股B.R.T.时，那个营业员对我说："嗨，肯特先生，我们老板想见见你。"

我立刻明白，一切都完了，但是我还是问他："他见我干吗？"

"不知道。"

"那他在哪儿？"

"在他的办公室，从那边进去。"他指着门对我说。

我走了进去。杜兰先生坐在办公桌旁边，他转过来，指着一把椅子对我说："请坐，利文斯顿。"

我的最后一线希望破灭了。我不知道他是怎么识破我的真实身份的，也许是通过旅店登记簿查到的。

"你为什么要见我？"我问道。

"听着，小子，我并不想和你过不去，一点儿也不想，明白吗？"

"不，我不明白。"我说。

他从转椅上站起身来，一个大块头，他对我说："你跟我过来，利文斯顿。"他一边说一边走到门口，打开门，指着交易厅里那些客户问道："看见了吧？"

"看什么？"

"那些家伙，小子，你看看他们，那里有300个人，300个傻瓜！是他们养活了我和我的家人，懂吗？300个傻瓜！你一来，才花了两天时间就赚了我两个星期才能从他们身上刮来的钱。生意可不能这么做，小子，这样对我太不公平了。我不想和你过不去，你已经赚的钱我就不再追究了，但我不许你再在这里赚钱了，这里的钱可不是给你攒的！"

"为什么，我……"

"就这样吧。前天看见你进来，当时我就看你不顺眼，坦白说，真的很讨厌，我一眼就看出你来者不善。我把那个蠢驴叫来……"他指着那个犯错的营业员继续说，"我问他你干了什么，他解释了一下，我对他说：'我不喜欢那家伙的样子，他不是个好东西。'可那个糊涂蛋却说：'不会的，老板！他叫霍拉斯·肯特，只是个想玩大人游戏的毛头小子。您放心，没问题的！'他这么想我也没办法，但是结果这个该死的家伙让我亏了2800块。抢钱小子，我不怪你，但现在，我保险箱的门已经上锁了！"

"听我说……"我开口说，却被他打断了。

"你看，利文斯顿，"他说，"我知道你的底细。我要靠骗那些傻瓜来赚钱，但你是个聪明人。你已经赚的钱，可以从这里拿走，这已经够意思了吧。但我不是傻瓜，既然我已经知道你是谁了，你就快滚吧，小子！"

就这样，带着在杜兰公司赚的2800块，我离开了那里。

特勒公司就在同一条街上。我早就听说过特勒极其富有，除了空壳证券公司还开了好几家赌场，我决定去他的空壳证券公司碰碰运气。我在考虑如何做才比较明智，是先谨慎出手然后慢慢加大到1000股，还是既然我可能只有一天的交易机会，就干脆一开始就大干一场。空壳证券公司的人一旦发现亏本就会迅速变得聪明，那样我就没有机会了。但是我很想买1000股B.R.T.，因为我确信可以赚4—5个点的利润。不过，一旦他们起疑，或者很多客户都在做多，他们可能压根就不让我交易。经过考虑，我觉得还是应该猛烈一点儿。

特勒公司的交易厅没有杜兰公司那么宽敞，但设施更加高级。很明显，来这里交易的客户社会阶层要更高一些。这里简直就是为我量身打造的，我决定买1000股B.R.T.。于是我走到窗口对营业员说："我想买B.R.T.，限额是多少？"

"没有限额，"营业员告诉我，"只要你有钱，想买多少就买多少。"

"买1500股。"我一边说一边从口袋里掏出一大沓钞票，营业员已经在给我开单了。

这时，我看见一个红头发的男人一把把那个营业员从柜台推开了，靠在窗口，对我说："喂，利文斯顿，你回杜兰公司去吧，我们不接你的单子。"

"等我拿到买单再说，"我回答道，"我刚买了一些B.R.T.股票。"

"没门！"他说。这时候其他营业员都开始排在他身后瞪着我。他继续说："不要到这里来交易，我们不做你的生意，懂吗？"

生气和争执都毫无意义，我只好回到旅店，付清账单，乘第一班火车回到了纽约。真倒霉！我本想多赚一笔，可没想到特勒公司居然一笔交易都不让我做！

回到纽约，还了富乐顿500美元，我用在圣路易斯赚来的钱重新开始交易。运气时好时坏，但总体略有盈余，毕竟我的策略里需要纠正的错误不多，我只要认识到一点就够了——投机股票远比赌趋势的涨跌复杂得多。我就像热衷于填字游戏的人一样，星期天报纸增刊上的填字游戏做不出来是绝不会满意的。我当然想找到这场游戏的诀窍，找不到我是绝不会满意的。我以为自己这辈子再也不会回空壳证券公司去交易了，但我错了。

我回到纽约几个月后，一天，一个老人来到富乐顿公司，他认识富乐顿。有人说他们曾共同拥有一群赛马，很明显，他也曾经拥抱富裕的生活。经介绍，我认识了老麦克德维特（McDevitt），他在给一群人讲西部赛马场上的一个骗局，这事儿不久前发生在圣路易斯，他说，那群骗子的头儿是一个叫特勒的空壳证券公司老板。

"哪个特勒？"我问他。

"个子高高的，叫H.S.特勒。"

"我认得那个家伙。"我说。

"他可不是个好东西。"麦克德维特说。

"他坏透了，"我说，"我还要找他算账呢！"

"怎么算？"

"教训他这种人，唯一的办法就是赚他们的钱。我之前在圣路易斯没办法治他，但是总有一天我会找他算账的！"于是我把自己在圣路易斯受的委屈都倾诉给了麦克德维特。

"啊，"老麦克说，"他曾经设法在纽约这里开宗生意，没有成功，所以在霍博肯市（Hoboken）开了个分行。有消息说那里不限制交易类型，大起大落者很多。"

"那是家什么店？"我以为他说的是家赌场，因为特勒主营赌场。

"空壳证券公司。"麦克说道。

"你确定那里开张营业吗？"

"没错，有好几个人都跟我说起过。"

"那只是道听途说，"我说，"你能不能确认一下那里是不是真的营业？还要问清楚那里的最高交易限额。"

"好吧，孩子，"麦克德维特说道，"我明天一早会亲自去看看，回来给你消息。"

麦克第二天就去了。特勒的生意似乎正做得红火，大赚特赚。那天是星期五，整整一个星期股市都在上涨。别忘了，那可是20年前，银行星期六的报表上一定会显示盈余准备金大幅下降。大炒家们一般都会认为这是入市的好时机，可以借机从一些实力不足的小投机客那里赚钱。在交易的最后半个小时里，股票会出现回档，尤其是那些最活跃的股票，而特勒公司的大多数客户都会大量做多这些股票，空壳证券公司也很高兴看到有些人做空这些股票。可以同时赚两头傻瓜们的钱，何乐而不为？因为赌的保证金只有一个点，股价的起伏能易如反掌地把所有人都洗掉！

星期六一早，我赶到特勒在霍博肯市的空壳证券公司。宽敞的交易厅装修一新，挂着一块华丽的报价板，还有一大群营业员和一只穿灰制服的保安队，当时交易厅里有大约二十五个客户。

我找到经理，他问我有什么可以效劳的，我故意对他说：在跑马场上，人们可以凭运气赚好多钱，还可以任意把钱全部投进去，可能一分钟之内就能赚几千块。但在股市里只能赚小钱，可能还要等上好几天。一听这话，他开始劝我说：股市比赌马安全多了，他的一些客户赚了大笔大笔的钱。他想要我相信只要买卖做得大，就会赚到令人满意的利润。他一定以为我更愿去赌马，所以急切地拉我入市，趁我把钱都输在赌马上之前先让他赚上一笔。他还劝我抓紧时机，说星期六股市在12点就收盘了，这样，我交易完以后还有一个下午的时间去做其他事。他说如果我选对了股票，没准还能多带点钱去赌马呢。

我装出一副半信半疑的样子，他就在我耳旁边喋喋不休。我看着挂钟，到十一点一刻的时候，我说答应交易，然后给了他2000美元现金，让他帮我做空几只股票，他很高兴地收下了。他说他觉得我能赚大钱，希望我能经常光顾。

事情的发展如我所料，人们开始打压那些他们认为早应止损的股票，价格自然开始一路下滑。通常在最后五分钟，人们又会习惯性地回补，价格就会随之反弹，而我在这之前就把做空的股票都平仓了。

一下子赚了5100美元，我去了结头寸。

"真庆幸我来了你们公司啊。"我对经理说，把单子递给他。

"呃，"他对我说，"我没想到你能赚这么多，不过现在没法儿给你全部兑现。星期一上午我一定给你准备好，保证不会有问题。"

"好的。不过你们现在有多少钱，要先全部都给我。"我说。

"你得让我先付给那些小客户，"他说，"等先把其他交易单了结之后，我就把你的本金和剩余的钱都给你。"于是我等他先给其他赢家付钱。我知道自己肯定能拿到钱，这里生意这么好，特勒不会赖账的。而且，如果他赖账，我也能拿走当场所有的钱，没有更好的办法了。我拿回了自己的2000美元本金和营业厅里大概800美元的余额，告诉那个经理星期一早上我会再来。他发誓到时候一定会把钱准备好。

星期一，我到达霍博肯的时候还不到12点。我看见一个人在跟经理说话，我依稀记得特勒公司把我赶走的那天，在圣路易斯的空壳证券公司见过这个人。我立刻意识到，那个经理已经给总部发了电报，他们派亲信来调查这件事了。骗子永远都不会相信任何人。

"我来拿剩下的钱。"我对经理说。

"就是这个人？"从圣路易斯来的家伙问。

"是的。"经理一面回答，一面从口袋里抽出一沓钞票。

"等等！"那家伙制止经理给我钱，然后转向我说，"嘿，利文斯顿，我们不是告诉过你我们不接你的生意吗？"

"先把钱给我。"我对经理说，他极不情愿地拿出2张一千块、4张五百块和3张一百块。

"你刚才说什么？"我问圣路易斯人。

"我们上次告诉过你不要在我们的地盘交易！"

"是的，"我说，"所以我才来这儿的。"

"哼，这儿也是我们的地盘！不许再来了，滚得远远的！"他吼起来。身穿灰色制服的保安漫不经心地走了过来。圣路易斯来那个家伙对经理挥挥拳头，嚷道："蠢货，你早就该了解情况，不该让这个人进来给你惹麻烦的。他是利文斯顿，你要服从命令！"

"你听着，"我对圣路易斯人说，"这儿不是圣路易斯，你不能像你的老板欺骗外行小毛孩一样在这里耍花招。"

"出去！你不能在这里交易！"他喊道。

"你们要把我赶出去，也休想别人再来这里交易，"我告诉他，"别和我来这套。"

一听这话，圣路易斯来的那家伙马上改变了口气。"你看，老兄，"他殷勤地说，"帮帮忙吧，讲讲道理，如果这样的事天天发生，我们真的受不了。如果老特勒知道是谁干了这事，一定会暴跳如雷的。请发发慈悲吧，利文斯顿！"

"我会小心行事的，不让你们老板知道。"我答应他。

"你就听我的吧，看在老天的份儿上，离开吧！我们出来混口饭吃不容易啊，你就可怜可怜我们吧，行吗？"

"下次我来的时候，可不想看到你们这副趾高气扬的态度。"说完我转身离开，只听见他继续在那里滔滔不绝地呵斥经理。因为他们在圣路易斯那样对待我，我只想从他们身上赚些钱教训教训他们，没必要把事情闹大或者搞砸他们的生意。我回到富乐顿公司，把事情的来龙去脉都告诉了麦克德维特。我还告诉他，如果他同意的话，我想让他去特勒的地盘交易。先做20—30股的小额交易，让他们慢慢习惯这个新客户。然后，等我看准赚大钱的机会，就打电话通知他，他就可以大干一场了。

我给了麦克德维特1000美元，他去了霍博肯，一切都照我说的行事，很快他就成了那里的常客。一天，我觉得行情要下跌，就悄悄通知了麦克，他做空了空壳证券公司的最高限额。那一天，除了付给麦克的佣金和一切其他开销，我净赚了2800美元。我猜麦克自己私下里也下了些赌注的。不到一个月，特勒在霍博肯市的分行倒闭了，警察也开始介入此事。尽管我只在那里交易了两次，他们还是因为入不敷出而停业了。行情进入疯狂的牛市，回踩非常弱，根本吞不掉一个点的保证金，空壳证券公司基本赚不到钱。所有的客户都在做多，收益剧增，而中小型空壳证券公司的倒闭风席卷全国。

随着这些空壳证券公司的倒闭，游戏规则彻底变了。与在合法的证券公司相比，在老式的空壳证券公司里交易有一些决定性的优势：第一，保证金耗尽后，就会自动平仓，这十分有利于及时止损，你只会损失最初投入的资金；第二，空壳证券公司里不容易出现交易委托处理不当的情况，你总能及时成交。而且，纽约的证券公司对待客户非常吝啬，远没有西部空壳证券公司那么慷慨。他们常常把某些活跃股的盈利范围限制在两个点以内，比如美国制糖和田纳西煤铁。哪怕这些股票十分钟内有10个点的波动，一张交易单也只能挣2个点。否则，他们会觉得客户赔一赚十，获利太多。

有一段时间，所有的空壳证券公司，包括最大的那些，都拒绝交易某些股票。例如，1900年大选的前一天，麦金莱当选已成定局，所以全国上下所有的空壳证券公司都不接受股民交易。麦金莱的获选赔率高达三比一。当时如果星期一下注，你就会赚3到6个点甚至更多。就算你同时赌布莱恩当选，也能赚。只要交易就能稳赚，然而全国的空壳证券公司当天不接受交易。

要不是空壳证券公司拒绝接受我的交易，我不会转战他处的，但如果那样的话，除了盯几个点的波动之外，我就永远学不会股票投机的精髓了。

第3章
股市上只有赢家和输家，
除此之外再无其他

一个人从自己的错误中总结经验，需要经历漫长的过程。俗话说，凡事皆有两面性，但股市只有一个面，既非牛市的一面也非熊市的一面，而是正确的一面。我曾花费相当长的时间学会股票投机技术层面的东西，而我花了更长的时间才把这一基本原则铭记于心。

我听说有一些人进行虚拟炒股，用虚拟的钱来证明其水平高超，自娱自乐。有时，这些幽灵似的赌徒可以"赚"上百万。做虚拟交易，人们爱怎么大胆就怎么大胆，这无所谓。这听上去有点儿像那个老故事，讲的是一个第二天即将去决斗的人。

他的副手问道："你觉得自己枪法如何？"

"嗯，"决斗者说，"我可以在20步开外射中高杯脚的杯颈。"他回答得很保守。

"这很好。"副手漠然地说，"但是，如果酒杯拿着一只子弹上膛的手枪正瞄准你的心脏，你还能击中杯颈吗？"

对我而言，只有通过赚取真金白银才能证明自己观点的正确性。失败的教训让我明白：只有当我确信自己不会赔钱才能出手，而如果不确信一定赚钱，我就该按兵不动。我的意思不是说一个人出手后发现不对就必须任由损失扩大，他应该及时止损，而且一定要果断。我一辈子都在犯错，虽然损失了钱财，却获得了经验，积累了许多颇有

上帝没有给予人类总是无所不知的天赋。但上帝给予那些努力工作的人——那些仔细研究，寻找错误定价赌注的人们——偶尔发现的机会。聪明的人会在这些机会上狠狠下注。他们有胜算把握就下一大笔注。其他时间里他们不下注。就这么简单。

价值的交易禁忌。我几次经历倾家荡产，但我的精神却从不倾家荡产，我每次都能从自己的失败中总结经验，否则，我早就被这个游戏打败了。我一直相信自己还有机会，相信自己不会在同一个地方摔倒两次，对自己充满了自信。

要想在股票市场占有一席之地，就必须对自己和自己的判断充满信心，所以我不听信种种所谓的内幕消息。如果我按史密斯的内幕消息买进股票，那么也必须照他的内幕消息卖出，这样就对他产生了依赖。一旦抛售的时机来了，而史密斯去度假了，那我该怎么办？不，老兄，依靠别人的指示进行交易的人是永远赚不了大钱的。经验证实：比起依靠内幕消息，相信自己的判断才能让我赚更多的钱。这是个聪明人的游戏，我花了五年的时间才学会靠自己的正确判断进行明智的投资，只有这样才能赚大钱。

我并不像你想的那样有许多有趣的经历。我是说，很多年之后回头看去，我学习投机的过程并不好玩。我经历过几次破产，这是痛苦的经历，这些经历是在华尔街投机的人都曾经经历过的经历。投机是一项艰难的工作，因此投机者必须时刻谨慎，否则他将很快出局。

在富乐顿公司受挫后，我就应该明白自己应该换个角度去认识投机了。然而当时我并没有意识到，这个游戏需要的，远比我在空壳证券公司里学到的那些技巧多得多。我自以为完全凌驾于游戏之上，殊不知，我只是看不清游戏的全貌。但我必须承认，我的行情分析能力和过人的记忆能力确实让我受益匪浅。这两样是自然而然形成的，我早期的成功依靠这两点，而不是知识和智慧。我的头脑没有受过专业的训练，我的专业知识缺乏得厉害，我是在游戏中不断学习如何玩这个游戏的，这是个艰难的过程。

以合理的价格买入一家极好的公司的股票比以极好的价格买入一家一般的公司的股票要好得多。在买进股票时，总要寻找有着一流管理层的一流公司。

刚到纽约那一天的情形还历历在目。我刚才说过，因为空壳证券公司不愿再接我的生意，我只好去找有名望的证券公司。我之前做记价员的公司里有一位同事现在是哈丁兄弟公司（Harding Brothers）的营业员，这家公司也是纽约证券交易所的会员。我早上到了纽约，中午一点前就已经在哈丁公司开了户，准备交易。

我之前没跟你说过，在哈丁公司，我也很自然地开始按照空壳证券公司里的方式交易：捕捉股价细微而明确的波动来盈利。没有人告诉我这里和空壳证券公司的区别，也没有人纠正我的交易方法。即使有人说我的办法行不通，我还是会亲自去验证一下。因为我不见黄河心不死，只有赔钱了，我才会承认自己的方法错了，而赚钱则证明我是对的。投机就是这样。

那段时间，股市相当活跃，股民们也很开心，形势一片大好。我顿时找到了熟悉的感觉：面前是陈旧而熟悉的报价板，上面书写着我15岁之前就懂的语言，一个男孩做着我刚工作时同样的活儿。还是那群股民，目不转睛地盯着报价板，或站在行情收录器旁高喊出价格，谈论着市场行情。在那里，就连设备看上去也和我曾经熟悉的那些设备一样。这俨然就和我在伯灵顿股票上挣到人生的第一个3.12美元时的情境一模一样，同样的设备、同样的股民，玩着同样的游戏。别忘了，那时我才22岁，我自认为已经完全掌握了游戏的规则，当然就决定放手一搏了。

我关注着报价板，瞅准一只看多的股票，它走势不错。于是我以84美元/股买进了100股，不到半小时以85美元抛出。然后，我又转向另外一只喜欢的股票，如法炮制；在极短的时间里就净赚了3/4个点。我开了个好头，不是吗？

可那天的实际情况是：作为一个知名证券交易公司的新客户，我在首日交易的短短两小时内频繁买进卖出，总共交易了1100股，结果总共损失了整整1100美元。也就是说，我的第一次尝试就让自己亏损了几乎一半的资本。注意，其中一部分交易其实是获利的，但是那天确实赔了1100美元。

由于还没意识到自己的方法到底哪里出了问题，我并没有被这次亏损困扰。在我看来，自己的操作非常正确，换做是在世界一家空壳证券公司交易，我应该多少赚了些钱的。1100美元的损失只是让我觉得这里的交易机制有问题，但只要有我这个研究交易机制的人在，总能把钱赚回来。毕竟无知对于22岁的我来说并不是不可原谅的。

几天之后，我告诫自己："我可不能再这样交易了，这儿的机制老出问题！"但我却没有坚持这个判断，只是任其发展。这样继续交易，当然有赚有赔，直到我赔得精光，就发生了我之前提到的那一幕，我去找老富乐顿借了500块，去了圣路易斯的空壳证券公司，带着从那里赚来的钱回到纽约。在空壳证券公司我总能赢钱。

从圣路易回来后我开始更加谨慎地交易，情况一度有所改善。情况一好转，我就过起了舒适的生活。我广交朋友，日子过得相当滋润。别忘了，我还不到23岁便独自一人在纽约闯荡了，兜里揣着赚来的钱，满心以为自己已经开始了解这套全新的交易机制。

交易委托在交易所大厅的实际执行情况第一次被我纳入考虑对象，我的操作更加谨慎了，但我还是只关注数字变化，不注意交易的基本原则；因为我一直忽视交易的基本原则，所以一直也找不到我交易的问题所在。

1901年，美国经济进入繁荣期，我也挣了不少钱，对于我当时的年纪来说，算是一大笔钱了。还记得那段时间吗？国家经济空前繁荣，工业合并和资本整合成为大势所趋，而且股民数量激增。我曾听说，在这段繁荣期之前，华尔街曾吹嘘日成交量高达25万股，相当于2500万美元的成交额，而1901年则创下了日成交量300万股的新纪录。人人都在赚钱。钢铁大亨们也来到纽约，这群百万富翁挥金如土，只有炒股能满足他们的挥霍欲。在华尔街街头，我们开始看到一些富有的成功人士，包括以"100万以下不赌"著称的约翰·盖茨以及他的朋友约翰·德里克、洛伊尔·史密斯等；里德·利兹·摩尔和他周围那一帮，他们卖掉美国钢铁部分股份然后几乎买断了公开市场上的罗德岛系统；还有施瓦布、弗里克、菲普斯以及匹兹堡集团；更别提那些在市场大洗牌中亏损，却在其他任何时候都被人称做"大赌徒"的人了。大家可以随心所欲地交易股票，詹姆斯·基恩为美国钢铁股开拓了市场，一个股票证券商几分钟内就可以抛售10万股美国钢铁。多么伟大的时代啊，那么多人都在赢利！那时候大家还不必缴纳股票交易税，而且这种好日子仿佛会一直持续下去。

不久我就听到一些股市要暴跌的传言。经验丰富的老手们还说除他们之外，大家都疯了。但事实是，除了他们，人人都在赚钱。我心里自然明白，股票不会永远涨下去，这种逢买必赚的现象不可能持久，于是我开始做空。然而每次抛出我就会亏钱，如果不是及时止损，一定会赔更多。我期待着暴跌，却保持谨慎操作，买进时就赚钱，做空

如果你分析过那些长期取得成功的价值投资者，你会发现他们中的多数人都操作那些鲜有人关注的股票。

时又赔钱，所以我并没有赚多少。如果因为我当时都是大手买卖你就认为我肯定大赚了一笔，那就大错特错了。

但有一只股票我一直没有做空，那就是北太平洋。我的行情解读能力这次派上了用场。经过分析，我认为大多数股票都没有上涨潜力了，而这只股票还有上涨空间。我们现在知道，当时库恩·罗卜·哈里曼集团在稳步吸纳它的普通股和优先股。我做多了1000股北太平洋公司的普通股，证券公司里的人都劝我卖掉，但我力排众议，坚持持股。当股价涨到110点时，我已经赚了30个点的利润，于是赶紧去证券商那里了结，赚了5万美元，这是我当时最大的一笔收入。对于几个月前刚刚在同一家证券公司赔得精光的小伙子来讲，这是个相当不错的成绩。

不知你是否还记得，当时哈里曼（Harriman）集团通知了摩根和希尔，说他们想控股伯灵顿—大北方—北太平洋联合铁路公司。于是摩根集团先派基恩买入5万股北太平洋公司的股份，以确保其在该公司的控股权。我听说基恩让罗伯特·培根买入了15万股，银行家们执行了。不管怎样，基恩把他的证券商艾迪·诺顿派又到了北太平洋公司，买进了10万股。我想他们后来又买了5万股。这样，一场著名的垄断较量随之而来。1901年5月8日股市收盘后，全世界都知道两个金融巨头正在进行一场较量。美国从未出现过两个如此大的资本集团互相对峙的局面。哈里曼对阵摩根，这是一场势均力敌的较量。

到5月9日早晨，我抛售了所有股票，收益达到5万美元。我刚才说过自己早就对股市看跌了，现在机会终于来了。接下来股价会暴跌，我就能低价买进，而股价很快又会反弹，低价买进的股民都能大赚一笔。这个道理很简单，不用经过福尔摩斯式的复杂推理就能明白。在股价的起起落落中，我们能稳赚一大笔钱。

一切都如我所料，我的预测完全正确，但最后却亏得一分不剩了！意外造成了我的失败。如果没有意外，那么，发生在全世界人身上的事便都一样了，那么生活也就失去了乐趣，炒股游戏就会变成枯燥的

如果你喜欢上一只股票，你就准备好持有它然后什么都不做。

加减运算，我们则会变成思维僵化的记账员。正是投机开发了人们的脑力，因为我们要不断思考怎么做才能猜对。

不出所料，股市沸腾起来，交易量剧增，股价波动空前剧烈。我以实时价格提交了许多卖单。看到开盘价，我大吃一惊，股价跌得太厉害了。我的证券商都在努力工作，他们和其他证券商一样尽职尽责又能干，可等他们执行我的卖单时，股价又跌了20多个点。行情收录器上的价格远远滞后于市场价格。而且因为交易繁忙，成交报告也无法及时送达。我在行情收录器显示一百多点的时候就递交了卖单，可当证券商执行的时候，股价已经跌破80点了，比前一天的收盘价又整整跌了30—40点。这对我来说，就好像花钱使股价跌到我想买进的低价。但大盘不会一直跌下去，所以我立即决定补仓转手做多。

证券商帮我买进了，但买进的价格不能让我扭亏为盈。他们以证券交易所接到买单时的价格买进，比我预计的价格平均高出了15点，让我一天之内就损失了35个点，任何人都难以承受这样的损失。

行情收录器打败了我，完全由于它的滞后。我每次都根据行情收录器的最新价格进行交易，所以早已把它当成了好帮手。可这次，这个好帮手愚弄了我。行情收录器上的价格与市场实际价格的差异让我一败涂地。我重蹈覆辙，竟然在同一个地方摔倒了两次。很明显，只是盯着行情，而不理会证券商对委托单的执行情况，这是绝对行不通的。我早就注意这个问题了，但我不明白为什么没有足够认真对待这个简单的问题并找到办法解决。

我不仅仅没有注意这个问题，而且更糟糕的是，我还在继续盲目地交易，频繁地买进卖出。你知道的，我在证券公司从不限价交易，我必须漂在股价上随之涨跌放手去搏。现在我仍然保留这个习惯：与市场走势为伍，而不是简单地在某个特定股价波段上赚些钱。我在认为应该抛售的时候卖出，在股价看涨时买进——这是通用法则。由于我对该基本原则的坚持，我最终获救了。限价交易只是我在空壳证券公司使用的方法，根本无法在大型证券公司采用。如果不是这样，我

将少数事做好。如果你发现你对少数投资项目理解得很好，那就满仓买入它们。

可能永远学不会真正的股票投机，只能根据自己浅陋的经验继续赌博。

我曾经为了尽量降低行情收录器滞后带来的不利代价而尝试限价交易，结果发现根本行不通。这样的亏吃多了，我只好放弃这种念头。我自己都想不通为什么过了这么多年才明白这个道理：不能着急，不能在股价的短期波动上下注，而应该把目光放得更长远些，去预测股票的整体趋势。

5月9日大败后，我用改进的操作方法继续交易，但是这个方法仍然不是那么完善。如果之前用旧方法没有赚过钱，也许我就能更快获得股市的智慧了。不管怎样，我的收益可以让我过上比较安逸的生活。我喜欢结交朋友，喜欢享受快乐的时光。那年夏天，和许多华尔街富商一样，我入住泽西海岸（Jersey Coast），尽管我当时赚少赔多，不能支持奢侈的生活开销。

我不再固执地坚持自己那套旧的交易方法，可还是没弄清那套交易方法的问题所在，更没有办法解决问题。我一再强调这一点，是想说明只有解决了这一问题，我才能真正赚钱。我的那些旧式武器在大战中根本不堪一击。

那年初秋，我再次输得精光，而且对这个到最后总是赢不了的投机游戏感到极其厌烦。于是，我决定离开纽约，到他处另谋生计。我14岁起开始交易股票，15岁时赚到了人生的第一笔1000美元，不到21岁赚到第一个1万美元，又反复赔光、赚回了这1万美元的本金，在纽约，我曾赚过成千上万美元，又把它赔得精光。我最多的时候赚到过5万美元，可两天后又赔得一分不剩。我没有其他的生计，对别的行业一窍不通。就这样，经过几年的股票交易后，我又回到了当初的起点。不，比回到起点还糟，因为我已经养成了大手大脚的生活习惯，尽管与赔钱相比，这个习惯并不那么让我心烦意乱。

第4章
知道什么不该做，
和知道什么该做同样重要

　　我回到了家乡，但是我一回来就发现，自己一生就只为了一件事：赚些本金，重返华尔街，仿佛那里才是我的故乡、我的归宿。华尔街是我在美国唯一能做大笔交易的地方。等我完全读懂了这个游戏，我就会需要这个能让我大展拳脚的地方。当一个人能够正确判断时，他总希望可以获得正确判断能带来的所有回报。

　　虽然希望渺茫，我还是设法重回空壳证券公司，但是你记得，没有空壳证券公司愿意接受我的交易。我需要钱，想分享一点儿大空壳证券公司从他们顾客那里赚来的钱，我把一个朋友派去了一家空壳证券公司，而我只是偶尔进去扫一眼。我试图说服一位营业员接受我的交易，哪怕只是50股的小单，自然被他严词拒绝了。于是，我与朋友临时编了一套暗号，让他按我的指示买卖。但用这个办法赚到的钱只是杯水车薪。没过多久，这家空壳证券公司就连我朋友的交易也不乐意接受了。终于有一天，当我的朋友要抛空100股圣保罗股票时，他们取消了他的交易资格。

　　后来我们知道了事情的原委：这家空壳证券公司的一个客户看到我们在外面交谈，便进去告密。等我的朋友去营业员那里下单要做空100股圣保罗时，那家伙说："我们不收圣保罗的卖单，不接受你的卖单。"

　　"为什么，出什么事了，乔？"我的朋友问。

　　"今天歇业，就这么回事。"乔回答。

　　"我又不是不付钱，你好好看看，看看这些真金白银！"朋友把我给他的10张十块的钞票递了过去，装出一副义愤填膺的样子，我则装做漠不关心。其他客户开始围过来。只要听到店家和客户说话声音大一点儿或发生最小的争吵，他们都会积极打探，看公司是否在赖账。这位副经理，乔，走出柜台，走向我的朋友，看看他，又瞅瞅我。

"有意思，"他慢吞吞地说，"实在有意思！你的朋友利文斯顿不在这里的时候，你从来不交易，只是一声不吭地坐在那里看报价板。但他一来，你就会突然忙起来。也许你的确是在为自己交易，但不要再来这儿交易了。利文斯顿会给你情报，我们可不吃这亏。"

哎，这等于断了我的财路。幸亏我已经挣了几百块了。于是，我开始琢磨如何用这几百块赚到足够重的本金回纽约，这才是当务之急。在家乡，我能够平心静气地思考自己之前的一些愚蠢操作，隔一段距离与时间，你总能更清楚地看透事情的原委。所以，下次再去纽约，我一定能做得更好。而现在我急需筹措本金。

有一天，我在一家酒店大堂和几个熟人和陌生人谈论股票市场，他们可都是交易老手。我说："证券公司对客户的交易委托执行不力，所以在这场游戏中没人能笑到最后，尤其是像我这样依照实时价格交易的人。客户只有拿到证交所的交易报告才能知道自己的实际成交价。场外交易商会因为证券公司没能及时执行交易委托而无法利用小幅波动获利，而股价最多的情况是小幅波动，而不是大幅振荡。"

我是第一次见到和我讲话的这个人的。他叫罗伯茨，看上去很友好。他把我拉到一边，问我是否在其他类型的证券公司做过交易，我说没有。他说他知道一些公司，他们操作认真，尤其用心执行客户的委托。他们和纽约证券交易所保持密切联系，影响力很大，每个月至少几十万股的交易量，能为任何顾客提供最好的服务。

"这家公司绝对能满足小客户的需要，"他继续讲，"他们专为偏远地区的客户提供特殊服务；不管客户的交易额是多少，他们都一视同仁，而且业务员都诚实、能干。"

"嗯。但如果他们按规定向证交所交纳1/8个点的佣金，他们还怎么在顾客和证交所之间插一杠子，他们还有收入吗？"

"这个嘛，他们是应该付那1/8点的佣金的。但是，你明白的！"他朝我眨了眨眼。我完全明白了。这是家变相的空壳证券公司。

我对这位"推销员"说："我早就不相信任何证券商了，这事得考虑考虑。"说完，我转身离去，免得他喋喋不休。

我打听了这家公司的情况，了解到他们有几百个客户，虽然不免有一些负面传闻，但我还没听说过一例赖账的事。最难的是找到一个真正在这家公司赚过钱的人，但我找到了。

当时股市行情似乎总体上对他们有利，所以如果一两宗交易不合他们的意，他们还不至于赖账。当然，这类公司大多数最终都会破产，像被传染了致命病毒一样一家接着一家。因为一旦一家公司破产，其他公司的客户就会担心自己所在公司的偿付能力而忙于抽回自己的资金。但美国也有不少做得不错、最后正常退休的空壳证券公司老板。

总之，对于那个人推荐的公司，我除了知道他们一直设法套钱、时有欺诈行为外，并没有打听到什么特别令人担忧的传闻。他们的拿手好戏是从那些想要一夜暴富的傻瓜身上刮钱。不过，他们总是会先取得客户的书面许可，这样就可以堂而皇之地敛钱了。

他们通过提供内幕消息让一部分股民卖出某只股票，而另一方面则通知数百个其他客户抛售同一只股票。然后，买单和卖单同时大量涌入。他们还建立全权委托交易机制，适时让客户书面授予其交易姓名使用权和资金使用权。客户们还觉得公司这是帮了他们的大忙呢。可是这样一来，当客户资金被骗光时，即便是最难缠的客户也无法用法律手段得到合法赔偿。他们会把股价拉高，诱顾客跟进，要一套赶市的花招，洗光数百个散户的保证金。他们不会放过任何人，最喜欢骗妇女、老人和书呆子的钱。

我遇到的一个小伙子告诉我，他亲眼目睹过这样的事：公司一天发了600份电报建议一批顾客买入某只股票，同时发出600份电报强烈敦促另一批顾客立即卖出这只股票。

"是的，我知道他们会用这招。"我告诉他。

"可事情还没完，"他说，"第二天，他们又发电报给同样的客户，让他们把手上所有的单子都平掉，转而吃进或抛出另一只股票。我问办公室里的一位公司元老：'为什么你们要这么做？我懂你们第一天的做法。虽然所有的顾客最终都会赔钱，但是必须让一些客户暂时留些账面利润啊。第二天重复同样的把戏，这样不是告诉他们你在害他们吗？这是哪门子高棋？'

"'呃'，那个元老对我说，'不管这些客户买什么、怎么买、在哪儿买、什么时候买，他们注定都会赔钱。他们赔钱的同时我就会失去这些客户。他们早晚都会离开，还不如趁有些人没明白过来的时候尽量从他们口袋里多捞点，然后我会去寻找新的冤大头。'"

坦白地说，我并不关心那家公司的商业道德。我在前面提到过特勒的空壳证券公司把我惹怒了，是因为他们不让我赚钱，所以我以牙还牙。但对这家公司，我没有这样的感觉。他们可能的确是骗子，也可能不像传闻中那么黑心。不管怎样，我不会让他们替我交易，不会听信他们的内幕消息，不会相信他们的谎言。我一心想尽快挣到一笔资金回到纽约的正规证券公司去进行大规模交易，在那里，不会有警察会突然闯进来，我也不用担心邮政当局会突然冻结资金。一旦资金被冻结，基本就没指望再拿回来了，如果运气实在是好，也许还能在一年半后拿回8%。

但我决定要一探究竟。我去了那家公司，和经理本人谈了谈。当他知道我是个老手，曾经在纽约证券交易所开户交易，而且亏得一分不剩后，就没多说什么，只是保证如果我让他们代我投机，他们可以让我在一分钟内赚100万。

看来他断定我是个白痴。他认为我只会盯行情收录器，在永恒的交易中永远只有赔钱的份儿，无论是骗子公司还是只收取佣金的正经公司都能从我这里赚取稳定的收入。

我告诉他，因为我总按实时价格交易，我需要的是能够准确快速执行交易指令的公司，我不希望拿到的成交报告单上显示的成交价和行情收录器上的价格差高达1/2甚至1个点。

他用自己的人格向我保证，将完全照我的意愿行事。这家公司想接我的单子，因为他们声称自己是一流的证券商，拥有业内最能干的员工，以操作迅速到位闻名。如果行情收录器上的价格和成交价格有任何不同的话，他们会尽可能让差异有利于客户，虽然对于这一点，他们也不能保证万无一失。如果我在这儿开户的话，我可以用电讯传来的即时价格进行交易，他们对自己的场内委托人信心十足。

他们让我在下一次报价时就开始交易。我不想表现得太急切，便摇摇头，告诉他我不想马上开户，但是会在决定开户的时候告诉他。他迫不急待地劝我不要错失良机，应该立即进场。此时正值市场萧条，股价微幅调整，对他们来说，确实是蛊惑客户进场的好时机，客户进场后他们就能驱动股价波动，一举洗光客户的钱。

他缠住了我，看样子我是脱不了身了，只好把姓名和地址留给了那个经理，当天我就收到了发件人付款的电报和信函，劝我买入这只或那只股票，声称有内幕说一个内部集团正准备把价格炒高50个点。

我忙着四处打探，尽可能打听其他几家这类公司的情况。看来如果我真想赚钱，只有在这些类似空壳证券公司的证券公司里交易。了解情况后，我在三家公司开了户。我租了一个小办公室，同这三家证券商直接通过电报机联系。

我还和当地一家正规公司取得了联系，他们可以直接和他们在纽约证券交易所的代理人联系。

我只进行小额交易，以防打草惊蛇。总体上是在赚钱的。没过多久，他们说不欢迎胆小鬼，要我做得更大。他们认定我做得越大，就赔得越多，我就能更早出局，他们就会赚得更多。

这套理论很有道理。这些公司对付的都是普通客户，从财务的角度来说，普通客户坚持不了太长时间。彻底失败的客户无法继续交易，而一个半死不活的客户却会发牢骚，惹是生非，破坏公司业务。

我安装了一台报价机，开始谨慎操作。我说过，这就像在空壳证券公司交易，只是略慢一点。对于这种玩法，我有绝对的把握胜出，而我确实赢了。虽然不是屡战屡胜，但总的来说，每个星期都有钱到手。我恢复了过去那种惬意的生活，但这次我会坚持存一些资金为回到华尔街一展身手做准备。我和另外两家同类公司也建立了联系，这样一共是五家，他们都是我的衣食父母。

有时候，我的预测也不准，选中的股票没有按预计走向发展，而是完全相反。但这对我的打击并不大，因为我的投入比较少。我和空壳证券公司保持着友好的关系。他们的记录和账册经常和我的不同，而这些差异都对我不利，这可不是惊人的巧合。每次我都会全力争取自己的利益，而且通常都能成功。他们总想夺回我从他们那里赚的钱。我想，他们一定认为我赚的钱就像从他们那里借的临时贷款，总有要还的一天。

他们不满足于收取佣金，总想通过诱骗欺诈来挣钱，毫无商业道德。因为傻瓜们总是赔钱，所以觉得自己赔钱也正常，他们从不会猜到，他们在进行的合法生意，在内行人看来是有猫腻的。但是顾客不知道实情。而公司似乎对"人聚则财聚"这句古老的真理闻所未闻，一门心思只想一网打尽，赶尽杀绝。他们好几次要些老把戏骗我入局，由于我的疏忽，他们得逞了几次。只要我比平时挣得少，一定就是他们暗中做了手脚。我会指责他们不够意思，恶意欺诈，但是他们全都否认，而最后我还是得回去照常交易。和骗子做生意的好处就是：只要你愿意继续和他做生意，即使你抓住他的小辫子揭他的短，他也会既往不咎。对他来说，那没什么，他很乐意做出让步，多么"宽宏大量"啊！

骗子的花招严重影响了我的资本积累速度，我已经无法忍受这个速度了，所以我决定还以颜色。如果我选垃圾股必然引起他们的怀疑，所以我选了一只投机者曾经青睐但现在已经冷下来的股票。然后我让那5位证券商都帮我买入这只股票。当他们接收委托单，等待行情显示最新价格的同时，我委托那家我交易过的正规证券公司尽快帮我抛售100股这只股票，我急切地敦促越快越好。你可以想象，当抛售委托单传到交易所场内的时候会发生什么。一家会员公司从外地接来急单抛售一只冷门股，当然会有人低价吃进。行情收录器上显示的这次交易的成交价将会是我那五张买单的成交价，我在低价做多400股这只股票。那5家和我有电报联系的公司问我听到了什么消息，我只说我得到了内部消息。收盘前，我又委托那家正规的证券公司立即买回那100股，告诉他们无论如何我都不愿卖出这100股，无论价格多高我也要买回来。他们给纽约发了买入100股的电报，这刺激了股价上扬，幅度还不小。而我当然也下单让那几个证券商卖出400股。这一招很令人满意。

可他们从不吸取教训，所以我故技重施了好几次。我对他们已经手下留情了，维持在1—2个点，也很少在每家做100股以上，但这却帮我积累了下一次去华尔街冒险的本金。有时候我会改变策略，先做多再卖出，但我总是适可而止，每次挣600—800美元就满足了。

有一次，我的计策效果太明显了，竟然引起了10个点的波动，这让我始料不及。事实上，我那天刚好在其中一个公司那里交易了200股，而不是平常的100股，尽管其他四家还是100股。这对他们来说有点过分了。他们恼怒得像一群愤怒的小狗，开始在电报里抱怨。

我去找那个当初急切地让我开户的经理，也就是那个我每次抓到他做手脚、他都"既往不咎"的经理。对做他这一行的人来说，他的话可真不符合他的本领。"这是有人制造出来的假市场，我们一分钱都不会给你！"他发誓说。

"你接受我的买单时可不存在什么假市场啊，你当时让我进场，现在又让我出局，这么做太不公平了吧？"

"怎么不公平了！"他叫道，"我能证明有人在故意搞鬼。"

"谁在搞鬼？"我问。

"肯定有人！"

"他们搞鬼想整谁呢？"我继续问。

他说："反正搞鬼的人里面肯定有你的朋友。"

我反驳道："你很清楚，我是单枪匹马交易的，这镇上的每个人早在我刚开始交易股票的时候就清楚这一点。现在给你个友好的忠告：赶快把我的钱拿来给我，我可不想和你吵架，快点拿钱来！"

他叫道："我不会给你钱的，这笔交易有问题！"

我已经不耐烦了，所以对他说："你必须马上付钱。"

他接着咆哮了一会儿，直截了当地说我就是那个该死的骗子，就是我在搞鬼，但最后还是付钱了，虽然他极不情愿。其他几个公司可没这么闹腾。其中一个经理一直在研究我操作的那些冷门股，接到我的委托后，他不但帮我买了，还给自己也买了些，赚了点钱。这些家伙并不怕客户控告他们的欺诈行为。他们不会因为怕我查他们在银行的钱所以小心翼翼的，因为我根本没法动那些钱，他们也不怕资金被冻结，因为他们总有一套现成的法律手段为自己开脱。但是我可以坐在沙发上不走了。被别人说成奸商并不会带来物质上的损失，但一旦担上赖账的恶名他们就必然完蛋。客户在空壳证券公司亏钱并不是什么稀奇事，但客户拿不到自己赚的钱可是投机业最大的忌讳。

我从所有的公司拿到了赚来的钱，但这10个点的大幅上涨结束了我从骗子身上骗取不义之财的愉快时光。他们曾用这样的伎俩欺骗大批客户，现在却开始处处提防这样的伎俩。我又回到了正常的交易，可我所处的市场不总是有利于我，我的意思是说，他们限制我的交易量，导致我无法大有所获。

这样的交易持续了一年多。在这期间，我用尽可能想到的所有方法从那几家公司赚钱。我的日子过得很舒适，买了辆车，花钱也毫无节制。我明白自己要筹措资金，但我也要生活，当我预测正确时，赚的钱根本花不完，所以总能存下一些。但如果我预测错误，赚不到钱，就紧缩开支。正像我说的，我存了一大笔钱，而在这几家公司也赚不到什么大钱了，是时候回纽约了。

我邀请了一个也做股票的朋友和我一起开车去纽约。我们在纽黑文停下吃晚饭。在饭店里，我遇到一个在交易中认识的老朋友，闲聊之余，他告诉我城里有一家空壳证券公司，生意做得不错。

我们离开饭店去纽约，我一路沿着那家空壳证券公司所在的街道前进，想看看那家店是什么样子的。看到那家店时，我经不住诱惑走进去看了看。里面不怎么豪华，有个大报价板，客户们正在交易。

经理给人深刻的印象，就像当过演员或是政治演说家似的。他说"早上好"的时候，就像是用显微镜找了10年后，终于发现早上的好处，现在他把这个发现作为礼物送给你，同时赠送的还有天空、太阳和公司的资本。他看见我们很悠闲，很年轻，是开着跑车来的——我猜自己看上去不到20岁——还以为我们是耶鲁大学的学生呢。我还没来得及否认，他就开始做起了演讲。他说见到我们很高兴，问我们是否愿意在一张舒服的椅子上落座。他给我们分析说，那天早上的大盘行情多么友善啊，就像专门为大学生多赚点儿零用钱用的。有史以来，聪明的大学生总是缺钱。但此时此地，在行情收录器的帮助下，一笔小小的投资就能有几千块的回报。股市可以给你花不完的零用钱。

嗯，他这么极力地劝说我们进场，让我觉得不赌还真是可惜。于是我告诉他：我听说很多人在股市赚了不少钱，所以我也要进场。

开始我只是保守交易，但一赢就加码。我朋友也跟着我做。

我们在纽黑文过了一夜，第二天上午9点55分，又来到这家热情的公司，那个"演说家"看到我们很开心，以为那天该轮到他赚我们的钱了。但我用几块就赚了1500美元。第三天早上，我们又去拜访这位了不起的"演说家"。我递给他一张委托单，要做空500股美国制糖。他犹豫了，但还是默默地收下了！那只股票跌了1个点，我拿交易单去了结，收回了500美元的保证金，还有500美元的利润。他从保险柜里取出20张五十块的钞票，慢慢地数了三遍，然后又当着我的面一张一张地点数，好像从他手指缝里流出的汗把钱粘住了一样，但最后他还是把钱递给了我。他双臂交叉，一直咬着下嘴唇，凝视着我身后那扇窗口的顶部。

我告诉他我要做空200股美国钢铁，他毫无反应，仿佛根本没听到，我又重复了一遍，这次改成了做空300股。他把视线转向我，我等着他开口，但他只是看着我，然后砸吧嘴、咽了一下口水，像是在准备抨击反对党的腐败引起的长达50年的政治混乱。

最后，他指着我手上钞票说："把那玩意儿拿走！"

我说："把什么拿走？"我不知道他要干什么。

"你们要去哪儿，大学生？"他亲切地说。

"纽约。"我告诉他。

"那就对了，"他不停地点头说，"那就对了。你们快点离开这里，因为我看清了你们这两个家伙的本来面目！学生？我就知道你们根本不是什么学生，我知道你们是干什么的。知道！知道！知道！"

我很客气地说："真是这样吗？"

"是的。你们俩……"他顿了一下，再也控制不住情绪，吼叫起来，"你们俩是全美国最狡猾的诈骗犯！学生？哼！一定还是新生吧！我呸！"

我们离开了，留下他在那里自言自语。股市中输赢是难免的，风水轮流转嘛，他可能并不怎么在乎那些钱，职业赌徒都不在乎钱，他气的是被两个年轻人愚弄了，这伤了他的自尊心。

这是我第三次进入华尔街，我又回到了这里，我属于这里。当然，我一直在研究，想要找出我在富乐顿公司失败的根本原因。20岁那年，我赚到了我的第一个1万美元，却把它输光了。

但我已经找到了失败的原因：我总是在不应该进行交易的时候交易。当我无法按照自己实践并研究出来的方法投机时，我就只能靠赌，我不确定自己能赢，只是抱着侥幸的心理在赌。22岁的时候，我积累了5万美元的资金，却在5月9日一天就全输掉了。我也明白原因：行情收录器的滞后性和当天股价的异常大幅振荡。我不明白的是，为什么在"5·9恐慌"之后，我从圣路易斯回来之后，还是亏了。当时我已经有了一些理论来纠正我在交易中所犯的错误，不过，理论还是需要实践的。

吃一堑，长一智。当你一无所有时，就会幡然醒悟，知道什么事情不该做。等你知道为了避免亏钱，有些事是不该做的，你就开始懂得如何赢钱了。明白了吗？真正的学习才刚刚开始呢！

第5章
赌博和投机的根本区别：
赌涨跌与预测涨跌

　　一般痴迷行情收录器的人，也就是所谓的"股呆"，之所以一败涂地，除了其他原因之外，主要是因为关注面太窄导致操作缺乏灵活性，就像读死书的书呆子一样。尽管股票投机必须遵循主要法则，而且这些法则十分严格，但是仅靠数学模式和这些定律是远远不够的，否则人人都是股票天才了。我也研读行情收录器解读行情，但是从不只套用数学定律，我还看到被我称为"股票行为"的东西，它对于帮助你判断股票的走势是否会延续你观察到的动态——继续上涨或继续下跌还是回档或反弹——有更大的参考价值。如果股票的表现不太正常，不要碰它。不知道它怎么不对劲，你就无法预测它怎么走。诊断不清就无法对症下药所以无法恢复健康，诊断不清就无从预测所以赚不到钱。

　　我认为，图表能帮助读懂它们的人，或者说，能帮助那些能理解图表信息的人。但是，一般的图表阅读者太专注于股票的顶部、底部、主要波动和次要波动，他们认为那就是股票投机的全部。如果一个人把这些当成操作的唯一准则，并信心满满地进行投机，他就一定会倾家荡产。曾有一家著名证券公司的元老，他很能干，毕业于一所有名的技术学院，是一位训练有素的数学家。他对多种市场，包括股票、债券、谷物、棉花、货币等市场的价格变化进行了细致入微的研究，并绘制出图表。

当一家公司即将关门时，千万不要押宝公司会奇迹般起死回生。

他回溯很多年，研究它们的内在联系和季节性变化等，研究得十分透彻。他根据自己的图表交易了很多年，其实他只是在利用平均法，这当然很聪明。听说他一直在赚钱，但是世界大战推翻了他总结出的所有成规。他和他的大批粉丝还没来得及收手，就损失了几百万。

熊市就是熊市，牛市就是牛市。如果大势看好，连世界大战也不能阻止股票变成多头市场，如果大势看坏，就是世界大战也不能阻止市场变成空头市场。而交易者唯一需要做的，就是分析市场的大势。显然，图表不等于市场。我并非有意跑题，只是回想初到华尔街那几年的经历，发现当初不明白的道理现在都明白了，而且想到自己当时因无知而犯的错正是大多股票投机者年复一年犯的错，就忍不住抒发一下感慨。

再次回到纽约后，我在证券公司积极地交易，第三次尝试在这场游戏中获胜。我以前并不期望能像在空壳证券公司里那么成功，但总以为自己可以进行更大笔的交易，过不了多久应该就能做得很好。现在我明白，当时自己最大的问题在于没能领会赌博与投机的根本区别。凭借我七年来的行情解读经验和炒股天赋，虽然没有挣大钱，但还是赚了不少。交易有赚有赔，但总的来说还是赚了，而赚得越多，我也花得越多。除了守财奴，几乎人人都是这样吧，但可不是每个赚快钱的人都有这种习惯。有些人会赚钱但不善花钱，比如罗素·塞奇，所以，很多人都是，他们在去世时依然拥有巨大的财富。

每天上午10点到下午3点，我都全身心地投入股市。3点以后，就是我享受生活的时候了。但不要误会，我只会因为判断失误而赔钱，绝不会贪图享乐而不务正业，更不会贪杯宿醉到精神恍惚或四肢乏力，从而影响股票投机。我不会让任何事影响我的身心健康。至今我仍是10点以前睡觉，年轻时也从不熬夜，因为睡眠不足会影响我的判断。我这样享受生活并没有影响交易，所以觉得没必要剥夺自己享受生活的权利。在股市上赚的钱给我提供了经济来源，看到自己的交易方法足以谋生，我充满了自信。

重返纽约后，我首先调整了交易时间。在空壳证券公司里，我可

持有集中头寸的诀窍是买一家你不会亏太多，同时知道自己为什么有可能赚很多的公司。

以看到股价确切的变化后再出手，从中赚1—2个点的利润。但在富乐顿公司，如果我想通过股价的波动赚钱，就必须提前行动。换句话说，我必须研究股市行情，预测其走势。这听起来没什么，但其实是一个很重要的态度转变：我渐渐明白，赌某只股票的涨跌和预测其涨跌之间绝然不同，这就是赌博和投机之间的根本区别。

我得提前至少一个小时研究趋势，这是我在世界上最大的空壳证券公司也学不到的。我开始对交易报告、铁路收入报表及财务、商业统计感兴趣。我仍然喜欢大手笔交易，难怪人家叫我"抢钱小子"，同时我喜欢研究大盘走势。凡是有助于投机的事，我都喜欢做。在解决问题之前，我会先好好分析它，一旦我认为自己找到了赚钱的方向，我就要验证它，而验证的唯一办法就是投入资金。

现在回想起来，那时我的进步好像很慢，但是我觉得那个进步速度已经是自己能够达到的顶点了；因为那时我总体是在赚钱的，而赚钱会拖缓投资者进步的速度。如果常常赔钱，也许会激励我更加努力地研究，就能找出当时很多没发现的问题。我知道"赔钱"是有极大的价值的，但我无法确定"赔钱"的价值到底有多大，因为如果赔光，也就没有足够的资金来检验和改进我的投机方法了。

研究了我在富乐顿公司赚钱的交易后，我发现，尽管对行情和走势的分析百分之百正确，我并没有赚到应该赚到的那么多。为什么呢？

"不完全的胜利"和赔钱一样值得总结经验。举个例子来说，牛市一开始，我就对大盘看涨，于是开始买进股票。正像我所料，股价上涨了，至此一切顺利。可我听了老行家的忠告，抑制了年少的冲劲，决定学聪明点，保守而谨慎地操作。众所周知，保守而谨慎的操作方法就是获利落袋为安，然后静待回档低吸。我就是这么干的，于是常常守着赚到的4个点的收益，等着股价回落，却眼睁睁地看着它继续上涨10个点，偶尔回踩。人们常说：获利落袋，必能敛财。但在牛市里赚4个点就急着套现的人永远也发不了大财。

本来可以赚2万美元，我却只赚了2000块，这就是我的保守主义

好的性格的表现——能够忽略投资收益的日常波动。尽管投资的每日波动明显短暂且不甚重要，但它们合起来却对市场产生了过度的甚至是荒诞的影响。能够忽视这些日间波动的投资者相比那些从这些波动中寻求收益的投资者拥有巨大的优势。

带给我的回报。

同时，我还发现另一件事：根据经验的深浅，傻瓜也分几种。

新手一无所知，每个人都清楚这一点，包括他们自己。而比他们高一级的，也就是二级傻瓜，自认为懂得很多，而且旁人也这么认为。其实他们只是经验丰富的傻瓜，研究的并不是市场，而是更高级别的傻子的市场理论。二级傻瓜知道如何避免新手会犯的错误，以免亏损。经纪公司正是靠这些二级傻瓜赚钱的，而不是主要靠吸新手的钱。胆敢冒犯华尔街的新手通常能熬三到三十个星期，而半吊子傻瓜平均可以支撑三年半左右。这些二级傻瓜经常引述交易名言和游戏的各种规则，他们把经验丰富的老手传授的交易禁忌谨记于心，却忽略了最重要的一条：不要当傻瓜！

这些二级傻瓜自认为自己经验丰富，懂得个股下跌时买进，于是只等股票下跌。看着股价从顶部跌下来，他通过跌下来的点数来计算自己捡到了多大的便宜。而纯粹毫无经验的傻瓜，对规律和先例一无所知，牛市时会盲目买进，因为他们有盲目的希望。他们能赚不少钱，但股价的正常回档可以一下子让他们的收入付之东流。我以前就和这些二级傻瓜一样，自以为在按照别人的经验明智地操作，但后来我意识到自己应该改进在空壳证券公司里的那套交易策略了，我也一直在试图通过改变来解决问题，尤其要改变股市老手们所推崇的那些所谓的具有极高价值的方法。

大多数客户都一样，都自认为一定能够在华尔街赚钱，很少人能真诚地对待这个问题。在富乐顿公司也有这么一群各个级别的傻瓜！不过，其中有一个老家伙和别人不太一样，他与众不同。首先，他年龄较大；其次，他从不主动给人出主意，也从不吹嘘自己赚了钱，但他懂得倾听。他看上去不是很热衷于打探内幕消息，从不主动问别人听说了什么或知道些什么消息。但是，如果有人告诉他内幕消息，他会很礼貌地表示感谢。如果事实证明消息正确，他会再次表示感谢。但如果消息错了，他也从不抱怨，所以没人知道他是不是听信了内幕

将精力集中在长期投资上的一个必然结果是要承担短期内收益劣于市场的风险。

消息。公司里有传言说这个老家伙很富有，手笔很大。但他从不频繁交易，把钱浪费在支付交易佣金上。至少在大家眼里，他就是这样。他名叫帕特里奇（Partridge），人们背地里叫他"火鸡"，因为他胸部厚实得厉害，下巴尖几乎贴到胸部，而且喜欢在各个房间里走来走去。

有些客户迫切希望别人怂恿他们交易，这样他们就可以把失败的责任推到别人身上了。这些客户常去找老帕特里奇，说一个知情人的某个朋友的一个朋友建议他们交易某只股票，希望帕特里奇给他们指点迷津。但是无论内幕消息是要他们买进还是卖出，老家伙总是同一个回复。

情景一般是这样的：客户会就自己的困惑询问帕特里奇的意见，"老火鸡"总是把头一偏，露出慈祥的笑容看着他，最后意味深长地说："你知道的，现在可是牛市啊。"

我经常听到他说："啊，你知道的，现在是牛市啊。"他说这句话的时候就像在给你一个用100万的意外保险单包起来的无价护身符一样。但我当时完全不明白他的意思。

一天，一个名叫埃尔默·哈伍德的人冲进公司，写了一张委托单，交给营业员，然后又冲到帕特里奇那里。此时帕特里奇正在听约翰·法里讲故事。约翰说他有一次无意中听到基恩委托他的证券商交易，他也跟着买进了100股，最后每股只赚了3个点，而他卖出之后的3天内这只股票暴涨了24个点。这至少是约翰第四次告诉帕特里奇这个悲惨的故事了，然而老火鸡还像是第一次听到一样，满怀同情地微笑着聆听。

埃尔默走到帕特里奇面前，没有说对不起就打断了他，对老头说："帕特里奇先生，我刚才卖了克莱曼汽车公司，朋友告诉我股价会回档，到时我就能低吸了。你手上还有这只股票吧，你最好也卖掉。"

埃尔默疑惑地看着老人，他先前曾提供消息让帕特里奇买进这只股票。免费提供消息的人总觉得得到消息的人必须对他言听计从，即使他自己也不确定消息是不是真的准确。

老火鸡感激地说："是的，哈伍德先生，我手里还有这只股票。"

> 正确的投资之道是将大笔资金投入你认为自己了解，并且对其管理信心十足的企业中。指望广泛投资那些你不甚了解，也没有理由抱有信心的企业，借此把控风险，是一个错误。

他还说，埃尔默真是个好人，还记得他这个老头。

埃尔默说："哦，现在可是高抛等待低吸的好机会。"他真诚得就像他已经为这个老头填好了卖单一样。可老火鸡脸上并没有出现感激涕零的表情。埃尔默再次强调："我已卖掉了我手上所有的股票了！"从他的表情来看，保守估计至少有10000股。

然而，帕特里奇抱歉地摇摇头说："不！不！我不能卖！"

埃尔默叫道："什么？"

帕特里奇说："我不能卖。"他显得非常苦恼。

"当初是我给消息叫你买进的……"

"是的，埃尔默先生，非常感谢你，我确实买了，但是……"

"且慢！听我说完！那只股票在10天内上涨了7个点，不是吗？"

"的确是，很感谢你，好孩子，但我还不想把它卖掉。"

埃尔默十分不解地问："你不想？"提供消息的人看到接受消息的人不愿听从，大概都是这样的反应。

"不，我不能。"

"为什么不能？"埃尔默走近了问。

"为什么要卖，现在可是牛市啊！"老头这么说，好像这就是个详细、充分的解释了。

"好吧，"埃尔默说，因为失望，他看上去有些生气，"我也知道这是牛市，但你最好把股票抛出去，在股价回落时再买回来，这样才能降低成本。"

老帕特里奇痛苦地说："我的好孩子，如果我现在卖了股票，就会失去我的仓位，那以后怎么办呢？"

埃尔默放弃了，摇摇头，向我走来，似乎想博取我的同情，像演戏般地低声说："你听明白了吗？你怎么看？"

我什么也没说，于是他继续说："他听了我给他的克莱曼公司的内幕消息，买进了500股，赚了7个点的利润。现在我建议他卖出，然后在股价回落时买回，现在还来得及。可你知道他怎么说吗？他说如果卖了就会失去自己的工作，你能理解吗？"

"对不起，哈伍德先生，我并没有说我会失去自己的工作，"老火鸡打断他，"我是说我会失去我的仓位。如果你到了我这把年龄，经历了许多兴衰之后，就会明白失去自己的仓位是谁都承受不起的，包括洛克菲勒。我希望股价会回落，你就能在低价位买回股票了。但我自己只能凭多年的经验交易，我曾为这些经验付出过巨大的代价，可不想再交一次学费了。但我还是很感谢你给我的消息，因为你好意让我赚钱。你知道的，现在可是牛市啊。"帕特里奇说完就离开了，埃尔默则一脸茫然。

当时我并没有太在意老帕特里奇的话。直到我开始思考为什么我对大势的预测那么正确，却总是赚不到该赚的钱的时候，我才意识到老帕特里奇话里的智慧。越分析他说的话，我就越觉得他有智慧。显然，他年轻时也和我有同样的毛病，他了解自己的弱点。痛苦的经历已经教会了他拒绝各种难以抵挡的诱惑，因为这些诱惑的代价对他来说实在太昂贵了，对我来说也一样昂贵。

我终于明白，当老帕特里奇一直告诉其他客户"啊，你知道的，现在可是牛市啊"时，他真正的意思是说，赚大钱不能靠股价的短期波动，而要靠大波动。换句话说，不能光看个别的起伏，而要判断个股的大趋势和大盘的行情走势。明白了这个道理，我又向前迈进了一大步。

现在，让我告诉你，在华尔街摸爬滚打了这么多年，累计输赢了几百万之后，我要告诉你：我的想法从来都没有替我赚过大钱，替我赚大钱的是我的坚持不动，明白吗？是我坚持不动！看对个股波动没什么了不起。你能在股市发现很多高手，看时机很准，总能在最佳利润点买卖股票，但他们都没能真正赚到钱。为什么呢？能看对波动方向的人很多，能看对波动并坚持不动的人才真正厉害。但是，一个股票投资者只有牢牢掌握了这个诀窍才能赚大钱。而这是最难学的。

当你对股票交易一无所知时，赚几百块都困难，可一旦你学会如何交易，可以不费吹灰之力地赚几百万块。原因只有一个：你对股价的走势看得清清楚楚、明明白白，但是市场在按照你的预测走下去之前，不会步步都按你的预测在走，你定会感到焦虑，甚至怀疑自己的判断。正是因为这样，华尔街很多明智的投资者也会赔钱。让他们失败的不是股市，而是他们自己。他们聪明却不够淡定。老火鸡恰恰在

可能的利空影响可以通过审慎的分散投资得到很好的缓解。但是，为了将投资组合风险降低到可接受水平，所需要持有的股票数目也不必多，通常情况下，持有不宜超过10只股票。

这方面做得很好，他既有胆略，又能机智、耐心地等待。

　　不理会大波动，总是设法抢进抢出，对我来说是致命大患。没有一个人能抓住所有的起伏。在牛市中，你就应该买进持仓，直到你觉得牛市将尽，抛空你的股票！要做到这一点，你应当研究大盘和经济形势，而不要听信内幕消息甚至只关注个股波动！慢慢寻找大盘开始反转的蛛丝马迹，在那个点上，你认为或倾向于认为大盘即将开始反转。要做到这一点，你必须动脑筋并把目光放长远，否则我的建议就如同低吸高抛的道理一样浅显无用了。不要去抓最初或最后的1/8点利润，那需要太大的代价。多少股票投资者为了抓住这1/8点利润付出了好几百万块的代价，这些钱都足以建一条横跨美洲大陆的水泥公路了。

　　研究了我在富乐顿公司那些比较明智的操作后，我发现自己的首笔操作一般不会亏钱。于是我决定从一开始就大笔交易。这样做能让我对自己的判断充满信心，避免一开始就受到他人建议的影响或失去耐心。要想在这一行当有所作为，就一定要对自己的判断有信心。我学会了研究趋势和大盘，持好仓位并坚持下去，能够静静地等待，没有一丝不耐烦。只要我知道回踩是暂时的，我总能坚定不移地坚持下去。

　　我曾因看大跌做空10万股，后来看到股价会大幅反弹，我确信这个反弹是必然的，可以让我赚一百万左右。但是我仍按兵不动，眼睁睁地看着50万账面利润灰飞烟灭，没有补仓并在回档中放空，因为我知道如果那样做，我就失去了自己的仓位。失去仓位会导致最终的毁灭。最终决定让你赚大钱的是大波动，这是赌博和投机的根本区别。

　　由于我是从自己的错误中不断吸取教训的，从犯错到认识错误需要时间，从认识错误到找出原因更需要时间，所以我花了很长时间才学会这个道理。但同时，我的生活还不错，而且我还年轻，所以可以用其他方式补救。

高质量的公司比按清算价值折扣价买入的股票能够提供更多的安全边际。

　　当时我的大部分收益主要还是靠研读行情赚来的，因为当时的市况非常适合这种方法。情况比我刚到纽约时好多了，但想到我两年之内就三次破产，我一点儿也骄傲不起来。可我必须承认，破产是很有效的学习手段。

　　由于我从未停止享受生活，财富积累的速度并不快。这个年龄和层次的人应该拥有的东西我一样也不少，我也有私家车。我总能从股市中赚钱，完全没有必要节衣缩食。股市只有星期天和公共假日停市，其他时间我都在赚钱。每当找到亏损或失误的原因时，我就会把它作为一条崭新的"禁令"记下来。为了有效利用我与日俱增的资产，我从不节衣缩食。生活有喜有悲，说也说不完。其实，我能很快记住对交易有价值的教训，它们让我更了解股票，也更了解我自己。

▌ 第6章

数字会说谎，
大势是唯一可靠的盟友

1906年春天，我去亚特兰蒂斯（Atlantic City）度过了一个短暂的假期。我退出股市，想换个环境好好休息一下。度假期间，我顺路去了最初交易的证券公司——哈丁兄弟公司，当初我在那里的交易十分活跃，一次能操作三四千股。虽然这和我20岁时在世界一家空壳证券公司的交易量相差无几，但在空壳证券公司里交易只用交纳1个点的保证金。

一个朋友和我一起在度假，他也是哈丁兄弟公司的客户。我尽情享受假期，完全不理会股市的动向，放弃了一切交易，除非市场异常活跃，而我又能大量交易。我记得当时经济形势很好，虽然股市比较平缓，但种种迹象表明大盘会上涨。

一天早上，我们吃过早餐，读完了纽约所有的早报，也看腻了沙滩上海鸥与蚌的游戏，就开始沿着海滨路散步，这可是白天最有意思的事了。

时间尚早，我们走得很慢，呼吸着略带海水咸味的空气，打发着时间。哈丁兄弟公司在海滨路有个分公司，我们每天早上都会顺路去看看开盘情况。但仅仅是习惯而已，我不交易。

我们发现那天的市场异常活跃，走势强劲。我的朋友对后市十分看好，他还持有一只低价买进的股票，现在已经上涨几个点了。他对

每个头寸都有专家告诉你为什么你完全错了。有些人会在本性上想坚持赌下去，而其他人则恐慌并退出。最终，所有问题都回到性格上来。

我说应该继续持仓等待价位涨到更高。我没怎么听他说，也懒得附和，只是专心浏览着报价板，发现大部分股票都在上涨。但我看到联合太平洋，它的股价高得很，我认定它会下跌，就提出要卖出3000股。它却继续上涨，我在第二天又卖出2000股。

第三天，旧金山地震的消息传来。这是一场可怕的灾难，但股市开盘只跌了几个点。多头力量还在起作用，公众也不会擅自行动。这种情况屡见不鲜。只要有牢固的牛市基础，不管报纸上怎么说，这些消息都不会起到相应的作用，因为大众的期望在起反作用。这次，华尔街没有对灾难的严重程度做出任何反应，因为它并不希望做任何反应。当天收盘前，大盘又开始反弹。

我做空了5000股。灾难来临，但是没有带来股灾。那个和我同去亚特兰蒂斯度假的朋友对我继续持有联合太平洋的空头感到既高兴又惋惜。

他对我说："哥们，大家都在支撑股价，和他们对着干是没用的，他们赢定了。"

"耐心等待。"我的意思是等待价格做出反应。我知道灾难很严重，没必要掩盖事实，而联合太平洋公司一定是损失最为惨重的公司之一。而华尔街还如此盲目，实在让人气愤。

"耐心等待？等着你和所有空头被榨干！"他斩钉截铁地说。

"那你打算怎么做？"我问他，"继续买进联合太平洋吗？可南太平洋和其他铁路公司遭受了几百万美元的损失啊，他们支付了那么多损失后哪里还有收入来分股息啊？你只能说，事态可能不是特别严重，可也没理由买进那些铁路公司的股票啊，他们这次损失惨重啊！你说呢？"

但我朋友只是说："是的，听起来很有道理，但我告诉你，股市可不认同你，行情收录器上的数字是不会说谎的，不是吗？"

我反驳说："但它并非总是立刻说真话。听我说，在黑色星期五之前，一个人找吉姆·弗斯克聊天，列出了10条原因，指出黄金价格将要下跌，最后激动地决定卖出几百万的黄金，吉姆·弗斯克看着他

> 每一位交易员都必须发现、建立一套适合自己的交易方法。

说：'去吧！快去卖！如果你活腻了。'"

"就是这么回事，"我接着说，"如果当时那家伙真的卖了，一下就赚大了。你最好也做空一些联合太平洋。"

"不可能！我不会跟主流作对的。"

第二天，报纸上刊登了关于地震的更详尽的报道，股价开始下跌，但还不像预计的幅度那么大。我明白大势已定，股价必将暴跌，所以我加码一倍，又做空了5000股。那时大部分人都清楚情况了，而我的证券商也很乐意帮我做空，根据我的预测，做空是明智之举。次日，大盘开始跳水，机会来了。我要趁机再冒冒险，于是再次加码，又做空了10000股，现在就该这么玩。

我毫无顾虑，觉得自己的操作绝对正确，想好好把握这个天赐良机。我继续做空，我也不知道自己有没有想过做空这么多的危险性，只要股市轻微反弹，就会把我的账面利润甚至本金全都一扫而空。也许我考虑过这种危险，但觉得没有什么，我可不是鲁莽的赌徒，我的操作其实很谨慎。没人能改变地震已经发生的事实，不是吗？没有人能在一夜之间不花一分钱就让已经倒塌的建筑物恢复原状，不是吗？接下来的几个小时，即使全世界的资金都用来支撑股价，也无法逆转乾坤，不是吗？

我没有盲目下注，我并不是疯狂的空头，也没有一心想着成功或认为整个国家会因为旧金山被毁而变成一片废墟，真的，完全没有！我也不希望发生恐慌。总之，第二天我平仓了，赚了25万美元，那是我炒股生涯中赚得最多的一次，而且只是几天的工夫。地震发生的头一两天，华尔街并不关注这场灾难，他们会说这是因为首批报道的内容并不太严重，我倒认为这是因为改变大众的观点需要一个漫长的过程，甚至职业交易商也经常表现得反应迟钝、目光短浅。

对一个机构投资者或其他严谨的投资者而言，总是考虑在下跌的市场中是否应该减持或继续持有股份，或对自己管理的投资组合的贬值感到备受谴责，实在没有必要，更远非责任所系。

那年夏天，我去了萨拉托加温泉（Saratoga Springs）。本来是去度假，心里却总是放不下股市。因为我有充足的精力关心股市，而且那里的每个人都对股市有着或曾经有过浓厚的兴趣，我们自然而然就会谈及股市。我发现纸上谈兵比实际交易容易得多，有些家伙说话的口气真让人受不了。

哈丁兄弟公司在萨拉托加有分公司，那里有不少客户。但我倒觉得这是一种广告价值，在度假胜地设有分公司是一种极好的广告。我总是顺路去他们分公司看看，和其他客户一块坐坐。经理来自纽约总公司，很和善，乐于助人，当然，逮着机会就极力拉客户进场。那里是各种各样消息的集散地，赌马的、股票的、期货的。但他们知道我对内幕消息不感兴趣，所以经理从不会走到我面前对我耳语刚从纽约总部得到的最新消息。他只是把电报交给我，说一些诸如"这是纽约总部发过来的"之类的话。

我当然要关注行情。看报价板和研读各种迹象早已成为例行公事。我注意到联合太平洋公司看起来要上涨，价格已经很高了，但从股票的动作来看，好像有人在吃货。我一连观察了几天，迟迟没有出手。我越看越确认有人在吸进这只股票，而且那人并非小角色，不但资本雄厚而且挺懂行，他的操作十分聪明。

确认这一点之后，我立即开始以160美元左右的价位买进。股价持续上涨，我以每笔500股的规模持续买进，随着我不断买进，它的涨势也越来越强，但没有出现突然的暴涨，所以我感觉很安心。以行情走势来看，我认定它会大幅上涨的。

经理突然走到我面前说纽约那边发来消息，问我是否在分公司，当总部知道我在，他们要经理留住我，说哈丁先生要和我通话。

我同意在那里等着，同时又买了500股联合太平洋。我不知道哈丁会跟我说什么，但我觉得应该和生意无关，因为我的保证金很充足。不一会儿，经理过来告诉我说艾德·哈丁先生打来了长途电话找我。

"你好，艾德。"我说。

但他却劈头盖脸地说："你到底在捣什么鬼？你疯了吗？"

"你才疯了呢。"我说。

"你在干什么？"他问道。

"你什么意思？"

"买那么多股票。"

"怎么了，我的保证金有问题吗？"

"不关保证金的事，你上当了。"

"我不明白你的意思。"

"你为什么买进那么多联合太平洋？"

"因为它在上涨啊。"我说。

"上涨！见鬼！你难道不明白是局内人在倒货给你吗？你是那里最引人注意的人，你还不如把钱输在赌马上，那还有点意思，别让他们把你耍了。"

"没人在耍我，"我告诉他，"我没和任何人说起过这只股票。"

他反驳说："你别指望每次操作都会有奇迹救你，趁现在还有机会，赶快出货吧！"他说，"现在大户都在拼命抛出，你还这样大规模做多，简直是不想活了！"

"可行情收录器显示他们在买进。"我坚持自己的观点。

"拉里，看到你的委托单，我差点儿犯心脏病。看在上帝的份儿上，别傻了，赶快脱手吧！这只股票随时可能崩盘，我该说的都说了，听不听由你，再见。"然后他挂断了电话。

艾德·哈丁是个聪明人，消息十分灵通，无私善良，很够朋友。更重要的是，他的消息来源广。我是凭着多年研究行情的经验和看到的迹象买进联合太平洋的。经验告诉我，只要出现这些迹象，股价一定会大幅上涨。我不知道在我身上发生了什么，但我断定，内部炒作高手在做手脚，所以盘面看起来很真实，我通过看盘认定有人在吸货。艾德·哈丁确信我的操作是错误的，而且如此力阻我犯错，我不该质疑他的智慧和动机。

我说不清是不是这个原因让我采纳了他的建议，但我确实按他说的卖掉了所有的联合太平洋。当然，如果做多头是不明智的，那么不做空头也应当同样不明智。所以我在抛出所有做多的股票后，反手做空了4000股，价位是162美元。

第二天，联合太平洋的董事会宣布派发10%的红利。刚听到这个消息，华尔街没人相信。这一招很像走投无路的赌徒在孤注一掷。各大报纸都在议论那些股东。但就在华尔街的天才们还在犹豫是否买进时，它开始上涨。联合太平洋以巨额成交量创下股价新高，一些场内交易者一小时内就赚了大钱。我后来还听说有一个愚笨的专家因为错买了股票所以赚了35万，一个星期后他卖掉了会员席位，一个月后就买了块地去当农场主了。

我一听说那个空前的10%红利的消息，后悔不已，谁让我自己不坚信自己的经验，却听信小道消息，因为一个朋友无私的好心提醒就放弃原则，活该我赚不到钱。

看到联合太平洋创下了新纪录，我意识到实在不该做空这只股票。

我输得只剩下在哈丁公司的保证金了，但我并没有生气。很明显，我准确地解读了行情，却像个傻子似的让艾德·哈丁动摇了自己的决心。谴责别人是毫无意义的，它并不能改变什么，只会浪费时间。我立即下单平仓，并在股价为165美元时下单回补了那4000股联合太平洋的空头，以这个价格来算，我只损失了3个点。但由于委托执行的滞后，证券商实际是在收盘之前以172—174美元的价格买进的。拿到成交报告，我发现艾德的善意劝阻让我损失了4万美元。我没有勇气坚持自己最初的仓位，以这样的代价买到这个教训算便宜的了。

现在我不再担心，因为从盘面上看，还有上涨的空间。虽然这种走势和董事会的行为都毫无前例可循，但我只要坚持做自己认为对的操作就行了。我完全是依行情走势平掉4000股空头的，我要继续坚持这种做法。我买进了4000股，在次日清晨抛出。不仅弥补了损失的4万美元，还赚了1.5万。要不是艾德·哈丁的善意劝阻，我早就大赚一笔了。但我得感谢他帮我学到了这个教训，他使我成长为一个真正的股票交易者。这并不代表要成为一个真正的交易者只需学会不听信小道消息，坚持自己的想法，而是通过这件事，我找到了自信，终于摆脱了之前的交易方法，我学会了投机而舍弃了赌博，我学会了按兵不动而舍弃了频繁交易。萨拉托加事件是我最后一次赌博式的危险操作。从那以后，我开始着眼于大盘，而不是只关注个股。在投机的磨炼中，经历了漫长而艰辛的考验后，我终于成长了。

对一位投资家而言，最根本的是聚焦于，或者说应该聚焦于长期回报，并应当只根据这些来单独做出判断。在市场跌入深谷时清仓股票谋求套现的这种观点不仅荒诞，甚至对整个系统来说，都是一种破坏。

第7章

试水：
股价永远不会高到不能买进

我会毫不迟疑地告诉别人自己对股市是看涨还是看跌，但我从不给别人操作建议。股票在熊市中都会下跌，遇到牛市都会上涨。当然，如果是战争引起的熊市就另当别论，这种熊市中，军火股票不会下跌反而会暴涨。我这种宽泛的评论无法满足人们的要求，什么牛市还是熊市，他们只想知道该买进或抛出哪只股票。他们想什么都不做就赚大钱，他们懒得工作，甚至懒得思考，仿佛捡来的钱都不愿去数，觉得太麻烦了。

我不像他们那么懒，但我确实觉得研究个股比研究大盘容易很多，研究个别的波动比研究某只股票的整体趋势简单多了。我知道必须改变这种习惯，我也真的得改了。

要掌握股票交易的基本原理并不容易。我以前常说，买涨不买跌。关键不在于能否抄底或逃顶，而在于能否保证对买进卖出时机判断的正确率和在错误时及时止损的能力。当我看跌做空时，会一路做空，做空的成交价一定是一次比一次低；看涨买进时，会一路买进，而买进的成交价一定是一次比一次高。

举个例子来说，假如我现在买进股票，我先以110美元的价位买进2000股，如果股价在我买进后涨到111美元，我就可以肯定，我的操作是正确的，至少暂时正确，因为股价上涨了1个点，我已经赢利了。因为判断正确，所以我再买进2000股，如果股市继续上扬，我还会再买2000股。比如股价涨到了114美元。现在已经够多了，我已经可以持仓了。我这6000股的买进均价为111 3/4美元，而当前的股价是114美元。这时我会停止买进，持股观望，因为股价涨久了自然会回落，而我想看看股价回落时市场的反应。股价很有可能回落到我第三次买进2000股时的价位。比如股价回跌至112 1/4美元，然后又开始反弹，我会在反弹至113

3/4美元时瞬间下单买入4000股。如果我能以113 3/4美元的价格买到这4000股，我就知道有什么地方出了问题。这时我会试探性地抛出1000股看市场如何反应。但假设我买入那4000股的时候换一个样子：在114美元时成交2000股，到114 1/2美元时又成交500股，照这个差价继续成交，最后500股成交于115 1/2美元，我就可以确定自己的操作是正确的。这4000股的成交方式让我知道我在这个时机买进这只股票是正确的。当然，我必须在操作之前先研究过宏观经济运行态势和公司的基本情况，并确定大势利好。我从不认为可以轻易买进股票，或者买到非常便宜的股票。

说到这里，我想起一个故事，那时迪肯·怀特（Deacon S. V. White）还是华尔街的大作手之一。据说，迪肯·怀特是个和蔼的老人，精明、大胆，很有魄力，和我聊过天的人都在传说他的壮举。当时美国制糖是市场上最火爆的一只股票。公司总裁哈弗梅耶事业如日中天。听一些老手说，哈弗梅耶和他的追随者们拥有大量资金，手段也很高明，可以保证次次炒作都成功。人们还告诉我，哈弗梅耶在炒作美国制糖股票期间教训了许多场内交易者——这些职业投机商对他来说也都算小散户了，别的内部人士在炒作其他股票时也修理过很多人，但比哈弗梅耶要少得多。通常场内交易者会破坏内部人士的炒作而不是助长它。

一天，一个认识迪肯·怀特的人万分激动地冲进他的办公室说："迪肯，你说过如果我听说什么好消息一定要立刻告诉你，要是消息派上了用场，你也会帮我也买进几百股。"他顿了一下，喘了口气，等着怀特肯定的回答。

迪肯一如既往的淡定，看着他说："我也不记得是否真的这么跟你说过，但如果消息真的对我有用，我不会亏待你的。"

"好极了，我有个消息要告诉你。"

迪肯听后非常和善地说："哦，那太好了。"那人站起来，凑上前去，生怕别人听见，说："哈弗梅耶在买进美国制糖。"

如果从事证券交易，出现巨幅波动本身就是不可避免的。

"是吗？"迪肯依旧淡定。

这种反应可把送信人给惹急了，他一字一顿地说："千真万确，迪肯先生，他在全力买进。"

"我的朋友，你确定吗？"老迪肯问。

"迪肯，确定无疑，老家伙正在全力买入呢，可能跟关税有关，这只股票会成为一匹黑马，价格甚至会超过优先股，一定可以大赚一笔，起码稳赚30个点。"

"你真的这么认为吗？"老怀特从旧式的银丝眼镜片后面看着他，他看盘时都戴着眼镜。

"我真这么认为吗？不，我不是这么认为，我是确定地知道！怎么了，迪肯，哈弗梅耶和他的朋友们在买进美国制糖，赚不到40个点他们是不会罢休的。每一分钟他们都在买进，市场一定会在他们结束之前暴涨！公开市场上已经没剩多少股了！"

"他在买进美国制糖啊？"迪肯心不在焉地问。

"买进？他简直是在现在的低价位全力吞货！"

"是吗？"迪肯只说了这么一句。

通风报信的人听了这话很生气，他说："是的，先生，千真万确！这条消息可是很有用的，绝对准确！"

"是吗？"

"是啊！而且应该值不少钱，你打算用吗？"

"哦，会，我会用的。"

"什么时候？"情报员怀疑地问。

"马上！"然后迪肯叫道，"弗兰克！"弗兰克是他最精明的助手，当时就在隔壁房间。

"什么事，先生？"弗兰克说。

"去交易所帮我做空10000股美国制糖。"

"做空？"送消息来的人痛心地叫道，连已经跑出去的弗兰克闻声都停下了脚步。

"怎么了？就是做空。"迪肯温和地说。

"但我告诉你哈弗梅耶是在买进啊！"

"伙计，我知道，"迪肯平静地说，然后对弗兰克说，"弗兰克，要快！"

弗兰克冲出去执行命令了，而情报员气得满脸通红。

他愤怒地说："我带着最好的消息到你这里来，我告诉你是因为我把你当朋友，觉得你有魄力，会马上行动。"

"我是在行动啊。"迪肯平静地打断他。

"但我告诉你的是哈弗梅耶他们在买入啊！"

"没错，我知道啊。"

"买进！买进！我说的是买进啊！"情报员尖叫起来。

"是买进！我听明白了。"迪肯确定地说。他站在行情收录器前，看着行情记录。

"可你现在要做空！"

"是的，我要做空10000股。"怀特点着头说。

然后他就不再说话，专注地看着行情收录器，那个人也走近想看看他在看什么，他知道这是个狡猾的老狐狸。当他越过迪肯的肩膀想一探究竟时，一个办事员拿着一张纸条走了进来，那显然是弗兰克交易的成交报告。

迪肯瞟都没瞟一眼，他已经从行情收录器上知道了命令的执行情况。

他对那个办事员说："告诉弗兰克再做空10000股。"

"迪肯，我发誓他们真的是在买进！"

"是哈弗梅耶告诉你的吗？"迪肯依旧那么平静。

"当然不是，他从不对任何人说什么，甚至不会让他最好的朋友得到一点好处，但我确定这消息是真的。"

"别太激动，伙计。"迪肯一边举起一只手，示意他安静，一边继续看行情记录。

报信的人生气地说："如果我知道你会反其道而行之，就不来浪费你的时间了，也免得浪费我的时间，但如果你因为那只股票损失惨重的话，我也不会幸灾乐祸的。我真替你难过，迪肯，抱歉，我得去别的地方自己操作去了，我的消息你理都不理。"

"我在按照你的消息操作，我自认为对股市还是有一定了解的，也许不像你和你的朋友哈弗梅耶了解得那么多，但我的确了解一些。经验告诉我，根据你提供的消息，现在就该这么做。我在华尔街混了这么久，对于帮助我的人一定会很感激的，冷静点，朋友。"

那个人盯着迪肯，他一直很佩服迪肯的判断力和自信心。

那个营业员很快回来了，递给迪肯一份报告，迪肯看过以后说："现在让弗兰克买进3万股美国制糖，3万股！"

那个营业员匆匆离去，这个通风报信的人嘀咕了几声，看着这个头发花白的老狐狸。

"老兄，"迪肯和蔼地解释道，"我并不是怀疑你告诉我的不是实际情况，但即便我听到哈弗梅耶亲口告诉你，我还是会这么做的，因为只有一种办法可以证明是不是真的如你所说，有人那样在买进那只股票，就是像我刚才那么做。第一笔10000股很容易就脱手了，当然，这还不足以让人得出定论。但第二个10000股成交以后股价仍在上扬，从这2万股被迅速吃进的情况来看，的确有人在大量吃货，而这个人到底是谁已经不重要了，所以我平掉空头，转手做多10000股。这样看来，你带来的的确是个好消息。"

"那你怎么报答我？"情报员问。

"你将以那10000股的平均价格得到100股，"迪肯说，"再见，伙计，下次记得冷静点！"

"对了，迪肯，"这个人说，"你抛出的时候可不可以帮我一起抛出，我可没你懂得多。"

这个故事能充分解释为什么我从不会以太低的价格买进股票的原因。当然，我总是尽量做到有效买进，以推动形势向对我有利的方向发展。至于抛出时，很明显，除非有人愿意买，否则没人能抛掉。

如果你在大量交易，就得时刻铭记这一点：应该先研究所有相关条件，谨慎地做出操作计划，再付诸实践。如果一个人在大量交易而且已经积累了巨额账面利润，那他根本无法随意抛出，你不能指望市场像吸进100股那么容易地吸进5万股。他只有等，等到市场有能力吃进。这就要看他认为什么时候市场上会出现购买力，时机一来，就必须牢牢抓住，所以通常他得耐心等待，等待时机抛出。想抓住适当的时机，就必须观察、测试，想知道市场什么时候有能力吃进你要抛出的股票并不难，但一定不要一开始就押上所有赌注，一定要等到确定的正确时机再行动。记住，股价永远不会高到你不能买进，也不会低到你无法抛出。但是，第一笔交易后，除非真的有利润，否则不要进行第二笔交易，应该观望一阵，让你的行情分析结果帮你判断时机是否真正到来了。很多事情是否能成功，完全要看是否在适当的时机行动。我花了几年的时间才认识到这一点的重要性，为此我也付出了几

选股的第一种做法是自上而下，重视行业投资配置而不重个股选择。另一种做法是自下而上，重视个股选择而不重行业配置。

十万美元的学费。

　　我这么说并不是建议必须持续加码。当然，你的确可以通过加码赚到大钱，而不加码就赚不了这么多钱。我真正想说的是：假如一个人可以买500股，要想正确投机，就不该一次性买入，可以先买进100股进行试探，如果亏了，证明操作是错误的，至少暂时是错误的，他就没必要买进更多的股票了。我还要奉劝那些只想赌一把的人永远别赌！

选择投资机会的标准是：这些股票相较于若干年后其可能的实际内在价值或者潜在内在价值，以及相对于当时市场上的其他备选投资机会，已经显得很便宜。重仓买进这些股票，无论发生什么情况，坚定地持有。持有期也许会是很多年，直到实现了预期的收益，或者有明显证据表明当初的投资是错误的。

第8章
舍弃先入为主，
把偏见留在场外

1906年夏天的联合太平洋交易事件让我不再听信内幕消息，不管给我传递消息的这个人多么友好或能干，我也不会受到他的观点、猜测或怀疑的影响。

不是我自负，而是大量事实证明，我能比周围大多数人更准确地解读行情，而且我能完全摆脱投机偏见，这一点是哈丁兄弟公司的一般客户都做不到的。我从不单看让一只股票上扬或下挫的因素，我只是尽量避免错误的操作。

当我还是个少年的时候，就坚持眼见为实，耳听为虚，我只会靠自己的观察得出结论，从不听信别人告诉我的事实和他们灌输给我的结论，因为那不是我亲眼见到的。一旦我认同一件事，那一定是因为我有百分之百的把握。

只有经过分析看涨行情时，我才会做多。但大家眼中的聪明人常常持股故看多。我从来不会让先入为主的观念影响我的思考，所以我再三强调自己永远不会与行情斗气，如果股市不如你意你就对它火冒三丈，这就像得了肺炎便抱怨自己的肺一样愚蠢至极。

我越来越充分理解这句话：股票投机远不止分析图表那么简单。老火鸡坚信在牛市坚持看涨是至关重要的，我意识到首先得判断出这是牛市，这是重中之重。只有在牛市的整体上扬中才有机会赚大钱。

要有全局观念。看个股前，先看大盘和整个行业。

不管大盘走势的导火索是什么，这种走势的持续必须依赖整个经济环境，内线集团和金融家的炒作永远无法使其长久。而且，不管是谁从中作梗，都无法阻止大盘按照既定的轨迹和方向快速、长久地走下去。

萨拉托加事件后，我开始更清楚地看到，或者应该说更成熟地看到：既然整个市场是跟着经济主流波动的，我以前那种对个别交易或个股行为的钻研，也就不那么重要了。而且，当一个人研究大盘走势时，他的交易便不会被限制在哪只或哪几只股票上，他可以通盘买进或抛出。

对于某些股票，做空总发行量一定比例的股数是危险的，而多少比例算得上危险，要根据这只股票的主力、主力的持有方式与持有地点而定。但对于通盘来说，只要价格合适，一次做空100万股也不会有被洗掉的危险。前几年，内线人士会在市场上细心营造对大洗盘的恐惧，周期性地从股民那里赚大钱。

牛市做多，熊市做空，这是很显然的道理。听起来很傻，对不对？但是这是一条基本原则，而牢牢把握了这个基本原则后，我发现在实际操作中要做的就是预测大盘的走势。我花了很长时间才学会按照这个原则交易。但我得为自己说句公道话：在那之前我还没有足够多的资金进行这样的投机。只有账户中有足够的资金，你才能持有大量股票，才能靠大盘的走势赚大钱。

我总是把股市当做日常开销的经济来源，所以我无法满仓操作来实践这种利用大盘波动的交易方法。这种方法虽然能赚大钱，但获利周期较长，一旦失败，损失惨重。现在，我更加自信了，证券商也不再把我看成是碰运气的"抢钱小子"了。他们曾从我这里赚了很多交易佣金，而现在我是他们名正言顺的明星客户，我带给他们的价值远远不止我在那儿做的交易。一个赚钱的客户对于任何一个证券公司都是一笔财富。

我不再像以前一样，仅仅满足于研究行情收录器，我不再只关注个股的每日涨跌波动，我开始从另一个角度研究这个游戏。我的目光从具体的报价转向交易的基本原则，从股价波动转向基本情势。

当然，像所有的交易商一样，我长期坚持每天阅读股市内幕及预测。但这些信息中大部分是流言，另一些是故意散布的假消息，剩下的则是一些作者的个人观点。即使是那些名声在外的股市周评，对决定大盘走势因素的分析也无法令我满意，财经编辑的观点通常都与我的观点不合，他们并不认为应该整理相关资料并从中得出结论，所以这就成了我的职责所在。而且，我们在时间的问题上也总有极大的差异，我始终认为预测下几周的走势比分析过去一周的情况更为重要。

经验不足、年少无知和资金短缺让我经历了几年的失败。但现在的我发现了炒股的诀窍。以前，我在纽约总是无法赚大钱的原因，只是自己对待股票的态度。现在拥有了足够的资金、经验和自信后，我急切地想试试这把新钥匙，却忽略了门上还有另一把锁——时机之锁，这种疏忽也是很正常的，我也为此缴纳了学费——每一次进步都要付出沉重的代价。

我研究了1906年的形势，发现资金前景十分严峻。无数实体财富已经遭到摧毁，大家迟早都会感到力不从心，到时无力付出同情心去帮助别人。打个比方，一般的不景气年景，你可以用价值10000美元的房子换价值8000美元的一车赛马；但是现在的情况可不是普通的不景气，就像一场大火把那所房子烧了个精光，同时赛马在失事的火车下全部压成了肉泥。几百万几百万的资金被用来豢养南非那些毫无生产力的士兵，而在布尔战争中，大批真金白银都随着炮火灰飞烟灭，而且这次我们不能再像原来一样从英国投资者那里得到帮助。更糟的是，旧金山的地震和火灾以及其他各种灾难波及了每一个人，无论你是制造商、农民、商人、劳工还是百万富翁。铁路遭到的破坏一定是巨大的。我认为一切都在劫难逃，不能幸免。在这种情况下，唯一正确的行为就是做空股票。

我之前说过，我发现自己一旦决定了交易方向，不管是做空还是做多，首笔交易必能赚钱。现在我决定放空，就要猛放。漫漫熊市即将到来，我确信这次能赚到交易生涯中最大的一笔。

股市开始下跌，之后反弹，盘整后开始稳步上涨，我不仅没有赚到钱，反而越亏越多。终于有一天，我看到熊市的神话破灭了，空头只有死路一条，我再也无法忍受这种折磨了，平了空头仓位。幸亏操作及时，否则我就连张明信片都买不起了。我元气大伤，但只要还有一口气，我就还有机会。

股市并不会因投资者个人观点，就上涨或下跌；它们上涨是有内在原因的。

　　我又犯了错，可错在哪儿呢？在熊市看跌，这不是明智之举吗？看跌就要做空股票，这也没错啊。错就错在我太早做空了，这让我付出了巨额代价。我的立场正确，操作却不对。不管怎样，崩盘不可避免，且日益逼近，所以我耐心等待，等到股价反弹力度变小甚至不再反弹，我用仅剩的一点儿保证金全部做空了。这次我做对了，但这种正确只持续了一天，因为第二天股价又开始反弹，我又被狠狠地咬了一口。我只好研读行情收录器，平仓继续等待。

　　市场似乎一直在和我作对，逼着我退回空壳证券公司时那套古老而初级的交易方法。这是我第一次制订目光绝对远大的计划，不再只关注个股走势，而是放眼整个市场。我坚信只要坚持下去，就一定能赢。当然，那时我还没有确立自己的交易系统，不然我就能像上一篇说的那样，在下跌的股市里一点点做空，也就不至于损失那么多保证金了。我也许错了，但还没有错得太离谱。其实，我已经观察到了某些事实，只是还没学会如何把它们综合起来。不完整的观察，不仅没能有好作用，反而拖了后腿。

　　从失败中学到的经验总能让我受益匪浅，这次也不例外，最终我发现，现在确实是熊市，坚持看跌的立场是完全正确的，但行情还是应当研究的，因为只有这样才能切准最佳的操作时机。只要在正确的时间开始操作，就不会有什么大问题，也就能稳坐钓鱼台了。

　　今天的我当然对自己的观察很有信心，也不会让主观期望或者个人偏好影响我的观察结果，也掌握了多种方法证实自己的观察是否准确，检验自己的观点是否正确。但1906年股价的持续反弹几乎把我的保证金全耗光了。

　　当时我已年近27岁，做股票已经12年了。那是我第一次因为预测到大危机的迫近而进行的交易，我的操作非常有远见。从我预测出股灾即将到来到最终在崩盘中套现，这个过程比我预计的要漫长得多，以至于我开始怀疑自己是否已经看透了一切。市场给了我们很多警示，其中包括飞涨的短期利率，可还是有很多金融家告诉媒体自己很看好后市，而股市的持续反弹也有一定的迷惑性。我开始思考究竟从一开始就看跌后市根本是个错误，还是我只是错在过早操作。

　　我确定自己错在做得太早了，但我当时实在无法抑制操作的冲动。后来股市又开始下跌，机会来了。我尽全力做空，可没料到股价再次反弹，而且反弹到很高的价位。我输光了，破产了。

　　事情是如此恼人，就仿佛我看到前方有一大堆金币，上面竖着一块牌子，用斗大的字写着"随便取用"，旁边还有一辆卡车，车身印着"劳伦斯·利文斯顿运输公司"，我手上是一把崭新的铲子，四下无人，所以，没有人会跟我抢这座金矿，这就是比别人早看到钱堆的优势。其实好多人如果停下来看一下的话，也可以看到，可惜他们都在关注棒球赛、开车兜风、买房产。这是我第一次看到这么多钱就摆在我的鼻子下头，我自然向它猛冲过来，可还没跑到，风就逆着吹过来了，把我吹倒在地，钱还在那里，可我手里的铲子丢了，卡车也不见了。这就是太早冲刺的后果。我太着急证明这是一座真正的钱山而不是幻影，我确定自己看到的是钱堆。我一心想着自己的远见能带来的好处，却忘了考虑我与钱堆之间的距离。我应该走过去，而不是冲过去。事情就是这样。我没等到时机成熟就匆匆忙忙地着急上路了。在那种情况下，我本该充分发挥自己的行情解读能力的，可是我没有。通过这件事，我明白了一个道理：即使看准了大盘走势，也要确定时机成熟才能行动。

我在哈丁公司做了很多年，交易量非常大，所以公司很信任我，我们的合作也非常愉快。他们认定我可以在短期内重振雄风，而且他们觉得我向来运气不错，只要时机一到，就能恢复元气，甚至赚得更多。以前，他们从我这儿赚了不少佣金，以后，还会赚得更多，所以，我的信誉还是很高，我还能在那里继续交易。

接二连三的打击使我不再那么趾高气扬，或者说，不那么大意了，因为我知道离崩盘不远了，我只能警觉地等待，在下大赌注的时候就应该这么做。这并非亡羊补牢，我只是为了确定准确的时机猛冲。人非圣贤，孰能无错，试错是股市永恒的主题。

那么好吧，我们接着讲。一个晴朗的早晨，我自信满满地前往市区，确信这次万无一失了，因为我在所有报纸的金融版上都看到了一则广告，它就是交易的暗示，而我之前一直没耐性等它出现。这是北方铁路(Great Northern)和北太平洋铁路(Northern Pacific)增发新股的告示。为了股东方便，购买者可以分期付款。这可是华尔街的新鲜事。在我看来这是个恶兆，而且不仅仅是个恶兆而已。

多年以来，北方铁路的优先股一直看涨，这是因为他们宣布将给股东分红，而且运气好的股东可以按票面价格认购北方铁路的新股。由于当时股票的市场价格总是高于面值，因而这一权利是很有价值的。但那时货币市场不景气，连美国最有实力的银行也不能确定能现金支付如此划算的股票，而那时北方铁路优先股的市价是每股330美元左右。

我一走进哈丁公司的办公室就对艾德·哈丁说："做空的机会来了，是时候轮到我大展拳脚了，看看这则广告吧。"

他已经看过了，我跟他解释了自己对这些金融家的广告的理解，但他仍不觉得股市崩盘在即。他认为最好别着急大笔做空，因为市场经常大幅反弹，如果我再耐心等股价再低些，看似损失几个点，但操作会更安全。

"艾德，"我对他说，"这个前奏越长，股价一旦开始下跌就会跌得越猛。这则广告就是银行家们集体签字的自白书，他们害怕的事情正是我所希望的。这是我们搭上熊市列车的车票，正是我们需要的。如果我有1000万，就会一分不剩地全都押上。"

他并不觉得这则广告能说明什么，我费了不少口舌劝他。公司的人并不认可我的解释，所以我只做空了很少，少得可怜。

几天后，圣·保罗公司也宣布要发行新证券，我记不清是股票还是期票了，但这不要紧，重要的是，我注意到缴款日被安排在了北方铁路和北太平洋铁路缴款日的前面，后两家公司可是先宣布发行新股的。这明显是历史悠久的圣·保罗公司在争夺华尔街上为数不多的现金。僧多粥少的情况下，圣·保罗公司可不会谦让。如果银行家们都意识到资金紧缺，接下来他们会怎么办？铁路公司急需资金却无资金来源，你该怎么办？

当然是做空！普通股民天天关注股市，却几乎连本周的行情都看不透，而英明的股票投机客却早早就能看透一年的行情，这就是专业人士和普通股民的区别。

这时，我终于不再犹豫，下定了决心。当天早上，我开始了第一场真正意义上的战役，遵循我一直想走的路线。我告诉哈丁了我的想法和立场，他没有反对我在股价330美元时做空北方铁路，我做空其他股票的价格更高。经历过之前带来沉重打击的错误，我这次才能如此漂亮地做空。

转眼间我就重拾了声誉和信用。不管是不是偶然操作正确，在证券公司操作得当就是如此美妙。反正这次由于我准确地分析了影响大盘走势的背景因素，操作十分准确，依靠的根本不是预感或看盘能力。我不是乱猜的，而是预见了必然会发生的事。眼前不断闪过的是持续下跌的股价，毫无疑问应该做空，我有什么理由不呢？

大盘此时非常疲软，但不久就出现了反弹，许多人跑来告诫我说，大盘已经跌到头了，还有的说那些大户知道做空的人特别多，决定轧空大赚一笔等等，现在这么做很容易就能得手，大户们不会手软的，一定会让空头们吐出几百万。对于好心提醒我的人，我一般只会感谢，从不与他们争论，因为一旦争论，他们就会觉得我太缺乏感恩心。

和我一起在亚特兰蒂斯度假的那个朋友现在很痛苦，他目睹过我的丰功伟绩所以很信任我，但我对整个大盘将全面跳水的预测还是让他生气了，这种消息对谁都没好处，听到这种消息，人们难免惊慌失措。

我想起了老帕特里奇常说的一句话："你知道的，现在可是牛市啊。"好像对聪明人来说，这条信息就足够了，事实也的确如此简单。但奇怪的是，很多股民在这次下跌中损失了15到20个点，却仍然坚持看涨，单凭3个点的回升就确信股价已经跌到头了，即将反弹。

一天，这个朋友来问我："你平仓了吗？"

"为什么要平仓？"我问。

"为了赚钱呗，大盘已经触底了，下跌的股票肯定会回升，不是吗？"

"是的，"我回答说，"但前提是要先触底，然后才能回升，而且不会马上回升，还会反反复复好多天呢。现在还不是它回升的时候，因为它还没真正触底。"

一位老手听到了我的话，他是个联想丰富的人。他说有一次威廉·特拉维斯（William R. Travers）在看跌的时候遇到一个看涨的朋友，两人交换了对股市的看法，那位朋友说："特拉维斯先生，市场走势如此强劲，你怎么会看跌呢？"结巴嘴的特拉维斯反唇相讥道："是……是的，强……强劲地朝死……死亡走去。"特拉维斯曾经去一家公司要求看公司报表，出纳员问他是否持有公司股份，特拉维斯回答说，"应……应该说有……有过，我做……做空了两……两万股。"

从空壳证券公司开始，我就一直单干，这样我的思维就能充分发挥作用。我必须独立观察，独立思考。当股市开始朝对我有利的方向发展时，我有生以来第一次感觉到了世界上最强大、最真诚的盟友——基本面。它不遗余力地帮助我。尽管有时它反应比较迟钝，但只要我耐心等待，它总是很可靠。我不再启用自己的行情分析能力，不再启用对时机的预感，而是对事情进行逻辑分析，这让我赚了不少钱。

重要的是要进行正确的分析以了解众多基本经济形势并根据它们行事。我的知心盟友——基本面——告诉我大盘将会下跌。

交易非常顺利。1907年2月，我清盘了。当时北方铁路优先股已经下跌了六七十点，其他股票也有相应的下跌，我大赚了一笔。我清盘的原因是感觉下跌幅度已经超出预期跌幅，不久将会大幅回升，但我看涨的信心也不是特别足，不愿冒险回手做多。我不能冒险失去我的头寸，因为一旦失手，我会输光的。那时的市场不太适合我交易。我在空壳证券公司赚的第一笔10000美元之所以付之东流，就是因为我不分时机、不分状况，一年到头地频繁交易。我不会重蹈覆辙。而且别忘了，之前我曾过早地预料股市会崩盘，时机还没成熟就急着做空，使自己一度陷入破产的困境。现在，我想立刻将自己获得的巨额利润套现，这样我才能踏实地感觉到自己是正确的。前几次的反弹曾让我破产，我可不想再次被股价的反弹排挤出局。清盘后我也没闲着，我去了佛罗里达。我喜欢钓鱼，我需要休息。在那里，我可以钓钓鱼，放松放松。

第9章
先学会做对的事情，
赚钱只是结果

　　我在佛罗里达的浅海上漫游，那里是个钓鱼的好地方。我完全把股票放在一边，十分放松，过得优哉游哉。一天，几个朋友乘摩托艇从棕榈海滩（Palm Beach）到船上来，其中一个人带了张报纸。我几天没看报纸了，也不太想细看，因为我对任何新闻都不感兴趣。但我扫了一眼，发现股市已经大幅反弹，上涨了10多个点。

　　我决定和朋友们一起上岸。偶尔的适度反弹是正常的，但熊市还没结束，华尔街、愚蠢的股民和绝望的多头力量抛开资金状况，亲自上阵或唆使他人哄抬股价，实在让我无法忍受。我只是想去看看市场的情况，并不知道自己会采取什么行动，但我现在迫切地需要看看报价板。

　　我的证券商，哈丁兄弟公司，在棕榈海滩设有分公司。我走进交易大厅的时候发现了不少熟面孔，大都十分看好后市。他们都是短线交易，短线交易不要求交易商有远见，所以这些人只关注眼前利益，我之前就做短线，曾经讲过我是怎么被纽约交易所的人叫做"抢钱小子"的。当然，人们总喜欢夸大别人的盈利和交易量。交易厅里的人听说我在纽约做空大赚了一笔，现在他们认为我会再次大力做空。他们相信股价会继续反弹，而认为我定然会再次大力做空，仿佛那是我的义务。

　　我是来佛罗里达钓鱼的，前段时间我的压力太大，需要好好休息一阵。但当我看到价格反弹得有点离谱，就觉得应该结束休假了。我当初根本没考虑上岸后要做什么，但现在我知道了，我要做空。我要一如既往地用大把大把的钞票来证明我的判断是正确的。全盘抛出将会是一种正确的、有远见的、赚钱的甚至是爱国的行为。

我一眼就看到了报价板上价格即将突破300美元的安纳康达（Anaconda），这只股票一路飙升，显然有实力雄厚的集团暗中支撑。我一直坚信一个理论：股价首次突破100、200或300点后，价格不会在这个整数上停下，而是会继续保持上涨的态势，所以，如果在它突破整数大关的时候立即买进，肯定能赚钱，胆小的人不喜欢在股价创新高时买入，而我恰恰相反，因为有类似的经验在指导我。

安纳康达只是面值25美元的股票，400股安纳康达的价值才等于100股面值100美元的股票的价值。我预计安纳康达突破300点后会持续走高，应该很快就能涨到340点。

别忘了，我可是看跌的。但我也是一个根据具体情况做交易的人。我了解安纳康达，按照我的预计，它应该会快速上涨。活跃股总是能吸引我。虽然我已经学会了耐心与淡定，但还是比较喜欢快速变化，而安纳康达绝对不是价格很少变动的牛皮股。我急切地想证实自己的观察是否正确，所以在安纳康达突破300点的时候，我买进了股票。

当时的盘面显示买盘比卖盘多，所以股价应该还会持续上涨一段时间，最好暂时不要急着做空，我要等待。但我不能白白浪费等待的这段时间，我可以迅速在安纳康达上赚30个点，对整个市场看跌的同时我对这只股票看涨。所以，我买入了3.2万股安纳康达，相当于8000股整股。这么做是有点冒进了，但我对自己的判断胸有成竹，而且据我预计，这次的盈利可以大大增加我的保证金。

第二天，由于北部的暴风雨和别的原因，电报中断了，我只好在公司里等消息，无法交易的时候大家就会聚在一起闲聊，进行各种猜测。终于，我们等来了那天唯一的报价：安纳康达，292美元。当时，我在纽约认识的一个投机商和我在一起，他知道我做多了8000整股的安纳康达，我怀疑他手里也有一些，因为我们看到报价的时候，他大吃一惊。不知道消息传到我们这里的时候股票是不是又跌了10多个点。我也有些吃惊，本来，以安纳康达的涨势判断，再涨20多个点是不足为奇的。但我安慰他说："别担心，约翰，明天就好了。"我的确是这样认为的，但他看着我，摇了摇头。他觉得自己更明白状况，他就是那种人。我笑了笑，在公司继续等新传来的报价，可是那天再也没有消息传来。我们只知道安纳康达跌到了292美元，对我来说，这等于凭空出现了差不多十万美元的账面亏损。是我自己想追求快速的变化的，现在我得到了：快速的亏损。

第二天，电报修好了，我们获悉安纳康达开盘298点，涨到302 3/4点，但很快就开始下跌，同时其他股票也表现不对，迟迟不愿跌的样子。我立刻决定：如果安纳康达跌到301点，那么，我必须重新思考它的趋势，因为它的动作必然全都是假象。按照正常的涨势，安纳康达应该一直涨到310点，如果股价回落，就说明我被骗了，我的操作有误。一个人犯错的时候，他唯一能做的就是不要再错下去。我买入了8000整股，期待能上涨三四十点，这不是我第一次犯错，也不会是最后一次。

果然，安纳康达跌回到301点，它一跌到这个价位，我就偷偷地跑到电报员那里，让他直接给纽约发报，我对他说："把我所有的安纳康达全抛掉，8000股整股。"我压低了声音，不想让别人知道我在干什么。

他抬起头，几乎是用恐怖的表情看着我，我再次确认说："全部抛掉！"

"利文斯顿先生，按实时价格抛出吗？"他看起来就像自己要亏几百万一样。但我只是告诉他："快抛掉！别问了！"

当时吉姆·布莱克和奥利弗·布莱克两兄弟也在交易厅里，但是显然应该听不见我和操作员的对话。他们从芝加哥来，曾经是小麦期货交易商，名声在外；现在是纽约证券交易所举足轻重的股票交易商，非常富有，挥金如土。

我离开电报员回到报价板前的座位，奥利弗·布莱克笑着冲我点了点头，说："你会后悔的，拉里。"

我停住脚步，问道："你这话是什么意思？"

"我打赌明天你就得把它买回来。"

"把什么买回来？"我说，除了那个电报员以外，我没有对任何人提过这次交易，他怎么知道我的操作的？

"安纳康达，"他说，"你明天得以每股320美元把它买回来，你这次的操作可不怎么样啊，拉里。"他又笑了笑。

"什么操作不怎么样？"我假装一脸无辜。

"按实时价格抛出你的8000股整股安纳康达啊，你应该持股的。"奥利弗·布莱克说。

我知道他很聪明，而且常常根据内幕消息交易，但我不明白他怎么这么清楚我的交易，我确信公司不会出卖我。

"奥利，你怎么知道的？"我问他。

他大笑起来，告诉我说："是查理·克里特兹告诉我的。"就是那个电报发报员。

我说："但他并没有离开过座位呀！"

"我听不清你们俩说了什么，"他笑着说，"但是他向纽约发的电报，我可听得一清二楚。几年前，因为电报方面的问题，我跟别人大吵了一架，所以后来我学会了电报密码。从那时候起，每当我口头下单后——就像你对那个电报员做的一样——就都会亲自确认操作员是否按我的意思把消息发出去了，我能知道他用我的名义发出的消息是什么。你一定会后悔抛出了安纳康达，它会涨到500美元。"

"这次不会，奥利弗。"我说。

他盯着我说："你倒是很自信嘛。"

"不是我自信，是行情收录器明确告诉我的。"我说。

"我听说有些家伙，"他说，"他们从行情收录器上看不到价格，而是像看列车时刻表一样看到股票什么时候会到站、会离站。但这些人可都住在精神病房里，小包间的，四面墙都包了软垫，以防他们伤害自己。"

我没有答话，因为这时电报员给我送来一张便函，他们已经以299 3/4美元替我抛出了500股。很明显，这里的报价与实时价格有时差。我让电报员抛出的时候，棕榈海滩交易厅里的报价板上是301点，可是同一时间点纽约证交所里的实时价格已经低于301点了，所以如果当时有人想用296美元的价格买走我手上的股票，我会开心得要死，马上接受。由此可见，我不采用限价交易是正确的。假如我限价300美元抛出，那我就永远脱不了手了，但我必须保证自己能进退自如。

我在股价300美元时买进的安纳康达，他们以299 3/4美元抛出了500股——当然是整股，以299 5/8美元抛出了1000股，接着以299 1/2美元抛出了100股，以299 3/8美元抛出200股，以299 1/4美元又抛出200股，其余是以298 3/4美元抛出的。哈丁公司最聪明能干的证券商花了15分钟才帮我脱手最后100股，他们不想把股价砸死。

我接到最后一笔抛出成交报告后，正式开始做空股票，这才是我上岸的真正目的，我必须这么做。大盘股票经过过度反弹，急需做空。但是大家又开始看涨。大盘走势告诉我，股价不会再反弹了，毫无疑问，现在做空很安全。

第二天，安纳康达开盘价低于296美元，期待股价继续反弹的奥利弗·布莱克早早来到交易厅，准备随时现场迎接股价突破320点。我不知道他是否做多了，做多了多少。但他看到开盘价时却再也笑不出来了，安纳康达持续下跌，最后我们得到消息说，这只股票在交易所已经没人愿碰了。

这样的消息已经说明问题了，任何人都不需要别的什么消息了。我的账面利润不断增多，说明我的判断是正确的，于是我做空了更多股票，可以说做空了一切股票！现在可是熊市，所有股票都在下跌。第二天是星期五，是华盛顿总统的诞辰。这时我持有相当大笔的空头，必须离开佛罗里达，回到纽约。棕榈海滩太远太偏僻了，电报的往返会耽误很多宝贵时间。

我离开棕榈海滩启程去纽约。星期一，我不得不在圣·奥古斯丁逗留三个小时等火车。我去了那里的一家证券公司，想看看在等火车这段时间股市有什么新动向。安纳康达较上一个交易日又跌了好几点。实际上，它后来一直跌，直到那年秋天的大崩盘。

回到纽约后，我连续四个月都在做空。股市像往常一样经常反弹，我就不停地平仓再做空。严格地说，我并没有做到坚持持仓。别忘了，我曾经把在旧金山地震中赚的约三十万全赔光了，那次交易中，我的判断是正确的，却还是破产了。经历了逆境之后，人会特别享受身处顺境的感觉，即使他并没有完全攀到最高峰，所以我采取安全的操作模式。赚钱很容易，但只有在正确的时间做出正确的判断才能赚大钱。做这行一定要理论结合实际，既要研究理论，也要善于在实际操作中变通。

虽然现在看来，那时的操作策略并不完善，但我的表现还是相当不错的。那年夏天，股市出现盘整——价格变化幅度太小，最高价和最低价相差不多，显然在秋天到来之前是难有大作为了。我认识的人都准备去或已经动身去欧洲度假了，我觉得这是个不错的选择，所以我也清了盘，乘船去了欧洲。我总共赚了七十五多万美元，对我来说算一笔不小的数目。

我来到了艾克斯莱班，一个温泉疗养区，玩得非常开心。这个假期是赚来的，能带着充足的钞票和众多的好友一起待在这样一个地方，这实在是太棒了。华尔街离这里是那么遥远，我完全可以抛诸脑后，而且我觉得这里胜过美国所有的度假胜地。我不用听别人谈论股市，不必做交易，手里的钱够我用很久，而且，一旦回到纽约，我就有办法把这个夏天在欧洲的开销都赚回来，甚至赚更多。

一天，我在《巴黎先驱报》上读到一条纽约快讯，说斯迈特公司（Smelters）宣布会有额外分红。消息一发布，斯迈特公司股票大涨，整个股市也开始变得强劲。当然，这也改变了我在艾克斯莱班的一切。这则消息表明多头集团还在与大盘趋势顽强斗争，与常识和道德对着干。他们很清楚将会发生什么，他们想用这个手法哄抬股价，好在暴风雨袭击他们之前把所有股票脱手。也有可能是他们觉得情况不像我想的那么糟糕，那么迫在眉睫。华尔街的大作手们也会像政客和普通傻瓜一样不顾实际情况去空想，我可不能那样。也许证券发行公司或公司创办人可以承受这种空想带来的后果，可投机商绝不能染上这样的陋习，那将是致命的。

总之，所有在熊市炒作多头的人都注定会以失败告终。我一读到那条快讯就认定必须做空斯迈特。内幕人士在濒临资金危机的时候提高股息率，就好像跪着求我做空一样。这就像有人向年轻时的我挑战一样令人生气，他们在激我将这只股票做空。

我给证券公司发电报，让他们做空斯迈特，同时建议我在纽约的朋友也做空这只股票。当我从证券公司得到成交报告时，发现成交价格比我在《巴黎先驱报》上看到的报价低了6个点，这足以说明委托执行的滞后性。

我原计划月底返回巴黎，大约三个星期后再乘船回纽约。但我一拿到成交报告，立即动身返回了巴黎。抵达巴黎当天我马上给船务公司打电话，得知次日有一班快轮去纽约，就订了船票。

我比原计划提前大概一个月回到纽约，这里是我做空股票的最佳战场，而且有大约五十多万现金可做保证金。我并不是因为看空后市才回到纽约的，我回来是为了证明我的推断是正确的。

我继续做空股票。银根会越来越紧缩，短期利率会越来越高，股价会越来越低。一切都在我预料之中。在早期的交易中，错误的预测曾让我破产。但现在，我的预测总是正确而且成功。作为一个专业股票投机人士，我终于步入了正确的轨道，这才是真正值得高兴的事。虽然还有许多东西需要学习，但我很清楚应该做什么，不会再盲目投机或用不完全正确的方法交易。股票投机中，解读行情很重要，在正确的时间进场、坚持自己的立场也同样重要。但我最大的发现在于必须研究和评估经济形势，这样才能准确预测市场可能会往哪个方向发展。简而言之，我明白了一切行动都要以赚钱为目的。我不会再盲目赌博，也不再关心游戏技巧，而是通过努力的研究和清晰的思考赢得胜利。多年的交易也让我明白，人人都会犯愚蠢的错误，而且必然要付出代价。

我的操作非常成功，我的证券公司赚了很多钱，人们纷纷开始谈论甚至大肆渲染我的成功，大家认为是我直接引起了许多股票的下跌，经常会有我不认识的人跑来祝贺我，人人都羡慕我在赚钱。可当初我跟他们说我看跌时，他们都认为我是亏得太厉害所以变得愤世嫉俗，是个疯狂的人。而现在，他们再也不这么想。在他们眼里，当初我预测到资金危机的本事并不算什么，他们只看重我现在赚的大钱。

朋友们常告诉我，各大证券公司里都流传着哈丁兄弟公司的"抢钱小子"的故事，时至今日，他们还会提起我当初的行动。

从九月下旬起，银根紧缩状况浮上了水面，大家都了解了这一状况，但都期待发生奇迹，不愿抛出手上的投机股。我从一个证券商那里听到一个故事，让我突然觉得自己对待多头力量的态度过于温和，并为这种温和感到惭愧。事情发生在十月的第一周。

你一定还记得，以前的资金借贷都在交易大厅的货币池进行。证券公司收到银行要求其偿付短期贷款的通知后，一般就知道需要重新借贷多少钱，而且银行也知道自己还有多少可贷资金，那些有可贷资金的银行就会把钱放在交易所。这些银行贷款会由专门负责定期放款业务的人打理。每天大约中午时分会公布当天的新利率，这个数字通常代表到当时为止的平均贷款利率。放款业务通常以公开竞价的方式进行，这样大家就都可以随时了解情况。从中午到下午2点，通常没有多少贷款业务。但一过交割时间，也就是下午2点15分，证券公司就会知道当天的现金状况，这时就可以到资金调度站，把多余的钱借给别人，或借入自己需要的钱。这也是公开进行的。

10月初的一天，我刚才提到的那个证券商告诉我，那些有可贷资金的银行现在不会把钱放到资金调度站去了。因为一些知名的证券公司正虎视眈眈地盯着这些钱，准备一有机会就把资金一抢而空，而这些有可贷资金的银行又没有理由拒绝把钱借给知名的证券公司，因为他们有偿还能力，也有价值不菲的抵押品。但麻烦的是，一旦他们得到借款，就不用指望他们还款了。借款方只需说"无法清偿"，不管贷款方愿不愿意，也只能延期了。所以，如果银行有多余的资金要借出，不会去资金调度站，而是派人到交易大厅悄声问一些朋友："要100吗？"意思就是："你想借10万美元吗？"于是，资金调度站一片惨淡，你可以想象当时的情形。他还告诉我，那段时间，证交所让借款人自己定利率已成为一种行规。这样，年利率在100%到150%之间浮动。也许借款人自己定利率，放款人就不会觉得自己太像放高利贷的，虽然他的利息率不比任何高利贷低。当然，放款人不期望利率太低，虽然他们也得按规矩出牌，借款人需要资金，能拿到资金自然很高兴。

情况越来越糟，最后那可怕的一天终于到来了。那些曾经爱财如命、舍不得小钱的人，只能眼睁睁地看着自己倾家荡产。那是1907年10月24日，一个让我永生难忘的日子。

从借钱人群中传来的消息早早就指出：放款人合理要求收回多少，借款人有责任一分不少地归还。资金显然不够分配了。那一天，借款人群比平时大很多。那天下午的交割时间一到，大约有上百个证券商簇拥在货币池旁边，大家都想借钱来解公司的燃眉之急。没有钱的话，他们就必须卖股票，能卖什么价就卖什么价，但那时几乎没什么人会买进股票了，市场上似乎一块钱也没有了。

我朋友的合伙人和我一样是空头，所以他们公司不需要借钱。但我的朋友，就是讲这个故事的那个证券商，刚从货币池的憔悴人群中脱身，就过来找我。他知道我大规模通盘做空了整个股市。

他说："天哪，拉里！我是第一次遇到这种情况，真不知道会发生什么。不能再这么下去了，有些东西必须舍弃，现在好像人人都在破产。你不能做空了，市场上已经没有资金了。"

"什么意思？"我问。

他却答非所问："你听说过把老鼠放进玻璃钟罩，然后抽空里面空气的实验吗？你会亲眼目睹可怜的老鼠呼吸越来越急促，从侧面看，身体就像工作过度的风箱一样快速起伏，努力想从钟罩里越来越稀薄的空气中得到足够的氧气。你看着它窒息，直到眼睛几乎迸出眼眶，它喘息着，奄奄一息。哎，我看到货币池里那些人的时候，就是这种感觉。现在哪儿都没有钱，做空也没法套现，因为没人会买。我告诉你，华尔街已经崩溃了！"

他的话引起了我的思考，我以前见过崩盘，但我承认，这是历史上最严重的一次恐慌，这么下去对所有人都不利。

显然，在资金池等着借钱是无济于事的，不会有钱了。地狱之门已经大开，大家都难逃一死。

我后来听说，当时证交所的总裁R.H.托马斯先生知道华尔街的证券公司都面临灭顶之灾，就跑到全美最富有的银行——国民城市银行（现为花旗银行）的行长詹姆斯·斯蒂尔曼那里去求援，这家银行曾夸口说他们的贷款利率都低于6%。

斯蒂尔曼听完了纽约证交所总裁的话，说道："托马斯先生，我们得一起去请教摩根先生。"

他们希望能阻止金融史上最具毁灭性的恐慌的发生，于是一起到摩根大通集团去见摩根先生。托马斯向摩根叙述了当时的情况，他刚说完，摩根就说："你们回交易所去，告诉大家会有足够的资金。"

"哪儿有资金？"

"银行里！"

在那种危急时刻，大家都寄希望于摩根先生，所以托马斯来不及细问就冲回了交易所大厅，向那些被判了"死刑"的同伴们宣布了"死缓"的好消息。

当天下午不到两点半，摩根派万·恩伯夫·亚特伯历家族的约翰·亚特伯历来到资金交易者中间，大家都知道约翰和摩根大通集团关系密切。听朋友描述说，这个老证券商快步走到货币池，像牧师一样举起了手。大家之前听到托马斯总裁宣布的好消息，本来已经平静了一些，现在又开始担心消息有误，担心事情会变糟。但一看到约翰·亚特伯历的脸和举起的手，大家都安静下来倾听。

人群鸦雀无声，只听见约翰·亚特伯历说："摩根集团授权我借给你们1000万美元，大家请放心，每个人都能借到足够的钱！"

说完，他开始了。他并没有告诉任何借款人他们的债主是谁，只是草草记下借款人的名字和借款数额，告诉借款人："会有人通知你去哪儿取钱的。"他的意思是说稍后借款人就会知道哪家银行会放贷给他。

一两天后，我听说摩根先生命令那些胆小如鼠的银行家给证交所提供贷款。

"我们的钱早就贷完了，没钱了。"银行家们抗议说。

"但你们有储备金啊。"J. P. 摩根厉声说。

"但我们的储备金已经在法定限额以下了，不能再往外拿了。"他们哀求着。

"用掉！储备金不就是用来应急的吗！"银行家们只好遵从，动用了大约两千万美元的储备金，挽救了股市。J. P. 摩根真是华尔街最伟大的人。

那一天是我股票生涯中最刻骨铭心的一天。就在那一天，我赚了一百多万美元。至此，我第一次精心计划的交易战役宣告成功，一切都在我的掌控之中，但更为重要的是：一个狂野的梦得以实现，我当了一天的国王！

为什么这么说，我现在解释一下。在纽约摸爬滚打了几年后，我经常绞尽脑汁地想：为什么作为一个15岁的孩子，我可以在波士顿的空壳证券公司里赢得这场游戏，而如今在纽约证券交易所却不行呢？我知道一旦我找到错误的根源，就不会再次犯错。那时我不仅有操作正确的意愿，也具备能确保操作正确的知识，而知识意味着力量和权力。

不要误会，这并非白日梦，也不是自负的空想。我只是感觉，这个曾经让我在富乐顿公司和哈丁公司受挫的股市有一天会对我言听计从，我一直相信，总有一天这个愿望会实现的。而在1907年10月24日，这个梦想成真了。

我之所以这么说是因为那天早上，一个帮我做过多笔交易又知道我一直在做空的证券商去了一家公司，这家公司与华尔街最有名的银行有业务来往。我的朋友告诉那里的银行家说我的运气异常好，所以交易量一直很大。但如果你不能从正确的判断中获取最大的利益，就算判断正确又有什么用？

也许那个证券商为了强调事情的重要性夸大其辞，也许那个银行家也是我的粉丝，也许那个银行家比我更清楚情况有多严峻，总之，这个朋友告诉我：“那个银行家对你的股市行情分析非常感兴趣，你说，只要再压一两下，整个股市会变成什么惨状。他说想让你帮他做点事，今天晚点儿。”

后来证券公司发现，无论股价多低都没有买进力量了，我知道时机来了。我让证券商到不同的人群中帮我打探消息。天啊，无论股价多少，都没有一个人愿意买进联合太平洋了。想想看吧，其他股票也一样，大家都没有足够的资金持股，更不用说买进了。

我有大量的账面利润，而我确信只要再做空联合太平洋及其他六个股息较高的公司的股票各10000股，就能进一步压低股价，而形势将会进一步下滑。我觉得即将到来的恐慌将异常猛烈，以至于政府会考虑关闭交易所的，就像1914年8月世界大战爆发那次一样。这意味着我的账面利润会剧增，但同时意味着这些利润可能无法兑现。除此之外，我还要考虑一些其他的因素，比如股价的进一步下跌会阻碍正在冒头的复苏，这次复苏可是放血后的大补给。总之，这样的恐慌一定会对整个国家造成危害。既然继续看跌既不明智也不会得到令人满意的效果，那我坚持做空也就没什么道理了，于是我转手开始买进。

刚刚买进一会儿，那个银行家就派人请我的一个证券商过去，对他说：“我叫你过来是希望你马上去告诉你的朋友利文斯顿，让他今天不要做空任何股票，股市承受不了更多的压力了。要扭转毁灭性的恐慌是很困难的，所以，激起你朋友的爱国精神吧，在这种情况下，每个人都应该尽力为大家造福。请您及时告诉我们他的回复。”

我的朋友立即来告诉我这一切。银行家说得很委婉。他一定认为既然我已经打定主意要打压市场，他的要求对我来说就是让我白白放弃赚1000万的机会。他知道我非常痛恨那些明明知道股价会跌还蛊惑

等待机会时一定要保持耐心。

保持专注，尤其是当市场来行情的时候。

股民买进的势力。

其实，那些大户是最大的受害人。我买进的都是财务状况出了名的好的公司的股票，我当时并不知道这个情况，但也没关系。他来劝我的时候，我实际上已经将空头全部平仓，而且看出现在正是低价吸入的机会，如果没人打压股市，我这么操作还能帮助股市复苏。

所以我告诉那个朋友："回去告诉布朗克先生，我答应他们。而且早在他找你之前，我就完全认识到了情况的严重性。我今天不但不会再做空股票，而且还会尽力买进。"我信守承诺，当天就做多了10万股。接下来的九个月我都没有再做空过任何股票。

正因为如此，我可以自豪地告诉大家我的梦想成真了，我一度成了这里的王。那天，股市一度任由想打压它的人摆布。我在挽救股市，但实际上我并没有自以为很了不起。同时你也应该能猜到，华尔街指责我扰乱市场并对我的操作方式胡乱猜测的时候，我心里是什么滋味。

我安然渡过了这场灾难，报纸上都刊登着拉里·利文斯顿——那个年轻的"抢钱小子"——赚了几百万的消息。那天收盘后，我的身家超过了100万美元。但我最大的收获并不是钞票，而是无形的收获：我懂得了往长远看，制订并遵循明晰的规划。我明白了想赚大钱就必须要做一些事，我再也不是在赌输赢了，而是终于学会了在更高级的层面上更明智地进行交易。这是我一生中最重要的一天。

▍第10章
最大的敌人是你自己，
致命的希望与恐惧

　　认识自己的错误和研究自己的成功一样对我们有利，但人在犯错后总想逃过惩罚，这是人的自然冲动。当你犯了某个错所以亏了钱，你就不希望重蹈覆辙，而且股市上的错误，必然会导致双重打击：钱财与自尊心。但我将说一件奇怪的事：有时候股票投机商知道自己在犯错却坚持犯下去。过后他会反过来问自己为什么会犯这样的错，痛定思痛之后可能就会明白自己在什么时候、在哪个环节怎么犯下这个错误的。然后他会骂自己几句，抛诸脑后。

　　如果他聪明又有运气，自然不会再次犯同一个错误，但是和原来的错误略有不同的错误可能有几千个，他仍然会犯这个或那个错误。错误的家族十分庞大，所以当你想看看自己会做什么傻事儿的时候，总有错误在等着你呢。

　　要告诉你我犯的第一个百万元错误，就得从1907年10月股市大崩盘后我成为百万富翁时说起。只要我继续交易，这一百万不过是更多的保证金。钱多并不会让作手有安全感，因为无论资金多少，他都可能犯错，犯错总会让他不爽。即使是百万富翁，金钱也只是他用来证明自己判断是否正确的工具。我很少亏钱，亏点儿钱也不会让我烦躁，我第二天就会把亏钱的事儿忘得一干二净。可犯错和亏钱不一样，犯错不仅让我损失钱财，更严重的是，它伤害我的心灵。还记得迪克森·瓦茨常讲

市场永远是对的。

在建仓之前就计划好卖出点。

的那个小故事吧。一个人非常紧张，朋友问他出了什么事，他说他睡不着。朋友问他为什么睡不着，他说因为手上的棉花期货太多，一想到这些棉花他就睡不着，他精疲力竭。他问朋友该怎么办。朋友建议他卖点儿，卖到能睡觉为止。

通常，人会很快适应新的环境而洞察不到环境已经变了，也就是说，一个人一旦成了百万富翁，他就会迅速忘记自己还不是百万富翁时的感觉了。他只知道以前无法做的事现在都能做了。年轻人会更快忘记贫穷的滋味，但要忘记富有的滋味就没那么容易了。我的意思是，当一个人从股市上赚到钱以后，他很快就会抛弃节俭的习惯。但当他再次身无分文时，却很难改掉大手大脚的习惯。

1907年10月，我平掉空头，转手做多，然后决定放松一段时间。我买了一艘游艇，计划动身去南部海域巡游。我热衷于钓鱼，一直计划去大钓一场，但股市总是牵绊着我，让我无法脱身。

在做股票的同时，我也一直在做期货。早在还是个少年的时候，我就在空壳证券公司做期货了。这些年，我一直在研究期货市场，虽然不像研究股市那么刻苦。其实相比较而言，我更愿意做商品期货。毫无疑问，期货交易和实际商品离得更近，以前是这样，现在也是。很简单，和股票相比，期货交易更像是在做商品生意。投资者可以用处理商业问题的方法来进行期货交易。当然你可以用虚构的理论来支持或反对市场的价格趋势，但这种方法只能带来短暂的成功，因为最终是否挣钱还是要看实物的买卖事实。所以，像做普通生意一样，在期货交易中，投资者必须通过观察和研究来赚取利润。他可以观察并权衡市场形势，不用担心有些消息别人知道而自己不知道，也用不着防范内线集团。期货市场上不会有增发或不发红利的突发事件发生。从长远来看，期货价格只受供需经济法则的主导。在期货市场上，不管它是小麦还是玉米，你只需要了解供求的现况和前景，用不着像做股票那样对许多情况进行猜测，所以期货交易总是更吸引我。

当然，不管是股票市场还是期货市场，很多事情都是相同的，比如它们都有行情。只要你肯花精力思考，分析行情并不难。你只要问自己几个问题，评估一下市场形势，答案自己就出来了。但人们总是懒得问问题，更懒得去找答案。美国人在任何方面任何时候都要问个为什么，唯独在证券公司看股票或期货行情的时候不是这样。但正是这个游戏才最需要美国人发挥自己的警觉性和质疑精神。有些人在买汽车前会斟酌再三，就算那辆车再便宜，可是当他用自己一半的财产冒险时，却变得异常轻率。

分析行情并不像看起来那么难。当然，这需要经验，但更重要的是记住一些基本原则。分析行情不是占卜，行情收录器也不会告诉你下星期四下午1点35分你的身价会是多少。分析行情的目的是确定立场——做多还是做空，然后是什么时候最适合进场。这些在股票市场和期货市场都一样。

你之所以关注市场，就是为了确定价格变动方向，即价格走势。我们知道，价格会根据遇到的阻力改变运动方向，也就是根据遇到的阻力上涨或下跌。简单地说，价格像其他所有事物一样，会沿着阻力最小的方向运动，怎么容易怎么来，所以，如果上涨的阻力比下跌的阻力小，价格就会上涨，反之亦然。

平稳开市后，人人都应该清楚它是牛市还是熊市。头脑敏捷、眼光犀利的人一眼就能看清趋势。从理论入手、总想用理论套现实来判断趋势的交易者是愚蠢的，交易者知道或应该知道到底是牛市还是熊市，才能明确是该做多还是做空。

举个例子来说，假设价格正在进行大起大落之前的常规振荡，在十个点范围内波动：最高涨到130点，最低跌到120点。跌到最低点时它就显得疲软，一路涨8—10个点它就显得强劲。无论疲软还是强劲，那都是表象。而一个人不该靠表象交易，他应该等到行情记录告诉他时机成熟再行动。事实上，人们常常因为价格看上去很低就吸进，常常因为价格看上去很高就抛出，这已经造成了千百万美元的损失。投机不是投资，你不是在追求一定能赚到的高额回报，而是利用价格起落来获利，所以，他所要做的只是等待方向确定的时刻。这就是他行动的指示牌。

通过解读行情，他应该看出在130点时抛售力量比吸入力量强劲，涨势遇到强大阻力，股价接下来理应回落。这是他唯一需要读懂的信息。但是，正是在抛售力量最强劲的时候，行情分析功力浅的人会认为价格会一直涨到150点，于是他们做多。但是价格回落时，有的人持股硬挺。股价回落到120点时，这次跌势遭遇比较强大的阻力，但

如果你对你的持仓不确定，那就立即退出。

股价的变化时间早于基本面的变化。

看起来仿佛股价会一路接着跌，于是他们做空。股民不断地在这样的买进卖出中两面挨耳光，却仍然不吸取教训，真是令人费解。

将来最终会发生一些事情，加强上涨或下跌的力量，导致最大阻力点的上升或下降。也就是说，在130点时吸入力量首次比抛售力量强劲，或在120点时抛售力量首次比吸入力量强劲。价格将会冲破旧的障碍或波动限制，进一步上扬或下挫。但是那是将来的事。通常，总有一群人会在120点时因为股价看上去疲软而做空，在130点时因为股价看起来强劲而做多，市场一般不会如其所愿，于是他们被迫转变立场，转手吃进或抛售。不管是哪种情况，这些人都能把股价推向"最小阻力方向"。而那些耐心等待方向明确的聪明人会充分利用基本交易形势，会充分利用那群忙于"纠正"错误的交易力量。这股"纠正"力量会推动股价沿最小阻力方向运动。

在这儿我还要说我的另外一个经验——我并不是在说这是一条数学或投机定理。判断了股市的最小阻力方向，并据此确定自己的投机立场后，意外发生的情况——那些出乎意料的事件——总是会助我一臂之力。还记得我讲过的在萨拉托加交易联合太平洋的故事吗？那时我做多头是因为我发现最小阻力方向是上涨。我本应坚持做多头的，而不该听证券商说的什么内线人士都在抛出。董事会心里怎么想并不重要，我也不可能知道他们是怎么想的，但我解读行情后确切地知道价格正在上涨，而且会突破最高点。后来出现的股息率提高的消息是始料不及的，股价暴涨30个点也是我没有准备好的，但是这个消息顺应了最小阻力方向。每股164美元的股价看起来很高，但就像我前面说过的，股价永远不会高到不能买进或低到你不能卖出。股价的高低与最小阻力方向没有必然关系。

如果按我说的"最小阻力方向"的方法进行交易，你就会在实际操作中发现，收盘后至第二天开盘前发布的重大消息往往与最小阻力方向相一致。走势在消息公布之前就已经确定了。牛市中利空消息会被忽略，利多消息会被夸大，反之亦然。"二战"前，股市形势就很

如果市场没有对股价正确地做出反应，那么这是一个背离标志，应警惕。

疲软，然后德国宣布无限制潜艇政策。那时我做空了50万股，不是因为我提前知道将会有这个消息，我只是顺应了最小阻力方向。后来发生的事如晴天降黄金，我当然不能错过，恐慌加剧，股价暴跌，当天见底，我得以当天把空头平仓了。

你所要做的，就是关注行情并确立阻力点，一旦确定最小阻力方向就应该顺应它进行交易。这听上去很容易，而在实际操作中，投资者必须防范许多事情，最重要的防范对象是自己，也就是提防人性的弱点可能对你的交易产生的影响。所以我认为在交易中，一方面，操作正确的人将得到其他股民的帮助，另一方面，操作错误的人会助他们一臂之力。牛市中，人们会"本能地忽略"利空因素，事后却常常对自己的这种"本能的忽略"感到惊讶。比如有人会告诉你，由于一两季的恶劣天气，一些农民损失惨重，麦子遭殃了。等到作物收割，麦农把收获的小麦运到谷仓，多头们便会惊讶地发现损失如此严重，于是顿悟自己只是助了空头一臂之力。

做期货交易的人切忌持一成不变的观点，必须有灵活、开放的思维。无论你对谷物的供需状况持怎样的观点，都不能漠视行情收录器传达的讯息。我还记得有一次我想提前行动，结果却失去了一个绝好的赚钱机会。当时我对形势非常确定，认为不需要等到最小阻力方向明确出现，甚至觉得自己可以帮助最小阻力方向明晰化。我看多棉花期货，当时它的价格一直在12美分上下浮动，我看到价格在较小的范围内波动，知道应该等一等再行动，但我突然想到如果稍稍给它加把劲儿，它就能突破最高阻力点了。

我买进了5万包棉花，果不其然，价格上涨了，但我一停止买入，它也马上停止上涨。然后价格跌回我买进时的价位。我一退出它又停止下跌。我觉得又快到该出手的时候了，应该为自己再次创造机会了，所以我又买进了。同样的事情再次发生，我抬高了价位，但一停止买进，它就又开始下跌。这样反反复复四五次后，我终于放弃，心里满是懊悔。这次交易让我损失了大约20万美元。可我放弃后没过多久，它又开始上涨，一直涨到能让我赚大钱的价位。唉，一切都怪我太心急了。

许多投资者都有很多类似的经历，所以我总结出以下规则：如果价格窄幅波动，波动幅度小到不值一提，试图预测下一次大的波动是上涨还是下跌便毫无意义。你应该观察市场，解读行情以确定窄幅波动价格的浮动上下限，并下定决心除非价格突破界限，否则绝不出手。投机商没必要强求走势按他的判断发展，一切要以赚钱为主。永远别和行情争执，也别企盼行情给你理由或解释。在股市中当事后诸葛亮不会带来任何利润。

不久前，我和一些朋友聚会，大家开始谈论小麦。一些看涨，另一些则看跌，最后他们问我有何看法。其实，我研究小麦市场已经有一段时间了。我知道他们并不需要什么统计数字，或对形势的分析，所以我说："我可以告诉你们该怎么做，但我不知道你们是否真的想在小麦市场赚钱。"

他们异口同声说当然想赚钱，于是我告诉他们："如果你们真的想在小麦市场赚钱，那么建议就是：关注市场，耐心等待！价格一突破1.2美元就买进，这样就能很快赚一笔了。"

"为什么不现在买？才1.14美元。"一个朋友问。

"因为我现在还不能确定价格会上涨。"

"那干嘛要在1.2美元时买进？这个价位可不低啊。"

"你是想抱着大赚一笔的希望盲目下注，还是想明智地投机，稳妥地少赚一点呢？"

他们都说宁可求稳妥，少赚点，所以我说："那就照我说的做，如果价位突破1.2美元就买进。"

正像我说的那样，我已经观察小麦市场好久了。几个月以来，价格一直在1.1—1.2美元之间波动，幅度很小。终于有一天，小麦的收盘价超过了1.19美元，我早就做好了准备。果然，第二天小麦以1.2050美元开盘，于是我买进，接着，价格节节攀升，1.21、1.22、1.23、1.25，于是我也跟着加仓。

当时我并不知道那是个什么情况，我不知道它为什么会在小范围内波动，我也说不清它到底是会向上突破1.2美元还是会向下跌破1.1美元，虽然我觉得应该会涨，因为当时小麦的产量不足以让它的价格暴跌。

现在我们知道，当时欧洲市场似乎一直在悄悄买走小麦。因为欧洲在购进小麦，还有一些其他因素，许多小麦都被运出美国。而许多交易商在1.19美元左右时开始做空。

不过当时我们谁都不知道这些情况，我只知道价格开始突破界限，突破了1.2美元。这就是我一直在等的点，我也只需要这个点就够了。我知道一旦小麦价格突破1.2美元，那一定是因为涨势积蓄了足够的力量，推动价格突破波动上限，肯定有什么事发生了。换句话说，价格突破1.2美元，说明小麦价格的最小阻力方向就此建立，一切已经完全不同了。

我记得那天是美国假日，美国所有的市场都休市了。而在加拿大的温尼伯市开盘时，每包小麦高出前一交易日6美分，第二天美国市场上小麦也以同样的价格开盘，价格就是在沿着最小阻力路线上扬。

以上所说的，是我以行情解读为基础的交易体系的精髓。这非常简单：我先估计价格最有可能的变化方向，再进行检验，然后确定出手的最佳时机。在行动之前，我得先观察价格行为。

我告诉那些交易老手我通常会在高价位做多，等着它们继续上涨，在低价位做空，否则宁可不做空。他们大都对此表示质疑，而我对他们的质疑感到惊讶。如果交易商坚持等最小阻力方向确定后，行情呈上涨态势时再做多，行情呈下跌态势时再做空，赚钱就很容易了。他可以在上涨的过程中加仓，先买入持股总容量的1/5，如果不赚钱的话，说明操作错误，就必须停止加仓。也许他只是暂时错了，但只要错了，就没法赚钱。这并不见得上涨态势是假象，只是因为时机暂时未到。

长期以来，我的棉花期货交易一直非常成功。我有自己的一套交易理论，并遵循它进行操作。如果我决定交易4万—5万包棉花，那么，我就会像之前说的那样去研究行情，找准交易时机。如果最小阻力方向为上涨趋势，我会先买入10000包，如果买入之后，市场比我最初买进的价格上涨了10个点，我就会再买入10000包，如果上涨20个点，就会再买入2万包。这就是我的交易理论。但如果买了1万—2万包以后，出现了亏损，我就会立即止损退出，因为我错了，就算可能是暂时性错误。但我前面说过：投机一旦错误，就赚不到钱。行情收录器明明在说"涨"，价格却躺着不动，这不一定说明记录器错了，而是它在说"时机不是现在"。

我坚持自己的交易体系，这使得每次棉花价格开始大幅波动时，我都有持仓。在这个试探性操作过程中，我大概会少赚五六万美元。看起来代价太高，其实不然。这些损失不过是我为确保自己能在正确的时间交易的一种投入，一旦真正的波动开始，就能立即弥补这点损失。在正确的时间做正确的事总是会有回报的。

我想我在前面说过，这就是我自己的交易体系。在对的时候下大注，在错的时候亏一点探测性的赌注，这是很简单的数字逻辑。如果有人按我说的方法去交易，他一定能在大赌中赚大钱。

职业作手总会有一些建立在经验上的交易体系，他们对待投机的态度或欲望主导这些体系。我记得在棕榈海滩遇到过一位老先生，我不记得他的名字了，又或者我从来就不知道他的名字。他早在内战时期就开始在华尔街做了，摸爬滚打了这么多年。据说他是个非常聪明的怪人，经历了市场的起起伏伏，总说世上没什么新鲜事，股市就更是如此。

这个老伙计问了我许多问题，当我说完自己常用的交易方法时，他点点头说："很好！很好！你做得很对，你的思路和想法都很科学，所以这个体系对你很受用。你根本不在乎投入的资金，所以能很容易实践自己的操作方法。我想起了帕特·赫恩，你听说过他吧？他是运动明星，在我们公司开过户。这家伙很聪明，容易激动，在股票上经常赚钱，所以总有人向他讨教，他却从来不说。要是他们直截了当地问他对他们的交易方式的看法，他会援引他最喜欢的跑道箴言：'你不赌就永远不知道结果。'他在我们公司做活跃股，先买100股，如果涨1%就再买100股，再涨1%就再买100股，如此类推。他常说这是在为自己赚钱，所以总会在交易时提交止损委托单，止损点总比最后一笔交易的成交价低1个点，他随着买进价格的上涨提高自己的止损点。只要股价出现1%的回落，他就立刻止损退出。他说他最多只能忍受保证金或账面利润上亏损1个点。

"职业赌徒并不追求长线，只想稳赚钱。当然，只要时机适宜，做长线也不错。帕特在股市上从不听信内幕消息，也从不奢望一周赚20个点，他只想稳稳当当地赚够可以让他过富足生活的钱。我在华尔街遇到的成千上万的外行人中，只有帕特·赫恩把股票投机看成一种概率游戏，就像纸牌和轮盘赌一样，但他能坚持比较稳妥的下注方法。

"帕特·赫恩死后，一位过去经常和他一起交易的顾客，用他的交易体系在拉卡瓦纳（Lackawanna）股票上赚了十多万。但后来，他觉得自己的本金已经够多，不用再坚持帕特的方法了。股价回落时他没有止损，反而任由损失不断扩大，最后当然亏得一无所有。他退出股市时，还欠我们几千块。

"他撑了两三年，赔光了所有的钱，但仍然对交易保持狂热。只要他循规蹈矩，我们也不会拒绝他交易。我记得他曾经坦白承认自己很傻，没有坚持帕特的交易方式。一天，他十分激动地跑来找我，求我让他做空一些股票。因为他曾经是个不错的客户，我就出面替他担保，允许他做空100股。

"他抛了100股雷克·索尔。那是1875年，比尔·特拉维斯正在抨击股市，我的这个朋友罗伯特在最佳时机做空了雷克·索尔，并按照帕特的交易体系，在下跌的过程中不断加码做空。

"就这样，罗伯特以金字塔式加码，成功地做空了四天，赚了1.5万美元。我发现他没提交止损委托，就提醒了他，但他却说股价的跌势才刚刚开始，他可不想因为1个点的回落就吓得退出，那时是八月份。到九月中旬，他穷得连给第四个孩子买童车的钱都没有了，向我借了十块。他没有坚持自己亲身试验过的交易体系，这就是大多数人的问题所在。"老先生边说边摇了摇头。

他说得对。我有时也觉得投机是一种反人性的行当，因为我发现投机商一般都要和自己的本性抗争。人性的弱点会阻碍投机的成功，会让一个人趋于平庸。人们在从事其他比较安全的行业时，都会特别防范这些弱点，可是遇到最危险的股票或期货交易时，却顾不上了。

投机者最大的敌人往往是他自己，因为人类有希望与恐惧的本性。在投机中，当市场对你不利时，你每天都希望这是最后一天亏损。抱着这样的希望，你会亏损得更多，虽然强有力的希望曾经让帝国的缔造者和开拓者们建立丰功伟绩，马前小卒改命王侯将相。当市场对你有利，你会害怕也许第二天利润就全没了，于是心急地退出。因为恐惧，你损失了本该赚到的钱。成功的交易者必须克服这两种根深蒂固的本性，彻底改变冲动的天性。他应该居安思危，处变不惊，时刻提防损失的扩大，同时尽可能增加利润。一个充满七情六欲的普通人进入股市赌博，这本身就是个错误。

我从14岁起就开始投机了，一干就是一辈子，我在这里说的交易方法都是经验之谈，绝不是信口开河。在三十年的交易中，我经历了从微薄的保证金到几百万资金的整个过程，在这个过程中，我总结出以下结论：一个人可以在一段时间打败一只股票或一些股票，但没有人可以打败整个股市。一个人可能从棉花或谷物的个别交易中赚钱，但没人能够打败整个棉花市场或谷物市场。这就像赛马，一个人可以赢一场赛马比赛，却永远赢不了赛马运动。

我用最强烈的语气最大程度地强调这个结论。任何反对的声音都没什么用，因为我知道自己是正确的，这个结论是绝对正确无误的。

第11章
态度不同是
专业和业余之间唯一的区别

现在回到1907年10月，我买了一艘游艇，做好了所有准备，要离开纽约去南部海域游一圈。我太迷恋钓鱼了，这次我可以开着游艇，想去哪儿就去哪儿，想什么时候去就什么时候去，想怎么钓就怎么钓。我在股票市场大赚了一笔，万事俱备，可到了最后关头，玉米期货绊住了我。

我必须补充一下，那次让我赚到第一个一百万的银根恐慌之前，我也一直在芝加哥做谷物期货。我做空了1000万包小麦和1000万包玉米。我研究谷物市场已经很久了。我一直看跌股票，对玉米和小麦市场也看跌。

这两种谷物都开始下跌，但在小麦不断下跌的同时，芝加哥最大的操盘手之一突然决定轧空玉米市场，为了避嫌我把他称为斯瑞顿吧。我已经把股票全部结清了，随时准备开着游艇去南部了。但是我突然发现自己的期货生意出了问题。虽然我在小麦上赚了大笔利润，但斯瑞顿抬高的玉米价格让我亏损非常大。

我知道，虽然价格很高，美国的总体玉米储量其实是过剩的。供求法则一如既往地奏效。道路泥泞不堪，玉米运不到市场上去，供给匮乏，另一方面，需求主要来自斯瑞顿。我曾祈祷寒流来袭，把泥路冻住解决运输问题，让农民可以把玉米送进市场，可惜天公不作美。

一旦错了立即改正。

亲自做调研并相信你的研究成果，不要受其他人的影响。

就这样，正欢天喜地地准备踏上钓鱼之旅的我，被玉米上的亏损牵制住了。我不能在这种市场状况下离开。毫无疑问，斯瑞顿一直密切关注着空头，他知道自己逮住了我这个大空头，我也很清楚这一点。但是，正像我所说的，我寄希望于天气。但当我发现无论天气还是其他什么奇迹力量都无视我的需要时，我开始研究如何自食其力渡过难关。

我结清了所有小麦期货，赢得高额利润，但玉米的问题实在让人头疼。如果我可以以实时价格平仓这1000万包玉米，即使损失很大，我也会毫不犹豫地这么做的。但很显然，只要我回补，斯瑞顿就会成为轧空我的主力。我可不想买入把玉米价格推高，这和自杀没什么分别。

玉米的行情虽然很强，但我钓鱼的欲望更强，所以我必须马上想个办法脱身。我必须进行战略撤退，以尽可能小的代价回补那1000万包玉米。

正巧斯瑞顿那时还操作着大量燕麦，并成功地垄断了燕麦市场。我一直关注整个谷物市场，收集谷物新闻和市场传言，我听说势力强大的阿墨尔集团对斯瑞顿不甚友好。我很清楚，除非我按斯瑞顿定的价格买入，否则他不会让我如愿。但我一听到阿墨尔和斯瑞顿不合的传闻，马上心生一计，我可以寻求那些芝加哥交易商的帮助。他们可能能帮得上忙，只要能买到斯瑞顿不肯卖的玉米就行了，剩下的就好办了。

首先，我提交了价格每下降1/8美分就买入50万包玉米的委托单。当委托生效后，我又给四个证券公司各发出一张卖单，让它们同时向市场上各抛出5万包燕麦，我觉得这应该能让燕麦的价格迅速下跌。我了解交易商们的想法，他们一定会马上认为阿墨尔已将矛头指向斯瑞顿。他们发现燕麦的价格已经开始受到打压，很自然便会断定下一个就轮到玉米了，就会开始抛出玉米，一旦玉米的垄断模式被打破，赚头可就大了。

我和芝加哥交易商玩的心理战术天衣无缝。当他们发现各地来的卖单让燕麦价格开始下跌，立刻开始积极卖出玉米。短短十分钟后，我就买入了600万包玉米。当我发现他们停止抛出玉米时，我干脆又以实时价格买入了400万包，这当然使价格再度上涨，但这一策略让我以极好的价位将整个1000万包空头平仓。而用来引诱交易商们抛出玉米而抛出的20万包燕麦，回补只花了我3000美元，真是相当廉价的空头诱饵啊。我在小麦上的利润抵消了玉米上的大部分亏损，所以，那次我在谷物上的交易仅仅损失了2.5万美元。后来，每包玉米上涨了25美分。假如当时我完全不考虑价格就回补那1000万包玉米，真不知道代价会如何惨烈，毫无疑问，斯瑞顿就逮到我了。

　　一个人从事一件事那么多年，一定会形成一种习惯性的态度，所以他和普通人不同。专业人士和业余人士的区别就在于这种态度上不同。在投机市场上，决定一个人是赚钱还是赔钱的，正是他看待事情的态度：普通人总觉得自己的操作只是游戏，而且自以为是，从而导致思考不深刻、不透彻；专业人士则力求行事正确，这比赚钱更重要，因为他们知道只要做对每一件事，自然能赚到钱。投机者应该向职业大玩家学习，高瞻运瞩而不是只看到眼前利益。

　　我听说过一个关于爱迪生·柯马克的故事，这是个很好的例证。我听到的所有故事都让我认为，柯马克是华尔街有史以来最能干的股票作手之一。他总能充分利用人性的两大弱点——希望与恐惧。他创造了这句警句："切莫做空正在恢复元气的股票。"他那一代的老前辈们都告诉我，很明显他没有偏好，只是根据大势操作。总之，他是个出类拔萃的作手。

　　一次，离牛市结束还有一段时间的时候，柯马克已经看空后市。一个名叫J. 亚瑟·约瑟夫的财经作者兼评论家知道了这件事。但在多头力量的刺激和媒体乐观的报道下，那时市场强劲且仍在上涨。约瑟夫知道柯马克这样的作手一定会好好利用利空消息，所以，一天他带着一些好消息冲进了柯马克的办公室。

　　"柯马克先生，我有一个好朋友在圣·保罗公司担任交割营业员，他刚告诉我一件事，我觉得你应该知道！"

　　"什么事？"柯马克心不在焉地问。

　　为了确定柯马克是否真的已经看跌，约瑟夫问："你已经对后市看跌了，对吧？"如果柯马克不感兴趣，他就用不着浪费宝贵的消息了。

　　"是啊，有什么好消息？"

　　"我今天去了圣·保罗公司，每周我都去那里采集两三次新闻，我的朋友告诉我威廉·洛克菲勒在抛售股票！我问他是不是真的，他告诉我：'是真的，股票每上涨3/8个点，洛克菲勒就抛出1500股。我这两三天一直都在替他交割股票。'我一分钟也没耽误马上就来告诉

理性投资是一定要坚持的原则。如果你让感情左右，难免会做出错误的决定。

你了。"

柯马克向来冷静镇定，而且，他已经习惯了，无数形形色色的人疯狂地冲进他的办公室告诉他各种各样的消息、八卦、谣传、小道消息和谎言，他已经完全不相信这些了。

他只是说："你确定没听错吗，约瑟夫？"

"当然！当然确定！我耳朵又不聋。"约瑟夫说。

"那你可以保证你朋友说的都是真话吗？"

"绝对可以！"约瑟夫断言，"我和他认识很多年了，他从来没有对我说过谎，他不会说谎的！这一点毋庸置疑！我绝对相信他，我愿意用性命担保他说的话，我太了解他了，远比你认识我这么多年对我的了解还要深得多！"

"所以你能保证他说的是真的，是吧？"柯马克又看看约瑟夫，然后说："好吧，你能保证。"他叫来他的证券商惠勒。约瑟夫本以为他会下令抛出至少五万股圣·保罗。威廉·洛克菲勒正在利用市场的强劲走势，倒出他在圣·保罗公司的持股，不管这只股票是投资股还是投机股，重要的是标准石油公司这帮人中最高明的作手洛克菲勒正在脱手圣·保罗。一般人听到这个具有可靠来源的消息会怎么做呢？这个就不用问了。

那时，最高明的空头作手柯马克已经对后市看跌，听到这个消息后，他却对他的证券商说："比利，去交易所，每涨3/8个点就买进15000股圣·保罗。"当时股价是九十多点。

约瑟夫急忙打断："您的意思不是卖出吗？"他在华尔街也不是新手了，但他是以新闻媒体——也就是普通大众——的角度来看市场的。股价在内线人士抛出消息的影响下应该会下跌，更何况这个卖家是威廉·洛克菲勒。标准石油公司在卖出，而柯马克却买入！怎么可能！

"不，"柯马克说，"我就是要买入！"

"你不相信我？"

"不，我信。"

"那你不相信我的消息？"

"我信。"

"你是在看跌吧？"

"是的。"

"那你在干什么？"

"这就是我要买入的原因。听我说,你要和那个可靠的朋友保持联系,只要洛克菲勒一停止卖出就立刻通知我!懂了吗?"

"明白。"约瑟夫说完就走了,虽然他还不太明白柯马克到底为什么吃进洛克菲勒倒出的股票。他知道柯马克正在看跌,所以就更难理解为什么这样操作了。但是,约瑟夫还是去见了他那个做股票交割的朋友,告诉他说洛克菲勒一抛完就通知他。约瑟夫照常一天去他的朋友那儿两次,打听消息。

一天,他的朋友告诉他:"老家伙不卖了。"约瑟夫谢过他,带着这个消息一路跑到柯马克的办公室。

柯马克专心地听着,转向惠勒,问:"比利,咱们现在有多少圣·保罗股票?"惠勒查了一下,报告说他们积聚了大约六万股。

柯马克一直看空后市,早在他开始买入圣·保罗之前,就已经放空了一些农业股和许多种其他股票,他现在是市场上的大空头。他立刻让惠勒抛出他们买进的6万股圣·保罗,并且又做空了一些。他用圣·保罗的持股作为打压整个股市的工具,这对他的空头操作非常有利。

圣·保罗一路跌了44点。柯马克高明的操作让他大赚了一笔。讲这个故事,我主要想说的就是柯马克对交易的习惯性态度。他用不着大脑思考立刻就能发现更为重要的东西,还是同一只股票,但是那东西比现在的利润更为重要。他看到,天赐良机,他可以利用这个恰到好处的天赐良机,先适当地推一把然后再适合时宜地大量放空。听到圣·保罗的内部消息,他选择买入而不是抛出,是因为他立刻看出这能给他的空头战场提供质量最上乘的弹药。

回过头来接着说我自己。结束了小麦、玉米交易后,我开着游艇南下,在佛罗里达海域转悠,度过了一段非常愉快的时光。钓鱼真是太棒了!一切都很可爱。我没有任何的烦心事儿,也不去自找什么麻烦。

一天,我在棕榈海滩上岸。在那里,我遇到了华尔街的许多朋友,还有一些不太熟的人。他们都在谈论一个非常奇怪的棉花投机商。纽约传来的消息说珀西·托马斯亏得一分不剩了。这不是商业破产的明

如果你决定要以交易为生,那么你必须要严肃地、全身心地投入。

股价比过去低了,并不是买入的理由;股价比过去高了,也并不是卖出的理由。

证，只不过是人们对这位世界闻名的作手在棉花市场上经历第二次滑铁卢的传言。

我一直都很崇拜他。我第一次听说他的大名，是当年谢尔登·托马斯证券公司倒闭的时候。当时，托马斯想轧空棉花市场，但谢尔登不像他的合伙人那么有远见和勇气，在快成功的时候却临阵退缩导致功败垂成、一败涂地。至少当时整个华尔街都这么说。总之，他们没赚到钱，反而成就了那些年最骇人听闻的破产事件，损失了到底几百万，我也忘记了。公司停业了，托马斯开始单干，他全身心投入到棉花交易中，不久就东山再起了。他连本带利还清了所有债务还剩一百多万，其实这些债务并非法律强制必须还的。他在棉花市场东山再起的事迹和迪肯·怀特当年一年间还清百万美元债务的伟绩一样令人惊叹。托马斯的勇气和头脑让我对他十分钦佩。

棕榈海滩上的每个人都在谈论托马斯三月棉花期货上的失败。相信你知道什么叫以讹传讹，你听到的传言中有夸大其辞和添油加醋的成分，外加大量错误信息。我自己就曾经亲耳听过一个关于我的消息被添加了许多新奇、生动的细节，这个消息在不到24小时内就传回到我的耳朵里了，但是，连我自己都不觉得那是在说我。

听到珀西·托马斯新近的败绩，我的心思从钓鱼回到了棉花市场。我找来一堆交易文件，仔细研读，想了解市场走势。回到纽约后，我全身心地研究市场，发现所有的人都在看跌，纷纷抛出七月棉花。人就是这样，因为身边的人都在做某件事，就会一窝蜂似的跟着去做同样的事。也许这就是一种羊群效应。不管怎样，成百上千的交易者都认为卖空七月棉花是明智的，是符合时宜的，而且绝对保险。你不能说这样的行为很鲁莽，这么说会显得有点保守。交易商们只看到市场的一个面和巨额利润，他们当然觉得价格会暴跌。

我当然也看到了这些。我对大势的研究越来越深入，忽然灵光一现：做空的人不会有多少时间回补。最后我决定买进七月棉花。一操作我就迅速买进了10万包，因为有很多人在卖出，我买进得十分顺利。

一只市盈率较高但收益增长率也较高的股票，比市盈率较低但收益增长率也较低的股票上涨空间大。

依我看，当时肯定没有人在买进。我甚至可以悬赏一百万，找出一个没有卖出七月棉花的人，我想肯定没人来领赏，无论死活。

那时正值五月下旬，我不断买进大家抛出的七月棉花，直到我把所有抛出的合约全部买进，总共12万包。就在我的买进操作结束的两天后，价格开始上涨，而且涨势汹汹，一天上涨四五十个点。

一个星期六，大概是我开始操作的十天后，价格涨势渐缓。我不知道是否还有人想卖出七月棉花，我得自己去找了。所以我一直等到收盘前的最后十分钟，我知道这段时间通常是放空者最关注的时间，如果收盘于高位，他们就会被套牢。于是，我发出四张买单，同时以实时价格各买进5000包，把价格又推高了30点。空头都竭尽全力想脱身。市场以最高价收盘，记住，我所做的只是最后买进了2万包棉花。

第二天是星期天。但到星期一，利物浦市场一定会高开20点，这样才能和纽约市场的涨势保持一致。结果，利物浦高开了50点，这意味着利物浦的涨势是纽约市场涨势的两倍多。利物浦市场的上涨与我无关，这说明我的推断很合理，而且，我只是在顺着最小阻力方向交易。同时，我还清晰地记着自己手上的大量棉花期货需要脱手。市场可以暴涨也可以逐渐上涨，但无力消化数量太大的抛售。

利物浦传来的消息使纽约市场的棉花价格跳涨。价格涨得越高，七月棉花就越没人卖，我一点儿也不抛。总之，对于空头来说，那个星期一可谓是刺激而悲伤的一天。虽然这样，我却看不到任何空头恐慌即将来临的迹象，没有大面积盲目的回补，而我必须为手中的14万包棉花找到市场。

星期二早晨去证券公司的时候，我在大楼门口碰到一个朋友。他笑着说："今早《世界报》上登的消息很是惊人呢。"

"什么消息？"我问道。

"怎么？你还没看报纸吗？"

"我从不看《世界报》，"我说，"是什么消息？"

"啊，是关于你的消息，说你在轧空七月棉花市场。"

"我可不知道这事儿。"我回了他一句就走了。我不知道他是否相信我的话，可能他觉得我很不够意思，没有告诉他事情的真相。

到公司之后，我派人买了一份《世界报》。果然，就在报纸的头版，大标题写道："拉里·利文斯顿轧空七月棉花期货市场"。

我马上意识到这篇文章一定会让市场骚乱起来。我之前费尽心思想研究出到底该如何高价抛出那14万包棉花，可怎么也没有想到这个妙招。此时此刻，全美国正从《世界报》上或其他转载这篇文章的报纸上看到这则消息，消息甚至可能已经传到欧洲去了。从利物浦市场的价格来看，很显然，由于这则消息，市场已经疯狂了。

我当然清楚纽约市场会有什么反应，也清楚自己该怎么做。

10点钟，纽约市场开盘，10点10分，我的棉花全部脱手，整整14万包，抛得一包不剩，大部分都成交于当天的最高价。交易商们是我的棉花的买进力量。而我只是看到天赐良机并抓住机会抛出。我抓住机会完全因为出于本能，不然我该怎么做呢？

这个问题本来需要耗费极大的脑力才能解决，结果却被一个意外事件解决了。如果《世界报》没有刊登那篇文章，我就必须牺牲很大部分的账面利润才能抛出棉花。抛出14万包七月棉花根本不可能不压低价格，但《世界报》上的这则消息为我实现了这一切。

至于《世界报》报为什么会登出这则消息，我无法告诉你，因为我自己也不知道。也许这位作者从某个棉花市场上的某个朋友那里听说了这个小道消息，认为自己抓到了一条独家新闻吧。我可从来没有见过这个作者，也从来没有见过《世界报》的任何记者。我自己也是那天早上9点以后才知道报上刊登了这则消息的；而且，要不是那个朋友碰巧提到的话，我还被蒙在鼓里呢。

如果没有这则消息，就没有足够大的市场让我出货。这也是大宗交易的一大问题，你无法随心所欲地退出；在你想卖或认为应该卖的时候，总是无法顺利脱手。所以你必须在能退出、有市场能吸入你倒出的货的时候赶紧退出，一旦错过退出的良机，就可能付出几百万的代价。绝对不能迟疑，一犹豫就会亏损。你也不能以逐渐买进的方式抬高价格轧空，因为吸货能力会降低。我还要告诉你的是，看准机会可不像说起来那么容易，你必须保持警觉，只要机会一露头就马上抓住它。

当然，并不是所有人都理解我这次幸运的意外。在华尔街——就这一点来说任何地方都一样——任何人偶然发大财，都会让人起疑心。而如果是偶然亏损，人们绝不会认为其偶然，那会被看做自私贪婪和骄傲自大的必然结果。但是一旦获利，人们就把这种事称做掠夺，说什么世道乱了，不择手段反而有好报，传统和道德却没有好报。

那些居心叵测的空头因为自己的鲁莽遭受了惩罚，痛苦不堪，于是指责我一手策划了这次行动，其他人也这么认为。一两天后，世界上最厉害的棉花期货交易商之一碰到了我，他说："利文斯顿，高！这是你做的最高明的操作。我当时还在想，你不知道得损失多少才能抛出那么多棉花呢。你知道，不压低价格这个市场至多能吸入五六十万包。而我非常好奇，不知道你会怎么做才能保全账面利润还把棉花都脱手。想不到你有这么一手，确实高明啊！"

"我跟这件事一点儿关系都没有。"我诚恳地说。可他只是重复说："真高啊！老兄，太高了！不必这么谦虚！"

这次交易后，一些报纸开始叫我"棉花大王"。但正像我说过的，我可不配戴这顶桂冠。我不必说你也知道，在美国，没有人有足够的钱可以买下纽约《世界报》的专栏，也没有人有这么大的能力可以左右媒体，让报纸刊登这种消息。这则消息让我浪得虚名了。

但是，我讲这个故事，并不是为那些不配拥有这种荣誉的交易者找托词，也不是为了强调抓住机会的重要性，我只是为了告诉你，在七月棉花交易之后，报纸上到处是关于我的恶名。要是没有这些报道，我也绝不可能和大名鼎鼎的珀西·托马斯见面。

▌ 第12章
人是容易被左右的动物，
坚持独立思考

　　七月棉花交易以出乎意料的成功形式结束后不久，我收到一封请求和我见面的信，署名是珀西·托马斯。我当然马上回信说：乐意随时在我的办公室与他见面。第二天他就来了。

　　我崇拜他很久了，对任何种植或买卖棉花的人来说，他的名字都如雷灌耳。我在欧洲和美国多次听到别人引用他的观点。我还记得一次在瑞士的一个度假村和一个开罗银行家交谈，他曾与已故的恩尼斯·卡塞尔爵士合伙在埃及种棉花。一听说我是从纽约来的，他马上向我打听珀西·托马斯，他长期订阅托马斯的市场分析报告。

　　我一直认为托马斯的经营之道是非常科学的，他是个真正的投机家，是个集梦想家的远见和角斗士的勇气于一身的思想家，见多识广，精通棉花交易的理论和实践。他喜欢倾听和表达观念、理论和抽象概念。同时，由于他在棉花市场摸爬滚打了许多年，经历过大起大落，对棉花市场的实务和棉花交易者的心理早已了如指掌。

　　他在原有的谢尔登·托马斯证券公司倒闭后开始单干，不到两年就重振旗鼓，令人惊叹。我记得在《太阳报》上读到过他的事迹，他东山再起后做的第一件事，就是连本带利还清了所有债务，第二件事就是雇了一个专家帮他研究100万美金的最佳投资方法。这位专家在查验了这笔财产和多方分析了一些公司的报告后，建议他买进特拉华

假如你正在经历身体上或者情感上的伤害，请你立即停止交易。

哈德林公司的股票。

就这样，损失了几百万的托马斯赚回了更多的钱，但他由于三月棉花期货交易的失败再次山穷水尽。他见到我后，直入正题，建议我们合作。他说会把自己得到的任何消息马上告诉我，然后才会公诸于世，而我就负责实际操作，因为他认为我在这方面有难得的天分，而这正是他缺乏的。

由于种种原因，我对此完全没有动心。我坦率地告诉他，我无法与人合作，也不愿学习如何与人合作。但他坚持认为我们会是最佳搭档，直到我直截了当地说：我不想影响其他人的正常交易。

我告诉他："如果我犯傻，可以自己承受损失，并立刻偿清，我不会赖账，也不会抱怨任何人。我选择单干，因为这是最明智、最容易的交易方式。我很享受与其他交易商斗智的过程，我与他们素未谋面，从未交谈过，没有指导过他们交易，也不想与他们相识相知。我用赚不赚钱的方式来支持或否定自己的观点，所以不会靠出卖或利用自己的观点去赚钱。如果我通过任何其他方式赚到钱，就会当做没有赚过。我对你的提议没有丝毫兴趣，因为我之所以如此热衷于这个游戏，只是因为可以按照自己的方式来操作。"

他说很遗憾我这么想，并竭力让我认识到拒绝他的计划是大错特错，但我还是坚持己见。后面的谈话倒是比较轻松愉快。我告诉他，我知道他能"卷土重来"，并表示如果能在资金方面帮到他，将深感荣幸。可他表示不会接受我的借款。然而，他问起我有关七月棉花那笔交易的事，我向他和盘托出，详细说明了我是如何开始交易，买了多少棉花，价格如何，以及其他细节。又闲聊了一会儿后，他告辞了。

之前我说过，投机者面临许多敌人，其中最致命的敌人来自自己的内心，说这话时，我心里清晰地呈现出自己曾经犯下的许多错误。我知道即使是一个有独立思考习惯、一辈子都独立思考的人，碰见能说会道的，也难以抵挡住攻击。我不容易犯一般投机者的毛病，比如贪婪、恐惧和希望，但作为一个普通人，我发觉自己还是很容易犯错的。

在这个特殊时期，我本应保持高度警惕，因为就在前不久我刚刚经历过一件事，这件事证明了一个人非常容易被人说服去做一些违背自己的判断甚至违背自己意愿的事。事情发生在哈丁公司。我在那里有一间私人办公室——公司让我专享，在交易时间，没有我允许任何人都不能来打搅我。我不想被人打扰，而且我的交易规模很大，利润相当可观，所以受到了严密的保护。

一天刚刚收盘的时候，我忽然听见一个声音："下午好，利文斯顿先生。"

我转头看到一个素不相识的人，大约30到35岁。我不知道他是怎么进来的，但他确实进来了，我断定是因为他和我有业务联系。但我没说话，只是看着他，很快他就开口了："我来是想和您谈一谈瓦尔特·斯科特的著作。"然后他就不说话了。

他是个书籍代理商，可他的举止和谈吐并不怎么样，外表也很一般。但是，他确实很有个性。他说话的时候我觉得自己在听，却不知道他说了什么，我想我一直到现在也不知道他当时到底说了什么，那时也不知道。他滔滔不绝地说完后，先后递给我一支钢笔和一张空白表格，我在表格上签了名。那是一张花500块买下一套斯科特作品的合同。

签完名，我突然清醒了，可合同已经在他的口袋里了。我并不想买这套书，没地方放，对我来说也毫无用处，也没什么人可送，可我却签字同意了花500块买下这套书。

我经常亏钱，但是所亏的钱却不是我专注的对象，我总是关注游戏本身，并寻找我之所以犯错的原因。首先，我要弄清楚自己的思维习惯和思维局限；其次，我不想重蹈覆辙，一个人只有吸取错误的教训并从中受益以后，才能原谅自己的错误。

唉，这个错误让我亏了500块，我却找不到问题出在了哪里。我盯着他，好好地打量了他一番。他微笑着，看到他的微笑，我确定他知道我在想什么！他似乎看透了我的心思。我知道不必对他解释什么，我不说他也知道我想说什么，所以我决定不解释，也不说客气话，直接问道："那500块订单，你能得到多少佣金？"

他立刻摇头说："对不起，我不能那么做！"

"你能得多少？"我坚持问。

"1/3，可我不能那么做！"他说。

"500块的1/3是166块66美分，只要你把刚才签的那份合同还给我，

永远都不要赌，谁也输不起。

如果你怎么也找不到一只值得投资的上市公司股票，那么就远离股市。

我就给你200块现金。"为了证明我的话，我从口袋里掏出200块。

"我说过我不能这么做。"他说。

"你很多顾客都会给你开这个价吗？"我问。

"不。"他回答。

"那你怎么确定我会开出这样的条件呢？"

"因为这是你们这种人的风格。你是个输得起的人，是个一流的输家，所以也是一流的商人。我很感谢你。可我不能这么做。"

"告诉我，你为什么不想挣到比佣金还多的钱呢？"

"完全不是这么回事，"他说，"我可不仅仅是为了挣佣金。"

"那你是为了什么呢？"

"为了佣金和业绩。"他回答。

"什么业绩？"

"我的业绩啊。"

"什么意思？"

"你工作只是为了钱吗？"他问我。

"是的。"我说。

"不是，"他摇了摇头，"不，你不只是为了钱而工作，那样你不会从中得到足够的乐趣。你工作一定不仅仅是为了增加银行存款，你来华尔街不是因为这里容易赚钱。钱不是你的乐趣，你需要从另一个方面获得乐趣。那么，我们的情况是一样的。"

我没有争辩，只是问道："那你是如何获得乐趣的呢？"

"唉，我们都有弱点。"他坦白地说。

"你的弱点是什么？"

"虚荣心。"他说。

我对他说："嗯，你成功了，让我签了合同。现在，我想退出，我会为你这十分钟的工作付200块，这还不够让你引以为豪吗？"

"不够，"他回答，"许多其他的销售员在华尔街忙碌几个月都挣不到钱。他们都怪书籍本身质量差，怪自己所在的区域不适合图书销

我们不能左右市场何时出现买入的机会，但我们可以控制自己的交易行为，耐心持币，直到买点出现。

售，公司让我来就是为了证明销售和书籍本身没有关系，和销售地点也没有关系，是他们的销售方法有问题。他们的报酬是25%的佣金。我两周内在克利夫兰城销售了82套书。我到这儿来，不只是要把书卖给那些没从其他销售员手里买书的人，还要卖给他们见不到的人，所以公司才会给我1/3的佣金。"

"我实在不明白你是怎么推销给我那套书的。"

"那有什么，"他安慰我说，"我还卖给摩根一套呢。"

"不，不可能。"我说。

他没有生气，只是说："我卖给他一套，千真万确！"

"你卖了一套瓦尔特·斯科特的书给摩根？他那里可有一些精装珍藏图书，而且可能还拥有斯科特畅销小说的一些原始手稿呢！"

"瞧，这是他的亲笔签名。"他迅速亮出一份J. P. 摩根本人签名的合同。那可能并不是摩根先生的真迹，但是我当时并没有起疑心。他口袋里不是装着我签名的合同吗？我只是觉得有点奇怪，所以问他："那你是怎么通过秘书那道关的？"

"我可没看见什么秘书，只看到老先生本人在办公室里。"

"太离谱了！"我说。人人都知道，不走秘书的后门就想走进摩根先生的私人办公室，比拿着闹钟没伪装好所以咔咔作响的定时炸弹走进白宫还难。

可他宣称："我确实进去了。"

"可你是怎么进去的呢？"

"那我又是怎样进你的办公室的呢？"他反问我。

"我不知道，你说吧。"我说。

"嗯，我进入摩根办公室的方法和进入你办公室的方法是一样的，只是和门口的那位负责把我拒之门外的伙计谈一谈。我让摩根签字的方法也和我让你签字的方法一样，你其实不是在签那套书的合同，你只是拿过我给你的钢笔，照我的要求去做，摩根也不例外，他就像你那样签了名。"

"那真是摩根的签名吗？"大约三分钟后，我怀疑地问。

"当然！他很小的时候就会写自己的名字了。"

"是这样吗？"

"就是这样，"他回答，"我很清楚自己在干什么。这就是所有的秘密。非常感谢，再见，利文斯顿先生。"他开始往外走。

"请留步，"我说，"我一定要让你从我这儿挣到200块。"我递给他35块。

他摇了摇头，说："不，我不能收你的钱，但是我可以这样做！"他从口袋里拿出那张合同，撕成了两半，递给我。

我数了200块递给他，可他还是摇头拒绝。

"这不是你想要的吗？"我问。

"不是。"

"那你为什么要撕毁合同？"

"因为你没有抱怨，而是接受了这件事，如果我是你，也会这么做。"

"可我是自愿给你这200美金的。"我说。

"我知道，可是钱不是万能的。"

听了他的话，我不禁表示赞同："你说得对，钱不是万能的。那你现在想让我为你做点什么呢？"

"您的反应真迅速啊，"他说，"您真的想为我做点什么吗？"

"是的，"我告诉他，"我是这么想的，但还得看看你想让我为你做什么。"

"带我去艾德·哈丁先生的办公室，请他和我谈三分钟，然后，让我和他单独交谈。"

我摇摇头说："他是我的好朋友，我不能干涉他做什么。"

"可他都50岁了，而且是个证券商，他有自己的判断力。"这位书籍代理商说。

说得也是，于是我把他带去了艾德的办公室。之后，我便失去了这个书籍代理商的消息。但几周后的一个晚上我去城外住宅区，在第六大道L线火车上与他不期而遇。他摘下帽子向我致礼，我也点头回礼。他走过来问我："利文斯顿先生，您好啊！哈丁先生好吗？"

"他很好，你问他什么事儿？"我觉得他问哈丁肯定有什么原因。

"你带我去见他的那天，我向他推销了价值2000块的书籍。"

"他可对我只字未提。"我说。

"是的，那种人是不会提起这种事的。"

"哪种人不谈这种事？"

"那种因为觉得犯错不好而从不认为自己犯错的人。他们总是清楚自己想要什么，任何人的反对意见都无效。就是他们让我的孩子有钱受教育，让我的妻子保持愉悦的心情。利文斯顿先生，你帮了我一个大忙。我当时拒绝你急切地想给我的200块，就是在期待这件事。"

"那如果哈丁先生不买你的书呢？"

"哦，我知道他会买的，我早就清楚他是什么样的人，很容易搞定的。"

"你说得对，可是，如果他就是不买呢？"我坚持追问。

"那我就会回来再卖给你。再见，利文斯顿先生，我要去见市长了。"火车在公园广场停下来时，他站起来准备下车。

"希望你能卖给他十套。"我说。我知道市长是个民主党。

"我也是个共和党人呢。"他一边说，一边不慌不忙地走下车，仿佛肯定火车会等他的，事实也确实是这样。

我这么详细地告诉你这个故事是因为他涉及到一个非同寻常的人物，他让我买了我不想买的东西。他是第一个能让我这样做的人，应该不会再有第二个了，但真的有了第二个。你不能指望世界上只有这么一个了不起的推销员，也不要奢望自己可以完全摆脱人为因素的干扰。

我礼貌而坚定地回绝了珀西·托马斯的合作建议后，他离开了我的办公室。那时，我发誓我们俩的生意道路是不会有交集的，我甚至不确定是否还会再见到他。但第二天，他又写信来感谢我提出可以借钱给他，并且邀请我去拜访他。我回信说如果哪天方便我会去的。他又写信给我，于是我就登门拜访了。

我后来常常和他见面，听他说话总是让我觉得很愉快。他见多识广，谈吐风趣，我认为他是我见过的最有魅力的人。

他博览群书，博闻强记，而且表达起来妙趣横生，所以我们经常在一起谈天说地。他机智的言语令人印象深刻，他的能言善辩无人能及。我曾听到许多人指责他的不是，包括说他虚伪。可我有时候会想，他如此能言善辩，是不是他先要彻底说服自己，然后才能让自己的话更有说服力，更令人信服。

我们当然也对市场进行过详尽的讨论。我不看好棉花，他却相反；

把自己的投资组合配置在市场上表现最好的股票上。

我完全看不出利多的一面，他却觉得利好。他还列举了大量事实和数据，我应该被他说服，可我没有。我不能否认这些事实和数据的真实性，但它们不能动摇我对自己的市场解读的信任。可他还是不断向我灌输他的观点，直到最后，我对自己从交易报告和日报上收集的信息不再深信不疑。这意味着我无法用自己的眼睛观察市场了。一个人不会和自己曾经坚信的东西对着干，但是他可能被游说到犹豫不决、无法确定的状态，这种情况更糟，因为这意味着他无法轻松自信地交易了。

我也不是被完全弄糊涂了，但我确实不再泰然自若，更确切地说，我已经无法独立思考了。我不能详细地描述自己是如何一步一步进入这种状态的，但是这种状态确实让我付出了沉重的代价。我认为这是他对自己精确数据的自信，加上我对来自市场的数据的不自信的合力的结果。他反复强调这些信息经过他在南方的上万个情报员再三证明，绝对可靠。最终，我开始用他的方式解读大势，因为我们都在读同一本书的同一页，由他拿着呈现在我眼前。他思路清晰，一旦我接受了他的事实，毫无疑问，我得出的结论就会和他的结论完全一致。

我们一开始讨论棉花市场行情时，我不但看跌，而且已经在做空。随着我逐渐接受他说的事实和数字，我开始担心自己的立场是否没有正确的信息基础，于是我开始回补空头。托马斯让我觉得自己错了，我回补了，然后开始做多。这就是我的思维方式。要知道，我这辈子除了交易股票和期货，没干过别的。我很自然地认为，如果做空是错的，做多就一定是正确的，那就必须买进。我在棕榈海滩的老朋友常常引用帕特·赫恩的口头禅："你不赌就永远不知道结果！"正因如此，我必须亲自验证自己对市场的判断是对还是错，而这一切只能在证券公司月底给我的交易清单上知道。

我开始买进棉花，很快就达到了我平常习惯的仓位量，大约六万包。这是我交易生涯中最愚蠢的一次操作，我不是在根据自己的观察和推理进行交易，而是完全受控于他人，所以很明显，我的愚蠢不会就此结束。我不仅在毫无看涨理由的情况下买进，而且没有根据经验逐渐吸入。因为听信了别人的话，我的交易方式错了，所以我亏了。

市场并没有按照我希望的方向发展。当我对自己的立场十分确定时，就不会害怕或急躁。但是，如果托马斯的判断正确，市场走势不该如此。一步走错，步步皆错，于是我的操作被完全打乱。我任凭自己被他人的言语引导，不仅没有及时斩仓，反而竭力支撑市场。这种操作方式与我的天性格格不入，也背离了我的交易原则和理论。就算是当年那个在空壳证券公司里交易的小男孩，也比现在清醒。我已经丧失了自我，变成了另外一个人—— 一个托马斯化了的人。

我不但做多棉花，还交易了大量小麦。小麦的操作很漂亮，给我带来了可观的利润。我愚蠢地想支撑棉花市场，把交易量增加到了15万包。其实这时我感觉不太对劲，我这么说可不是为自己的过失开脱，只是陈述一个事实。我记得我去海岸休息了一阵子。

我在那里开始反思，发现我的投机交易量似乎过于庞大。我并不是个怯懦的人，但这次我觉得有点紧张，于是我决定减轻交易负担。要这么做，我就必须抛空棉花或小麦。

我对这个游戏了如指掌，又有12—14年的股票和期货交易经验，这次居然犯了大错，简直匪夷所思。棉花交易上有亏损，我却没有卖出，小麦交易上有赢利，我却抛光了，真是蠢透了。但是为了给自己开脱，我只能说，这其实不是我在做交易，而是托马斯在做。在投机操作中，很少有比不断补仓企图摊平亏损更严重的了。我的棉花交易淋漓尽致地证明了这一点。抛出亏损交易，保留赢利交易，很明显这才是明智的做法，我也深知这个道理，所以直到现在，我仍然想不明白为什么自己当时偏偏反过来操作。

我就那样卖掉了小麦，故意减少了自己在小麦交易上的赢利。我退出以后，小麦价格一路狂飙，每包上涨了20美分，如果我当初没有抛出，应该能赢利800万美元。另一方面，我决定坚守亏损的交易，每天都买进更多的棉花。对此我至今记忆犹新。为什么要买进呢？当然是为了避免价格继续下跌！如果这都不算愚蠢至极，那什么才算呢？

我不断地投入越来越多的资金，所以亏损越来越多。我的证券商和好朋友们都弄不明白我为什么会那么干，直到现在他们仍然感到莫名其妙。当然，这次能出人意料地赚钱的话，我就是个奇才了。

大家多次提醒我不要依赖珀西·托马斯的高明分析，我却把这些话当做耳边风，还是不断买进棉花以避免价格下跌，甚至跑到利物浦买进。当我恍然大悟时，一共已经买进了44万包棉花了。一切为时已晚，我只好全部抛出。

制定行动计划和控制亏损是交易的关键。

运用你自己的交易哲学来建立一种胜算高的交易方法。

我几乎亏掉了自己在股票和期货交易中的所有赢利，虽然还没有到一文不名的地步，但遇到这个聪明的朋友珀西·托马斯之前的数百万资产现在只剩几十万了。对我来说，背弃自己的经验，背弃无数经验积攒出的交易法则，已经不能用愚蠢来形容了。

我得到了另外一个代价惨重的经验：一个人犯错不需要理由。几百万美元还换来了另外一个经验：对交易者来说，最危险的敌人就是聪明的朋友的热切规劝和人格魅力。我总认为学到这样的教训本不必花费这么大的代价，可惜命运女神不会让你自己开价，她严厉地教导你，然后奉上账单，她知道，无论数目多大，你都必须付钱。明白自己做了多么愚蠢的事情之后，我结束了这场意外，让珀西·托马斯从我的生活中永远消失了。

就这样，才当了不到一年的百万富翁，我手上90%的本钱就"付诸东流了"，这句话杰姆·菲斯克过去常说。那几百万是我靠聪明的头脑以及幸运之神的帮助辛辛苦苦挣来的，却因为擅自改变操作程序而丧失怠尽。我卖掉了两艘游艇，决定收敛自己奢侈的生活。

可是祸不单行，时运不济。我先是突然生了一场大病，然后又突然急需20万美元现金。几个月之前，这笔数目根本算不上什么，可亏掉之后，20万已经是我所有的家当了。我必须筹到这笔钱，可问题是去哪儿弄呢？我可不想从证券公司的账户里提取，因为要是那样做了，我就没多少做交易的保证金了，而要尽快赚回我那几百万，我比任何时候都需要这笔本钱。我别无选择，只能从股票市场上赚。

如果你对一般交易厅的普通顾客非常了解的话，可以想想看，你会同意我的看法：股市不会为你付账，华尔街最频繁的亏损就源于这种希望。如果你经常有这样的想法，就会输得精光。

哎呀，一年冬天，在哈丁公司，几个雄心勃勃的人想为一件外套赚个三四万美元，最后却没有一个人能活着穿上它。事情是这样的，一个杰出的场内交易员（他后来成了一位兼任政府职务的大资本家，世界闻名）穿着一件镶着海獭皮的皮大衣来到交易所。那时，皮草还没有涨到天价，那件皮大衣只值约一万块。啊，哈丁公司里一个叫鲍勃·基翁的家伙决定要买一件俄国黑貂皮镶边的大衣。他到城里问好了价，差不多也是一万块。

"真是太贵了，要花那么多钱。"有一位同事反对说。

"不贵！不贵！"鲍勃·基翁笑眯眯地说，"也就是一个星期的薪水吧。有没有人想把它当做真诚的礼物送给我这个公司里最好的人，以表敬意呢？怎么样？有人要发表赠礼演说吗？没有？好吧，我会让股市给我付账！"

"你为什么要穿黑貂皮大衣呢？"艾德·哈丁问道。

"我这种身材的人穿上特别好看啊。"鲍勃回答道，站直了身子。

"你刚才说打算怎么付账？"吉姆·墨菲问道，他可是公司里最爱刨根问底的人。

"靠短期的明智投资，詹姆斯。"鲍勃回答，他知道墨菲只是想探听些消息。

吉姆自然继续问道："那你打算买哪只股票？"

"你又错了，朋友。现在可不是买进的好时候，我打算做空5000股美国钢铁。它至少会跌10个点，但我打算只净赚2.5个点就够了，够保守吧？"

"你打听到什么了？"墨菲急切地问。他高高瘦瘦的，一头黑发，面有饥色，因为他中午从不吃饭，担心错过行情收录器上的信息。

"那件大衣将是我买过的东西中最适合我的了。"鲍勃转向哈丁说，"艾德，以实时价格帮我抛出5000股美国钢铁，亲爱的，今天就抛！"

鲍勃是个投机客，喜欢谈笑风生，他以这种方式让大家知道他的意志坚定。他做空了5000股美国钢铁，这只股票立刻上涨。鲍勃说话时看起来很傻，其实很聪明，他在股票上涨1.5点时及时止损了，然后对公司的人说，纽约的天气太暖和了，不适合穿皮大衣，不健康而且太铺张，其他人嘲笑了他一番。事隔不久，公司里另一个同事也想赚买件皮大衣的钱，买了联合太平洋公司的股票，结果亏了1.8万美元，事后他却说：黑貂皮适合做女士披肩的外皮，不适合做谦恭聪明的男士的衣服内衬。

从那以后，公司里一个接一个的人想从股市上赚取买皮大衣的钱，但是那件大衣一直也没卖出去。一天，我说我去买那件大衣吧，免得这个皮草行倒闭了。可是，他们都说自己掏钱买皮衣不够牛，让市场替我付账才值得佩服。不过艾德非常支持我的想法，于是当天下午我就去皮货商那里，准备买一件，却发现一个芝加哥人一周前就买走了。

这只是众多事例中的一件。在华尔街，那些想从股市赚钱买汽车、手镯、摩托艇或油画的人，无一例外都亏了。股市是吝啬的，它拒绝替任何人支付任何生日礼物，它拒付的这些生日礼物都可以用来盖一座大医院了。想让市场成为乐善好施的仙女的动机，是在华尔街亏钱的原因之一，也是最常见最顽固的原因。

而与其他的原因一样，这个原因一定会导致亏损。这自有它的道理。当一个人想让股市为他支付心血来潮的需求时，他会怎么做呢？他会抱着希望赌一把，赌博心态带来的风险，远比明智操作时要大得多，因为后者是建立在他冷静研究后得到的合理想法和信念上的。首先，他在追求立竿见影的利润，不愿等待，希望市场马上显示出对他有利的一面。他自以为是地认为自己只是在打成败机会均等的赌，因为他准备好了一有问题就迅速脱身——比如说，在希望赚到2个点时，下跌2个点就马上止损——他抱着50%成功机会的谬论。哎，我见过许多人这样交易并亏损成千上万美元，特别是那些在牛市中以股价回落之前的高位买进的交易。这绝对不是正确的交易之道。

唉，交易生涯中的这个登峰造极的错误对我致命一击，它打败了我，棉花交易后剩下的本钱也都亏掉了。甚至还有更大的伤害，因为我不断交易，不断赔钱。我坚持认为股市最终必然会为我赚钱。但我看到的唯一结局就是我山穷水尽了。我债台高筑，不只欠几个大证券公司的钱，还欠了其他一些没有让我提交足额保证金的证券公司的债。我负债累累，从此债务缠身。

▌ 第13章

最致命的是自乱阵脚，
最费钱的是人情羁绊

就这样，我再次破产了，破产当然不好，但是比起亏钱来说，更糟糕的是我犯错的事实。我犯了致命的错误，我忧心忡忡，紧张不安，心烦意乱，无法再进行冷静的推理。

我感觉一切都不对劲。真的，我甚至开始认为自己再也无法恢复已经丧失的判断能力。由于我早已习惯了大量交易，一般都超过10万股，所以担心小额交易时会判断失准。而且，当手上只有100股股票时，判断正确似乎也并没有什么价值。习惯了大笔交易中的巨额利润之后，我不知道小笔交易该怎么做才能获利。我无法形容自己当时有多无助！

我再次破产了，无法采取有力攻势，负债累累，又错误连连！经过这么多年成功的锤炼，经过这么多年为更大的成功铺路的错误的锤炼之后，我现在比刚开始在空壳证券公司做交易的时候更穷困潦倒。我对股票投机有比较深入的了解，但是对人性弱点的力量还知之甚少。没有人的头脑能像机器一样一直保持高效运作，我现在意识到自己根本无法在别人的影响下和不幸降临时保持淡定。

我从来不为亏钱烦恼，因为我总是关注其他一些问题，当时也是。我详细研究了这次的彻底失败，很快就找到了问题所在，弄清楚了自己是在什么时候在什么方面犯了什么错。一个人要想在投机交易中有所作为，就必须彻底了解自己。我大费周章终于弄清楚自己到底会干哪些蠢事。

有时候我认为，如果一个股票交易者能学会如何避免妄自尊大，付出再高的代价也是值得的。许多交易者都很聪明，却犯严重的错误，大抵都可归咎于妄自尊大。自以为了不起是一种病，它在任何地方对任何人来说都是一种代价昂贵的弊病，而在华尔街，对于一个投机者来说，尤其如此。

我在纽约并不快乐，一直感觉不太好。我完全不在状态，不想做交易了。我决定离开这里，去别处筹些本钱。也许换个环境可以帮助我重拾自我。所以，我再一次在遭受打击之后离开了纽约。我的处境比破产更糟，因为我欠了好几家证券公司总共十多万的债务。

我在芝加哥筹到一笔本钱，虽然数额不大，但这意味着赚回失去的财富只是时间问题了。一家曾经跟我有业务往来的证券公司很信任我的交易能力，为了证明自己的眼光，他们允许我在他们公司进行小笔交易。

我开始谨小慎微地交易。我不知道如果自己一直留在那里，现在的我到底会是什么样子的。但是一件不同寻常的事情发生了，这个经历很快结束了我在芝加哥的短暂逗留。这个故事非常具有传奇色彩。

一天，我收到卢修斯·塔克发来的电报。我很早就认识他了，那时他还是证券交易所一家会员公司的经理时，我以前经常去他那里交易，但后来和他失去了联系。电报写道：

速来纽约。

L.塔克

我知道，他已经从我们共同的朋友们那里了解到了我的处境，所以，他一定有什么事要跟我商量。我当时没有多少钱可以在一次不必要的纽约之行上浪费，所以，我没照他说的去做，而是给他打了个长途电话。

"我收到你的电报了，"我说，"这是什么意思啊？"

"纽约有个有钱人要见你。"他回答说。

"是谁？"我问，我根本不知道会是谁。

"你到了纽约我就告诉你，否则告诉你也没用。"

"你说他想见我？"

"是的。"

"什么事？"

"如果你肯来，他会亲自告诉你的。"卢修斯说。

"你就不能写信告诉我吗？"

"不行。"

"那就简单透露几句吧。"我请求道。

"我不想说。"

"好吧，卢修斯，"我说，"你只要告诉我这会是一次愚蠢的行程吗？"

"当然不会。你来一定有好处。"

"你就不能给我透点儿风吗？"

"不行，"他回答，"这样对他不公平，而且我不知道他打算怎么帮你。但听我一句劝：一定要来，快点来！"

"你确定他要见的人是我吗？"

"不是别人，就是你。我告诉你，你最好赶快回来。发电报告诉我你坐哪趟火车，我会去车站接你的。"

"好的。"说完，我挂断电话。

我并不喜欢他们把事情弄得这么神秘。但我知道卢修斯是个很好的朋友，他这么做一定有充分的理由。我在芝加哥的收获不大，所以伤心地离开了。以这种进度，不知要过多久才能赚到足够的钱做原来的大笔交易。

我怀着忐忑的心情回到纽约。真的，在旅途中我不只一次担心会白跑一趟，白白浪费时间和金钱，完全没想到我会经历一生中最奇妙的事情。

卢修斯在车站接我，一刻也没耽搁，告诉我他是受著名的威廉森与布朗证券公司的丹尼尔·威廉森（Daniel Williamson）之托来找我的。威廉森先生让卢修斯转告我，他想向我建议一个业务计划，他确信我会接受，因为这对我十分有利。卢修斯发誓他对计划内容毫不知情。这家公司的声誉很好，绝对不会向我提出什么不合理的要求。

威廉森与布朗证券公司是埃格伯特·威廉森于70年代创建的，丹·威廉森是这家公司的元老。当时公司还没有叫布朗的合伙人，他是好些年后才加盟的。在丹的父亲就任期间，公司业绩突出，后来丹继承了数目可观的财产，就基本上没有再去做其他生意了。公司有一个抵得上一百个普通客户的客户，他就是威廉森的姐夫阿尔文·马奎德（Alvin Marquand）。马奎德除了是十几家银行和信托公司的股东外，还是切萨皮克和亚特兰大铁路系统的总裁。他是继詹姆斯·希尔之后在铁路业中最具个性的人物，还是大家熟知的实力强大的福特·道森银行集团的发言人和主要成员。他生前人们猜测他有5000万到5亿美元的资产，这得看是谁在猜。他死后，人们发现他拥有2.5亿美元的财产，都是在华尔街赚来的，你瞧，这果然是个大客户吧！

卢修斯告诉我他刚刚接受了威廉森与布朗公司为他量身定制的一个职位，大概是宣传一般业务。这家公司在开发一般委托业务，卢修斯已经说服威廉森先生开设了两家分公司，一家设在城区的一个大宾馆里，另一家设在芝加哥。我以为他们想让我去芝加哥分公司任职，也许是分公司经理，这样的话我可是不会接受的。我没有马上责怪卢修斯，心想最好还是等他们提出来再拒绝。卢修斯把我带到威廉森的私人办公室，把我介绍给他的顶头上司后就匆匆离开了，就像不愿为双方都是他认识的人出庭作证一样。我准备先洗耳恭听，然后拒绝。

威廉森先生和蔼可亲，是个十足的绅士，举止优雅，笑容可掬。看得出他善于交往，朋友很多。因为他那么健康，脾气又好。他很有钱，所以不会被人怀疑有卑鄙的动机。所有这些，加上他受的教育和社会阅历，使得他不但礼貌而且友好、乐于助人。

我缄口不言，而且我一向会听别人讲完再开口。有人告诉我，已故的国民城市银行（花旗银行的前身）总裁詹姆士·斯蒂尔曼——顺便提一下，他也是威廉森的密友——有个习惯：静静倾听任何向他提出建议的人说话，面无表情。等人说完后，斯蒂尔曼先生会继续盯着他，就像别人还没讲完似的。所以，这人觉得必须再说点什么，就接着说下去。斯蒂尔曼光靠凝视和倾听，就能使提建议的人主动提出比原计划更有利的建议。

但我保持沉默并不是想诱使对方提出对我更有利的条件，而是因为我想把事情了解清楚。让别人把话说完，你就可以马上做出决定，这样就能避免冗长的讨论和无用的争执，可以大大节省时间，交流成本降低。只要我一句话，表达自己的态度，就可以处理所有的业务建议。但我在不了解事情全貌之前是不会轻易表态的。

我倾听着丹·威廉森说的话。他告诉我他对我在股市上的操作早有耳闻，同时对我输在自己的强项上——在棉花期货交易中惨败——感到非常遗憾。不过，也正是因为我的坏运气，他才有幸与我见面。他认为我擅长股票交易，天生应该干这一行，不应该离开这一行。

"利文斯顿先生，这就是我们希望和你做生意的原因。"他愉快地做出结论。

"怎么做生意？"我问。

"让我们做你的证券商，"他说，"我们公司希望做你的股票生意。"

"我倒想在你们这儿交易，"我说，"可是不行。"

"为什么不行？"他问。

"我现在没钱交易啊。"我回答。

"这不成问题，"他露出和蔼的微笑说，"我给你钱。"他拿出一本支票簿，开了一张2.5

万美元的支票，然后递给我，抬头是我的名字。

"给我这个干什么？"我问。

"让你存进银行，随时支取。我希望你在我们公司交易，我不在乎你的输赢。如果这笔钱都亏完了，我会再给你再开一张个人支票。所以你不必对这张支票过于紧张，明白吗？"

我知道这家公司业务兴旺、财力雄厚，根本不需要任何人的生意，更用不着贴钱给人当保证金。而且威廉森先生有点儿过分善良了，他不是在公司给我信用额度，而是给了我实实在在的美元，这样就只有他一个人知道这钱的来历了，而他唯一的条件就是我要在他们公司交易，甚至承诺如果这笔钱亏了，他还会继续提供。我觉得其中必有缘故。

"这是什么意思？"我问他。

"很简单，我们公司需要一个以大手笔交易闻名的客户，大家都知道你惯于大量做空，这就是我对你特别感兴趣的原因。众所周知，你总玩大手笔。"

"我还是不明白。"我说。

"坦白告诉你吧，利文斯顿先生，我们有两三个非常有钱的客户，他们常常大量交易。我不希望每次我们公司每次对一只股票做空一两万股，整个华尔街就都怀疑是这几位客户在卖出。要是华尔街知道你在我们公司交易，他们就搞不清楚市场上是你在做空还是其他客户在卖出了。"

我恍然大悟，他是想借我大手笔交易的名声来掩饰他姐夫的操作！碰巧一年半以前我通过做空赚了有史以来最大的一笔钱，自然，每次股价下跌，华尔街那些八卦的人和愚蠢的造谣者们就习以为常地算到我头上。时至今日，每当市场疲软，他们仍然说是我在打压市场。

不必考虑了，我一眼就看出这是丹·威廉森在给我提供的一个迅速卷土重来的机会。我收下支票，存入银行，在他的公司开了账户，开始交易。此时股市活跃，多只股票涨势良好，不必死守着一两只特定的股票。我之前说担心自己已经丧失了正确交易的技巧，但看来没有。在三周时间内，我用丹·威廉森借给我的2.5万美金赚了11.2万美金的利润。

我去找威廉森，对他说："我是来还你那2.5万美金的。"

"不，不必了！"他一边说一边挥手表示拒绝，就好像我给了他一杯混着蓖麻油的鸡尾酒一样。"不必了，小伙子，等你赚到足够多的钱再说吧，先不要想着还钱，你才赚了一点点呢。"

在这件事上，我铸成了自己在华尔街的交易生涯中最让我后悔的大错，并酿成了我多年的意志消沉、苦不堪言。我应该坚持让他收下这笔钱的。我即将赚回自己损失的钱，甚至赚更多，所以大步向前。连续三周，我每周的平均利润高达150%。从那以后，我便逐步加大自己的交易量。我没有忘记自己欠的钱，但也没有强迫威廉森接受我的还款，只是由着他。既然他没有要回借给我的那2.5万美元，我自然也就觉得把账面利润套现不太妥当。虽然对他心存感激，但我天性不喜欢欠别人钱或人情。欠别人的钱，我可以用钱去还，但是我必须用同样的方式去偿还人情和善意，而你很容易发现这些人情账有时候是非常昂贵的，而且你不知道还到什么时候才算完。

我没套现，继续交易。一切进展得非常顺利，我逐渐恢复状态，而且确信过不了多久，我就能像1907年那样春风得意。一旦进入那种状态，我唯一的希望就是市场的走势能多坚持一阵，让我不仅能弥补损失，还能赚得更多。但我不会特别在意赚钱与否。令我开心的是我正从判断错误、失去自我的阴影中走出来。这个阴影几个月来严重影响着我，不过我已经从中吸取了教训。

那时我开始做空，卖空了几只铁路股票，包括切萨皮克大西洋公司（Chesapeake & Atlantic）的股票，我想我大概放空了8000股。

一天早晨，我去市区，丹·威廉森在开盘前把我叫到他的私人办公室对我说："拉里，暂时不要操作切萨皮克大西洋了。你卖空了8000股，这个操作可够糟糕的，今天早晨我在伦敦为你平仓了，并转为做多。"

我确信切萨皮克大西洋会下跌，行情上显示得清清楚楚的。而且我对整个大盘都看跌，不是强烈地或疯狂地看跌，但也足够让我觉得应该适量放空。我对威廉森说："你为什么要这么做？我对大盘看跌，所有的股票都会下跌。"

他只是摇摇头说："我这么做是因为我正好知道一些有关切萨皮克大西洋公司的情况，这些你都不知情。我奉劝你，在我告诉你可以安全卖空前不要再卖空了。"

我能做什么呢？这可不是愚蠢的消息。这是董事会主席的妹夫给我的劝告。丹不仅是阿利文·马奎德的挚友，而且他一直对我很友好，很慷慨。他很信任我，也相信我的话，我感激他还来不及呢。所以，我的情感再一次胜过了理智，我让步了。我让自己的判断臣服于他的意愿，这就是我毁灭的原因。任何一个正派的人都有感恩之心，但是人不应该被这样的感情牵绊。毁灭的开始就是我不但亏掉了所有的利润，还欠了公司15万美元的债务。我觉得很难过，可丹让我不必担心。

"我会帮你渡过难关的，"他承诺说，"我一定会帮你的，但是你要给我机会帮你啊，你必须停止单独行动。我无法接受帮了你之后，你又为了自己的利益把我的劳动成果一笔抹杀。你就暂时停止交易吧，给我个机会帮你赚点钱，好吗，拉利？"

我能做什么呢？我想到他是一片好意，我可不能做出不知好歹的事。他那么讨人喜欢，和蔼可亲，我越来越喜欢他了。我记得他一直在鼓励我，跟我打保票说一切阴霾都会过会。大概是六个月之后的一天，他满面笑容地来找我，给了我几张账条。

"我说过我一定会帮你渡过难关的，"他说，"我做到了。"

后来我发现他不仅帮我清掉了所有的债务，我的账户上还留着一小笔余额。

我认为自己拿着这笔钱可以轻而易举地大赚了，因为当时市场走势不错，但是他却对我说："我已经帮你买进了10000股南大西洋的股票。"那是他姐夫阿尔文·马奎德控制的另一条铁路，马奎德掌握着这只股票在市场上的命运。

如果有人像丹·威廉森帮我那样帮你，无论你是如何看待市场行情的，都只能对他说"谢谢"。你或许确信自己的判断是正确的，但正像帕特·赫恩一向所说："你不赌就永远不知道结果！"丹·威廉森用他自己的钱为我下了赌注。

唉，南大西洋跌了，而且一跌不起，我亏了，我也记不清在丹·威廉森帮我把那10000股抛掉之前我具体亏了多少钱，反正我欠他更多了。可是，你这辈子都不会见到这么好、这么不烦人的债主。他从不抱怨，反而一直鼓励、宽慰我不要担心。最后，他用同样慷慨而神秘的方式为我弥补了亏损。

至于怎么做到的，他没透露任何细节，只给我看账目上的数字。丹·威廉森只是对我说："我们用另一笔交易的赢利为你弥补了南大西洋上的损失。"然后他告诉我他是怎么通过卖掉7500股其他股票大赚了一大笔的。坦白说，在他告诉我所有债务都一笔勾销之前，我对这些交易毫不知情。

同样的事情屡次发生后，我开始思考，我必须换个角度看待这件事。最后我恍然大悟，显然我被丹·威廉森利用了。想到这一点，我很生气，但更让我气愤的是自己怎么现在才明白。我在心里把整件事情想了一遍后，立刻去找丹·威廉森，告诉他我和公司情分已尽，然后离开了威廉森与布朗公司。我没有和威廉森争吵，也没有和他姐夫吵，多说无益。但是，我得承认我生自己的气，不比对威廉森与布朗公司的火气小。

这次的亏损并没有困扰我。每当我在股市亏了钱，我总认为会从中学到点什么，花钱买教训，所以这些钱就当交了学费。一个人要获得阅历，就必须为此付出代价。但是，在丹·威廉森公司的经验里有些东西给我带来了无法弥补的伤害，那就是让我丧失了良机。亏钱事小，总会赚回来的，可是那样的好机会并不是每天都有。

当时的市场非常利于交易，我也判断正确，我的意思是，我对市场的解读准确。赚几百万的机会唾手可得，我却任凭感激之心妨碍了自己的操作，束手束脚，按照丹·威廉森善意的规劝去做。总之，这比同亲戚一起做生意还别扭，糟糕的交易！

这还不是最糟糕的呢！真正糟糕的是：自那以后，我几乎再也没有赚大钱的机会了。市场趋于平淡，每况愈下。我不但亏掉了所有的钱，而且再一次陷入了比以前更严重的债务危机。从1911年到1914年的四年间，股市持续清淡，没钱可赚。机会迟迟不来，这让我的日子一天不如一天。

如果亏损之后总是后悔当初，想着情况本来不应该这样的，那就更让人难受了。而我恰恰无法摆脱这样的情绪，这让我更加心烦意乱了。我明白原来投机者很容易暴露不计其数的弱点。作为一般人，我在丹·威廉森公司的做法无可厚非。但身为一个投机者，我任凭违背自己判断的看法影响操作，真是太不应该太不明智了。感恩是一种美德，却不该在股市上履行，因为你对别人侠义忠诚，行情可不会对你侠义，也不会奖励你的忠诚。但我意识到自己当时只能那么做，我不会仅仅为了能在股市上交易就改变自己懂得感恩的本性。不过生意终究是生意，作为一个投机者，我应该始终坚持自己的判断。

这是一段奇特的经历，我认为事情是这么回事：丹·威廉森第一次见我时说的话都是真的。只要他的公司在一只股票上交易几千股，整个华尔街就会武断地认为是阿尔文·马奎德在吃进或卖出。他无疑是这家公司的大主顾，他所有的交易都是在这家公司操作的，而且他是华尔街有史以来最高明、最大的交易商。他们则把我当成烟雾弹，来为马奎德的抛售操作做掩护。

我介入后不久，阿尔文·马奎德就病了。他的病早就诊断出是不治之症，而丹·威廉森在马奎德本人知道之前很久就了解此事。这就是丹当时帮我回补我做空的切萨皮克大西洋股票的原因。他那时已经开始清算他姐夫在切萨皮克大西洋的持股和其他持股了。

一旦马奎德死了，遗产中就得清算他的投机股和半投机股。而到那时，我们已经进入熊市。丹用这种方式束缚、利用我，真是帮了遗产继承人一个大忙。我说自己的交易量大，对股市判断准确，可不是自吹自擂。他记得我在1907年熊市中的成功操作，才觉得不能冒险让我自由操作。唉，如果我当时按自己的意愿操作，一定已经赚到大笔资金了，等他清算阿尔文·马奎德的财产时，我都能交易几十万股了。作为一个活跃的空头，我将害马奎德的继承人损失几百万美元，因为阿尔文只留下两亿多美元的财产。

对他们来说，让我负债然后又替我还债，比让我在其他公司大力做空付出的代价要小得多。如果不是觉得不能辜负丹·威廉森的一番好意，我一定去其他公司大力做空了。

我一直认为这是我股票作手生涯中最有趣、最不幸的一段经历。这次的教训让我付出了太大代价，如果不是因为它，我就能早几年东山再起了。我还很年轻，可以耐心等着赚回失去的资本。但是，五年贫穷的时光对我来说太漫长了。不论年轻与否，谁都不喜欢贫穷的感觉。失去了能让我东山再起的市场，这可比失去游艇的生活难过得多。我让一生中最好的赚钱机会从眼皮底下溜走了。丹·威廉森真是个厉害的人物，就像传说中的一样精明能干、目光长远，足智多谋又勇于冒险。他是个富于想象的思想家，善于发现任何人身上的弱点，然后毫不留情地利用它。他做出自己的判断，然后迅速决定如何采取行动削弱我的力量，让我在市场上对他毫无威胁。他其实并没有骗我亏钱，相反，他在钱上表现得特别慷慨。他爱他的姐姐马奎德夫人，所以对她尽了自己应尽的责任。

▌ 第14章

涨势总有尽头，
就像跌势不可能永远持续下去

我离开威廉森·布朗事务所之后，股市最好的时光也一去不复返了，这让我难以释怀。整整四年时间，股市交易清淡，股民们一分钱都赚不着。正像比尔·亨里克斯曾经说的："市场上臭鼬都没味。"

看来我是时运不济，也许是上帝想磨炼我，但我想我并没有错到需要接受上帝制裁的程度。我没有犯下过任何必须用债务来弥补的投机错误，没有像傻子一样操作过。我的所作所为，更确切地说，那些我绝不会去染指的事情，在42街以北的金融区都会得到褒奖而不是责难，在华尔街却变得如此荒唐可笑、代价高昂。但目前为止，整件事最糟糕的是，它让人们觉得在市场上就应该变得无情冷漠。

我离开了威廉森的公司，到其他公司交易。但在哪儿都亏钱，是我活该，因为我总是想强迫市场给我它没必要给我的东西，即赚钱的机会。在这些公司取得信贷是很容易的，因为认识我的人都很信任我。当我停止赊账交易时，已经欠这些公司一百多万美元了，这一大笔债务就能让你知道他们有多信任我了吧！

那几年一直亏损，问题倒不是我已经不会做股票了，而是在这不幸的四年里，根本就没有赚钱的机会。我却还在不断地交易，总想赚一笔本钱，结果只是让自己背的债越来越多。由于我不愿再债上加债了，朋友们也不容易，于是自动停止了操作。我终于因为无法承受更

直觉是经验和才能的融合，只能依靠自己在市场中悟到。

多的债务而停止了独立交易，之后就开始靠替别人处理交易维持生计，他们知道我精通炒股，即使市场萧条也能应付。如果他们有什么赢利，我就能从中抽成作为对我的服务的报酬。这就是我生活的方式。唉，我就是这么维持生活的。

我当然也有赚的时候，却赚不到足够的钱有效减轻债务。情况越来越糟，最后，我有生以来第一次感到气馁。我觉得事事不顺，却没有忙着哀叹自己从身家数百万、拥有豪华游艇沦落到负债累累、过着俭朴的生活。我并不喜欢这种处境，但并没有自怨自艾。我不打算就这么耐心等待，等待上帝和时间终止我的困苦，所以，我开始琢磨自己的问题。很明显，脱离困境的唯一办法就是赚钱，而要赚到钱，我只需成功地交易。我以前的交易很成功，我必须再次成功。我曾不止一次凭小本资金赚到巨额利润，市场迟早会给我这个机会的。

我已经说服自己，千错万错都是我的错，不关市场的事。现在我的操作还有什么问题呢？我善于研究不同阶段的交易问题，此时我再次秉持着这一贯的精神问自己这个问题。冷静地思考后，我断定问题的症结在于我一直担心自己欠的债务，对债务的担忧一直困扰着我。

这里必须解释的是，我的困扰不只是心里一直放不下自己负的债务。任何生意人在常规经营中都会负债。我的大部分债务都是不利的市场形势带来的常规生意债务，和商人遇见罕见的反常的长期经济形势下的损失差不多。

时间一天天过去，我还不起债，并且开始对这些债务耿耿于怀。我得着重强调一下：因为股市上的亏损，我欠了一百多万美元的债。大多数债权人很好，没有为难我。但有两个人着实让我烦得慌，他们紧盯着我的行踪。每次我一赚钱，他们就会及时出现，想了解我的交易情况，坚持让我立刻还债。我欠了其中一个人800块，他威胁说要告我，要扣押我的家具等等。真不知道他们为什么会认为我在藏匿财产，难道我看上去一点也不像一个即将穷困而亡的流浪汉？

随着我对问题的研究，我明白了这次的重点不在于研读行情走势，而在于了解自己。我无情地下定结论：只要我一直忧心忡忡就难有作为，但同样明显的是，只要我负债，就会一直忧心忡忡。我的意思是，只要债权人有权来烦我，或者坚持让我赚一点儿就还一点儿，我就永远攒不够做交易的资本，我就永远不能重整旗鼓。一切都再清楚不过了，所以我对自己说："我要宣布破产。"只有这样我才能解脱出来。

这事听起来很容易，也很合理，是吧？但我可以告诉你，这让人很痛苦。我痛恨这样，我不愿让自己被人误会或瞧不起。我本人从来不会太在乎钱，也从不认为值得为钱说谎，但我知道并不是每个人都这样认为。当然，我也知道如果能东山再起，就能还清所有债务，欠的债迟早是要还的。但除非我能像过去那样交易，否则我永远不可能还清那一百多万。

我鼓足勇气去见那些债权人。这事对我来说太难了，因为他们大多数人都是我的老朋友。我开诚布公地对他们讲明了情况："我走这一步不是因为不想还债，而是为了对我们双方都公平，我必须让自己赚钱。在过去的两年里，我断断续续思考着这个解决方法，可就是没有勇气站出来坦白告诉你们。如果我早这么做了，事情就不会发展到今天这个地步了。归根结底，只要有债务困扰，我就完全无法进入原来的交易状态。我现在决定要做一年前就该做的事情，理由就是以上的解释。"

第一个站出来的人说的话实际上就是所有债权人的意思。他代表自己的公司说："利文斯顿，我们懂你的意思，也完全理解你的处境。让我告诉你我们会怎么做吧：我们会让你解脱。你大可让律师准备好你需要的任何文件，我们会在上面签名的。"

这基本上是所有大债主的原话。这就是华尔街的另一面。它不是认为金钱无所谓所以善良，所以慷慨，它会明智地做出决定，因为生意应该这么做。我既感激他们的善良，又欣赏这种明智。

这些债权人对我高达一百多万美元的债务网开一面。可是，有两个小债权人不肯签字。其中一个就是我讲过的那个欠他800块的那个人。我还欠一家已经破产的证券公司6万美元，接手人完全不理解我的为人，于是总是跟着我。即使他们愿意照着大债权人的榜样去做，我想法庭也不会让他们签字的。总之，虽然我之前说我的负债超过一百万，但我的破产账目清单上只有大约十万。

报纸上刊登了我破产的消息，这令我不快。我一向都是全额还款的，这次经历让我无比羞愧。我知道只要自己还活着，总有一天要还清所有债务的，可是并不是每个读这篇报道的人都明白这一点。看到报纸上这篇报道后，我都不好意思出去见人了。但这种感觉很快就消退了。知道以后再也不会有人来骚扰我，我如释重负，这种感觉无法用语言来表达。那些骚扰我的人并不理解如果一个人想在股票投机中成功，需要多么全身心的投入。

摆脱债务的纠缠后，我的思想彻底解放了，又开始交易，而且我又看到了成功的希望。下一步就是再筹集一笔本钱。证券交易所从1914年7月31日到11月中旬关闭，华尔街一派萧条景象，很长一段时间没有任何交易，我依然欠着朋友们的债。他们一直对我友好又讲义气，我也不好意思开口请求他们继续帮助我，没人有义务帮别人这么多忙。

因为证券交易所关闭，我不能要求任何证券商为我做什么。我去几个证券商那里尝试未果。最后，我于1915年2月去求助于丹·威廉森。我告诉他我已经摆脱了梦魇般的债务困扰，做好准备像以前一样交易了。你应该还记得当他需要我时主动给我提供2.5万美元资金那回事吧。现在我需要他的帮助，他说："一旦你看到对你有利的股票，想买500股，就放手去做吧，这没什么问题。"

我向他致谢后就离开了。他曾经妨碍我赚大钱，而且他的公司从我这儿赚了一大笔佣金。我承认，一想到威廉森·布朗公司没有借给我一笔数目合适的本金，我就有点恼火。但是已经这样了，我只能保守交易。如果一开始能多做一些，我就能更快更容易地恢复财力，但是现在只能做500股。但不管怎样，事情就是这样，我东山再起的机会来了。

离开丹·威廉森的公司后，我大致研究了一下市场形势，并重点研究了自己存在的问题。众所周知，当时是牛市，可丹只愿意给我提供500股的机会。因为这个限制，我没有多少交易余地，无法承受一开始有任何疏漏，我必须做稳第一笔交易，只有这样我才能有本钱。我首次买进的500股一定要赚钱，赚到实实在在的美元。我知道如果没有充足的资本，我就无法有效利用自己的良好判断力。没有充足的保证金，我就无法用冷静、不带偏见的态度进行交易。这种态度源自能承受一定损失的能力。我以前在下大赌注之前会对市场进行测试，而遭遇损失是测试中的家常便饭。

当时，我意识到自己正处于投机生涯中的关键时刻，如果这次失败，真不知道我要等到何时何地才能再得到一笔本钱再次入场。很明显，我必须等待最佳时机。

我远离威廉森与布朗公司。我的意思是说，连续六周，我一心研读行情，刻意不去他们公司。我担心一旦我去了那里，知道自己可以买500股，就可能禁不住诱惑，在不正确的时间交易不适当的股票。交易商除了要研究基本形势、牢记市场先例、考虑大众心理、了解证

复盘过去的交易，可以洞察未来。

券商的限制之外，还必须认识并防范自身的弱点。你大可不必和自己身上的人性弱点生气。我发现解读自己和解读行情同样重要。我研究了自己，知道活跃市场会对自己产生不可避免的诱惑，知道自己看到某些市场动态时会忍不住出手。我研究自己弱点时怀有的情绪和心情，就像我分析作物行情和收益报告时怀有的情绪和心情一样，客观而冷静。

就这样，日复一日，我身无分文，急着早日重新进场。我坐在另一家证券公司的报价板前，在那里我一股交易都做不了。我研究着市场行情，不错过行情上的任何变化，等待着最佳时机向我发出全速前进的信号。

在1915年初的关键时期，我最看好的股票是伯利恒钢铁（Bethlehem Steel），这只股票会涨，全世界都知道为什么，战争来了嘛，造炮弹需要钢铁，所以钢铁肯定会涨。我十分确定它会上涨，但是为了确保能旗开得胜——我必须做到旗开得胜——我决定等它的价格突破标准后再出手。

我之前说过，凭我的经验，一只股票首次突破100点、200点或300点后，几乎总会继续上涨30—50个点，而且突破300点后的速度，会比突破100或200点时更快。我成功获利的首批股票之一就是安纳康达，我是在它突破200点时买进的，次日于260点抛出。我在股价突破标准后买进的操作习惯，可以追溯到我早年在空壳证券公司交易的日子，这是一个古老的交易原则。

你可以想象我当时是多么渴望恢复以前的交易规模。我急得想不顾一切马上开始交易，但我克制住了自己的冲动。正如我所料，伯利恒股票不断走高，越涨越高，但我还是控制住自己立刻跑去威廉森与布朗公司买进500股的冲动，我只想尽一切可能力求首次操作稳妥。

那只股票每涨一个点就意味着我又少赚了500块。它涨的第一个10点意味着我本可以加码了，手里就不再只持有500股了，而是1000股。这样，每涨1个点我就可以赚1000块了。但我没有听从内心喧闹的希望和信心，而是关注来自经验和常识的忠告，依然按兵不动。只要我有充裕的本钱，就可以冒险搏一搏，但是，没有资金，冒险，即使是冒小小的风险，都是我无法承受的奢侈。六周耐心的等待，最终理智战胜了贪婪和希望。

伯利恒涨到90点时，想到我如此看好它却没有买进，这让我少赚了许多本该赚到的钱，我着实开始动摇、焦虑。当它涨到98点时，我对自己说："伯利恒会突破100点的，而一旦它突破100点，就会无止境地上涨！"行情已经清清楚楚地把这一点昭告天下。告诉你吧，当股票行情收录器上打出98点时，我心中的行情收录器上已经是100点了。我知道这不是我的想象，而是我读盘能力本能的断言。于是我对自己说："我不能等到它突破100点再买进了，我不能等了，我现在就得出手，现在就等于已经突破标准了。"

我跑到威廉森与布朗公司，下单买进500股伯利恒钢铁的股票，此时股价是98点。我以98点到99点之间的股价买进了500股。之后，它的价格一路飙升，我想那天下午它是以114或115点收盘的。我用账面利润又买进了500股。

第二天，伯利恒钢铁的股票涨到了145点，我有本钱了。这是我应得的。等待最佳时机的那六个星期是我度过的最费力最耗神的六周，但我得到了回报，我现在拥有足够的本金可以进行规模交易了。光凭500股的交易我是永远都难有作为的。

不管你做什么，走对第一步是至关重要的。伯利恒交易之后，我的操作非常顺利，真的很棒，以至于你难以相信是同一个人在交易。其实我也变了，不再烦躁不安、漏洞百出，而是变得轻松自在、正确无误。没有债主的骚扰，也没有资金不足来干扰我的思考或干扰我倾听经验的指导，所以我一路赚钱。

但就在我朝着确定的财富迈进时，我们突然遭遇了"卢西塔尼亚号"被击沉事件带来的下跌。人们时不时会觉得心窝被刺中了一样，也许是市场为了提醒人们一个不幸的事实：在市场上，没有人能够永远正确，免受不利事件的影响。我听别人说，"卢西塔尼亚号"被鱼雷击沉的消息不应该对任何专业投机者产生什么重大影响，他们还说早在消息传到华尔街之前他们就知道了。我消息不够灵通，没有预先知道这个消息，没有避开跌势。我只能告诉你："卢西塔尼亚号"被击沉带来的跌势让我亏损了不少，加上我因为不够聪明所以遭遇的一两次走势反转，1915年底，我发现自己证券公司的账户中只有大约14万美元的余额了。虽然在这整整一年的绝大部分时间里我对市场的判断都是正确的，但我那一年实际只赚了这么多。

第二年我的表现好多了，我运气很好。在疯狂的牛市里，我毫无顾忌地看涨。一切如我所愿，所以除了赚钱没干别的。这让我想起了标准石油公司已故的H. H. 罗杰斯说过的话，大意是：赚钱的机会来的时候，挡也挡不住，就好像一个人在暴雨天没带伞出门，想不打湿都难。那是我们这个国家经历过的最明显的牛市。众所周知，一战期间协约国从美国购买各类物资，这让美国一跃成为世界上最繁荣的国家。我们销售其他任何国家都没有的产品，迅速赚取世界各地的钞票。我的意思是全世界的黄金像洪流一样涌入这个国家，通货膨胀不可避免，这当然意味着物价普遍上涨。

从一开始一切就很明显，所以根本不需要人为制造牛市。那就是为什么这次牛市来得如此迅速的原因，它来得比以往的任何牛市都快。战时的繁荣不仅比其他的繁荣发展得更自然，而且给广大股民带来了前所未有的利润，也就是说，在1915年股市中获利的人比华尔街历史上任何一次繁荣时期获利的人都多。公众或者不把账面利润套现或者套现后迅速挥霍掉，这是历史在不断重演的情节。历史总是在不断重演，而在华尔街比在任何其他地方都更频繁、更有规律。当你阅读近代史的股市兴衰记录，一定会震惊地发现：无论是股票投机业还是股票投机商，今昔差别是如此之小。游戏没有改变，人的本性也没有改变。

1916年，股市继续上扬。我和普通股民一样看涨，但同时也时刻保持警惕。我知道，大家也知道，涨势总有尽头，我一直在留意尽头来临的信号。我对信号会先从哪个方向来并不特别感兴趣，所以我不只关注一个方面。我没有，也从未觉得自己会坚持看涨或看跌，毫不动摇。不管牛市曾经如何帮我积累财富，只要退场的信号一来，我就会看跌；不管熊市曾经对我如何慷慨，只要退场的信号一来，我就会看涨。一个人不会宣誓永远效忠于多头或空头，他唯一需要关心的是判断正确。

还要记住一件事：牛市不是在光辉的荣耀中达到顶点转为熊市的，熊市也不是突然反转中见底转为牛市的。股市可能而且经常在股价开始普遍下跌之前很久就已经不再是牛市了。我期待已久的信号来了。我发现股市的领导股几个月来第一次一个接着一个从最高点回跌了几个点，而且再也没有升回去。很明显，它们的涨势已尽，而我必须改变交易策略了。

情况很简单：牛市中，价格趋势自然是确定无疑的上升。所以，当一只股票背离大势，你有理由认为仅仅是这只股票有问题。但是，这一点足以让经验丰富的投机者看出别的问题。你不能指望行情像老师一样把一切解释得清清楚楚。你的任务是等待并倾听行情暗示你说"退出"，而不是等行情白纸黑字地告诉你退出。

正像我之前说的，我注意到那些曾经领跑市场涨势的股票都停止上涨，下跌了六七个点，然后停滞不前。同时，其他股票在新的领导股的带领下继续上涨。之前的领跑股的公司本身并没有出什么问题，所以，这就要从其他方面探寻它们停止上涨的原因了。这些股票顺势上涨了几个月，它们停止上涨时，虽然多头走势仍然强劲，但这意味着，对于那几只股票来说，牛市已经结束，而对于其他股票来说，走势仍是坚挺的上涨。

此时完全没有必要茫然不知所措，因为其间还没有逆流。我那时也还没有转手做空，因为行情还没有给我指示。虽然牛市的终结近在咫尺，但毕竟还没到来。在它到来之前，多头还是有钱可赚的。事已至此，我开始抛出停止上涨的股票，而由于其他股票仍有上涨潜力，我既卖出又买进。

我把停止上涨的领涨股卖出，每一只股票做空5000股，然后做多新的领涨股。我做空的股票没有太大动作，可我做多的股票不断上涨。当这些强势股最终也停止上涨时，我又把它们全部抛出，每只股票做空5000股。这时我偏向空头而不是多头了，因为很明显接下来应该在熊市中赚大钱了。虽然我确定在牛市真正结束之前，熊市已经悄然来临，但我知道还不到可以肆意放空的时机。提前这么做，不仅没有意义反而有害。行情只暗示我已经有熊市苗头了，该做好准备了。

我继续买进卖出，这样交易了大概一个月后，我总共做空了6万股12只不同的股票，每只做空5000股。这些股票之前都是股民的最爱，因为它们当时是牛市的领涨股。做空的数量不算很大，但别忘了，市场还没有成为确定的熊市。

然后有一天，整个市场变得非常疲软，所有股票的价格都开始下跌。当我发现我做空的12只股票上每只都有4个点以上的利润时，我确定自己的判断是正确的。行情收录器告诉我现在全力做空是安全的，所以我马上加码一倍。

我确定了自己的立场：在这显而易见的熊市中，我做空股票。我完全没有必要去推动股价下跌，市场注定会顺着我的想法发展。因为心中有数，我可以耐心等待。加码之后，我很长时间没有进行其他交易。在我全力做空的七周后，股票暴跌，因为我们碰上了著名的"泄秘"事件：据说，有人事先从华盛顿得知，威尔逊总统即将发布一条能让欧洲恢复和平的消息。世界大战引发并维持了美国的战时经济繁荣，而和平显然是利空消息。当时有一则报道：一位最精明的场内交易员被指控利用不正当获得的消息获利，而他辩白说，他抛出股票不是因为得到了任何泄密的消息，而是因为他认为牛市难以持续了。而我早在他操作七周前就已经加码了一倍。

由于这个消息，股市暴跌，我自然开始回补空头，这是唯一可行的操作。如果发生了你计划预料之外的事，你理应好好利用善良的命运之神赐予你的大好机会。因为在这种暴跌中，你拥有庞大的市场可以回旋其中，这就是把你的账面利润转化为实实在在的美金的时机。即使在熊市中，也没有人可以在不抬高股价的前提下回补12万股股票，所以必须等待市场提供机会，可以在不损害既有账面利润的前提下回补这么多股票。

必须指出的是，我并没有预料到市场会在这个特定时刻因为这一原因出现这样的下跌。但正像我告诉过你的，凭我30年的交易经验，利多和利空消息总会顺应大盘的最小阻力方向，而我正是根据最小阻力方向来确定自己立场的。还有一点要铭记于心：绝对不要妄图在最高价抛出，在最高点逃顶的心理是不明智、不健康的。如果没有上涨空间确定要抛出了，就在回档的第一时间抛出。

1916年，我通过在牛市中持续做多和进入熊市后反手做空赚了大约三百万美元。就像我之前说的那样，你不必死守着牛市/熊市不放。

那年冬天，我像往常一样去南部的棕榈海滩度假，因为我很喜欢海上钓鱼。我做空了股票和小麦期货，这两笔交易都给我带来了可观的利润，我无忧无虑地享受着快乐的时光。当然，除非我去欧洲，否则不可能对股票或期货市场置若罔闻，比如，我在纽约的阿迪伦达克山区的家里有直通证券公司的电报线路，再比如，我在棕榈海滩时会定期去证券公司的当地分部看看。我发现我不太感兴趣的棉花市场走势强劲，价格一直在上涨。那是1917年，就是在那个时候，我听说了许多关于威尔逊总统努力谋求欧洲和平的消息。这些消息都来自华盛顿，有的是新闻快讯，有的则是棕榈海滩游客们收到的个人忠告。这就是为什么我有一天得到如下看法：各种市场走势反映，市场坚信威尔逊总统会成功为欧洲带来和平。大家都认为欧洲和平在即，股票和小麦在下跌，棉花在上涨。对于股票和小麦的下跌，我已经准备就绪，最小阻力方向就是这么显示的；但我已经有一段时间没有交易过棉花了。

那天下午2点20分时，我一包棉花都还没有，但仅仅五分钟后，抱着欧洲和平即将到来的信念，我买进了1.5万包棉花作为交易的开始。我打算按老方法交易——就是像我之前讲的那样以金字塔式买进。

就在那天下午股市收盘后，我们收到了德国的"超限战"声明，美国也被卷进了战争。我们什么也做不了，只能等第二天股市开盘。我记得当天晚上在格里德利公司，美国的一个工业巨头想以低于那天下午收盘价5个点的价格场外抛售他持有的所有美国钢铁。匹兹堡的几个百万富翁当时都在场，但没人愿意买，他们都清楚明天一开盘，股市必将暴跌。果然，你可以想象，第二天早晨股市和期货市场一片混乱。一些股票的开盘价甚至比前一天下午的收盘价低8个点。对我来说，这可是天赐良机，让我可以回补所有的空头获利。我说过，在熊市中，如果混乱突然降临，立刻回补一定是明智的。如果你的交易量很大，这是可以迅速把账面利润一分不少地转化为实实在在的现金的唯一方法。比如说，我做空了5万股美国钢铁股票，当然我还做空了其他股票，当我看到市场上有回补的机会，我就回补了，总共获利150万美元，这个机会不容忽视。

而我在前一天下午收盘前半小时买进的那1.5万包棉花开盘就跌了大约五倍，跌幅吓人！我一夜之间就损失了37.5万美元。我很清楚，在股票和小麦交易上，回补空头是唯一明智的操作，而我对于棉花交易却不知所措。要考虑的因素太多了。现在我通常都会在发现自己犯错以后立刻接受自己的损失，但是我那天早上却不愿认赔。然后，我想到自己到南部来是为了享受钓鱼的快乐时光，可不是让棉花市场困扰我，而且我在小麦和股票交易中已经赚了大笔利润，于是我决定接受在棉花交易中的亏损，认赔了。我就当自己只赚了100万多一点，而不是150万。

如果我没有在前一天收盘前买进棉花的话，就不会亏损这40万了。这充分说明，一个人在小额操作中也可能快速大幅亏损。我的主要判断依据是绝对正确的，而意外事件的性质与我一开始交易股票和小麦的初衷——最小阻力方向——完全一致，所以我会因为偶发事件而受益。请注意，这再次显示了顺应最小阻力方向进行操作对投机商的价值。德国的战争声明带来了出乎意料的市场因素，但变化的结果还是如我所料。意外事件会遵循最小阻力方向，所以我的股票和小麦的判断都是科学的。而在棉花交易上，我的操作是建立在市场之外可能发生的事情之上的，也就是说，我赌威尔逊总统会为欧洲带来和平。是德国军方领导人的决定导致了我棉花交易的失败。如果一切都照我赌的那样发展，我那三笔交易就百分之百地正确了。因为我赌和平降临，所以赌棉花会继续涨下去。这就是盈亏的区别：是按照最小阻力路线行事还是靠赌。

1917年初我返回纽约后，还清了全部的一百多万美元的债务。还清债务对我来说是一大快事。我本来几个月前就该偿还的，但我没那么做，原因很简单：我的交易频繁且成功，我需要所有的资金。我有必要为自己，也为我的债权人把握住1915年和1916年的繁荣市场带来的各种机遇。我知道会赚一大笔钱，而且不担心晚几个月还钱，因为债主们多等几个月，换来的是不指望一定能收回的欠款。我不想零星

耐心和控制风险是股票交易者的重要品质。

地归还欠款，也不希望一次还一个债主，我想一次还清所有的债务。所以，只要市场对我有利，我就会在自己的财力允许范围内尽可能大规模交易。

我想给他们支付利息，可是所有签了免除债务合同的债权人都坚决拒绝接受。我最后才偿还那个我欠了800块的债主，是他让我的生活变成负担的，在他的骚扰下我一直无法正常交易。我等到他听说我还清了所有其他人的债务后，才还他那笔欠款。我想给他点教训，让他学会以后要体谅别人，尤其是才借出几百块的时候。

我就这样东山再起了。还清所有债务后，我拨出一大笔资金作为年金。我下决心再也不让自己陷入那种身无分文、忧心忡忡、缺乏资金的处境了。自然，我结婚后把一笔钱划入妻子名下。儿子出生以后，又为他划拨了一笔钱。

我这样做不只是因为担心股市会把钱从我这儿夺走，同样也是因为我知道一个人会动用自己能染指的所有资金。我这么做，妻儿就不会被我的交易活动影响了。

我认识的许多人都做过这样的安排，可是当需要那笔钱时，他又会去哄骗妻子签字拿出那笔钱，结果就全部亏掉了。但我把这事安排妥当了：无论我想怎样或者妻子想怎样，这些钱都不会动摇。这些钱绝对安全，不会受我们任何一个人行为的影响，即使我交易需要，而妻子因为爱我所以想动用它来帮我，那都不可能。我切断了那条路！

我不相信投资者能够预测市场，我只信奉购买杰出公司的股票，特别是那些被低估的杰出公司的股票。

第15章
商战不是人与人的争斗，
而是眼光与眼光的较量

　　投机会面临很多风险，其中非正常事件，也就是无法预料的事件，带来的风险相当剧烈。大多数有远见的人，如果他不想成为商业上的弱者，就一定要冒一些风险。正常的商业风险率很低，和出门上街或坐火车去旅行遭遇车祸的风险差不多。当非正常事件从我兜里往外掏钱的时候，我并不会怨天尤人，顶多会像埋怨一场突如其来的暴雨一样讨厌这种情况。人的生命本来就是一场冒险，从摇篮到坟墓的整个过程本身就是一种赌博，因为我没有预知未来的能力，我会选择平静地接受一切。在投机生涯中，我行事光明磊落，对市场判断准确无误，有时却会被那些心怀叵测的对手用卑鄙下流的手段窃取我的劳动成果。

　　心思敏捷、高瞻远瞩的商人知道如何保护自己不被骗子、懦夫和乌合之众的恶行所伤害。除了在一两家空壳证券公司那里，我从未遇到明目张胆的不诚实行为，因为即使在那种地方，诚实也是上策。大钱都是靠光明磊落而不是坑蒙拐骗赚来的。无论何时何地，我在交易中总不会时时刻刻去提防交易商，只是因为他们可以随时随刻欺骗你，那不是做生意的模式。但生活和生意中总有这种卑鄙无耻的小人，面对他们，君子也无能为力。我们都愿意相信这是个有道德约束的市场。我可以列举出十几个真实经历，在这些事例中，我因为相信了誓言的神圣或君子协定的不可侵犯而成为受害者。但我还是不要说了，因为说了也没什么用处。

　　小说家、牧师和妇女都喜欢把股票交易大厅说成劫掠者的战场，把华尔街的日常交易说成一场战斗。这颇具戏剧性，却完全误导了人们。我并不认为自己的交易活动充满了冲突与斗争，我从不与人争斗，无论是和个人还是投机集团，我只是坚持自己对大势的解读，和他们持有不同的观点罢了。剧作家们所谓的商战其实并不是人与人之间的争斗，只是商业眼光之间的较量。我设法只相信事实，并根据事实行动。这就是投机大师伯纳德·巴鲁克成功赚钱的秘诀。有时我没看清事实，或者没有看清所有事实，或者没有提前看清事实，或者没有做出合理的推断，只要这些情况发生，我就一定会亏钱，因为我出错了，而出错的代价就是亏钱。

犯了错就要付出代价，只有蠢蛋才相信犯了错也可以免受惩罚。在犯错与代价这个问题上，大家都是平等的，无一例外，没有人可以豁免，这不像债权人一样还有优先不优先一说。但当我判断正确时，我绝不允许亏钱，这里并不包括那些因为某项交易制度突然变化而导致我亏钱的交易。我把一些投机风险铭记于心，它们不时提醒人们：在把利润存入你的银行户头之前，那都不是你的。

欧洲爆发第一次世界大战后，消费品价格预料之中地开始上涨。这很容易预见，就像大家很容易预见战争必然引起通货膨胀一样。随着战争的持续，这种总体上涨的趋势自然也会继续。你应该还记得，1915年我就是这样忙着"东山再起"的。股票暴涨摆在眼前，而我的任务就是好好利用它。我在股票市场进行了最稳妥、最易得手和最迅速的大笔交易，就像你知道的那样，我很幸运。

到1917年7月，我不但还清了所有的债务，而且还净赚了不少。这意味着我现在有时间、资金和精力去考虑同时进行期货和股票交易。多年来，我已经养成研究所有市场的习惯。商品期货市场上的价格比战前增长了100%到400%不等，但咖啡例外。这当然是有原因的。战争的爆发意味着欧洲市场的关闭，于是巴西的大量咖啡被运到了战时唯一的大市场——美国。这在当时导致美国生咖啡极度过剩，咖啡价格持续走低。唉，当我开始考虑投机咖啡的可能性时，咖啡价格已经低于战前水平了。造成这种反常的原因很明显，还有一件事也同样明显：德国和奥地利潜水艇积极高效作战，这必将大量减少商用船只数量，最终会减少咖啡的进口。在进口量减少而消费量不变的情况下，

作为消费者，你的消费经验有助于你发现零售行业的好股票。

购买自己了解的公司股票。

多余的库存会被市场吸收，一旦这样，咖啡的价格一定会像所有其他商品一样上涨。

即便没有福尔摩斯的推理能力，你也可以预测到这一形势。但我不知道为什么没人买进咖啡。我决定买进咖啡的时候，并不认为这是一种投机，而是一种稳赚的投资。我知道套现是需要时间的，但我也确定这项投资的利润会很大，这让这笔交易成了一次保守的投资操作——这可是银行家的作为，而不是投机商的行径。

1917年冬天我开始了买进的操作，我买进了大量咖啡。但市场一点反应都没有，继续保持平静，价格也不像我预料的那样上涨，投资的结果就是我毫无意义地持有咖啡长达9个月，直到合同到期，我将期权全部卖出。这笔交易让我承受了巨大的损失，但我始终确信自己的观点是正确的。显然是我没把握好买进的时机，但我肯定咖啡会像其他商品一样上涨。所以我在卖出后立刻又开始买进，而且买进的数量是上次的三倍。当然，这次我买进的是可以尽可能拖延的延迟期权。

这次我可没错。我一买进三倍的数量，价格就开始上涨。大家好像突然意识到咖啡市场的必然走势，照这样看来，似乎我的投资即将得到巨额回报。

我所持有的合约卖方都是烘焙商，其中大多数是德国公司或其附属机构。他们胸有成竹地从巴西买进咖啡，盼望着运到美国来，却没有船只运输，现在他们发现自己处于十分尴尬的境地：一面是那边的咖啡价格无休止地下跌，一面在这边大量卖给我期权。

请记住，我在咖啡价格还处于战前水平的时候开始看涨，而且我在买进之后，套牢大半年时间，承受了巨大的损失。犯错的代价就是亏损。判断正确的奖赏就是赢利。由于我的判断正确，而且手中持有大量期权，我有理由期待这次能赚大钱。价格并不需要涨很多就能让我得到满意的获利，因为我持有几十万包咖啡。我不喜欢谈论具体的交易量，因为有时这些数字太大，别人会认为我在吹牛。其实我总是根据自己的财力交易，而且总是给自己留有充分安全的余地。这次交易已经够保守的了。我之所以能如此毫无顾忌地买进期权，是因为形势对我有利，我看不到任何亏损的可能。我已经等了一年了，现在是时候让我的耐心等待和正确判断得到回报了，我看到利润滚滚而来。这不是我精明，只是我不缺乏判断力。

几百万的利润果然迅速到手！却没到我手里。不是因为形势突然改变让一切峰回路转，市场没有经历突然的反转，咖啡也没有涌进美国。那么究竟发生了什么？是意外！是任何人都没有经历过的意外，所以我也猝不及防。在我要铭记的众多投机风险中，必须增加这项新的风险。事情很简单：那些卖咖啡给我的空头们知道自己将遭遇什么，试图摆脱他们自己给自己下的圈套，于是想出了一种新的逃避方法。他们赶到华盛顿求援，并成功获得帮助。

你应该还记得政府曾制订多种计划来阻止奸商从必需品中获取暴利，你应该了解大多数计划的效果如何。唉，这些慈悲的咖啡空头跑到战时工业部的价格管制委员会那里，我认为这是那个部门的官方名称，他们向这个机构提出一项爱国请求——保护美国人吃早餐的权利。他们告诉委员会说："一个名叫劳伦斯·利文斯顿的专业投机倒把者已经或者即将垄断咖啡市场，如果不破坏他的投机计划，他就会利用战争创造的有利条件，美国人就得被迫以昂贵的价格购买每日饮用的咖啡。"那些找不到船只运输所以卖给我大量咖啡的"爱国者"们声称自己无法想象大约一亿美国人都得向没良心的投机倒把者致敬的情景。他们还说他们代表的是咖啡业，而不是在咖啡上下赌注的赌徒，他们愿意协助政府控制牟取暴利的行为或倾向。

现在，那些满腹牢骚的人都对我深恶痛绝。我不是暗示价格管制委员会没有尽力控制牟取暴利和浪费的行为，但这并不能阻止我表达自己的看法：委员会并没有深入调查研究咖啡市场的实际问题。他们限定了生咖啡的最高价和终止现存咖啡合约的期限。这个决定自然意味着咖啡交易所必须停止营业，而我现在唯一可以做的就是卖出所有的合约，我这么做了。

我原本确定这几百万的利润会像以前赚的钱一样到手，现在却化为乌有。无论以前还是现在，我都和其他人一样强烈反对从生活必需品中牟取暴利的行为。但在价格管制委员会对咖啡市场进行管制前，其他所有商品的价格已经是战前水平的2.5—4倍了，而生咖啡的价格实际上低于战前多年的平均价。无论谁持有咖啡，价格都会上涨，原因倒不是黑心投机者的操作，而是德国潜水艇打沉了很多船，咖啡的进口量减少，所以咖啡的存量必然缩减。委员会还没等咖啡价格开始上涨就踩下了刹车。

那时，强迫咖啡交易所停业成了一种政策和权宜之计，但这是完全错误的。如果委员会不干涉咖啡市场，价格无疑会上涨，原因我已经说得很清楚了，这与任何所谓的垄断无关。而上涨后的高价，并不需要很高，就能刺激咖啡供应增加。我曾听伯纳德·巴鲁克先生说，战时工业部考虑过用限制最低价保证供给。正因如此，对某些商品高价投诉是毫无道理的。后来咖啡交易所恢复交易时，咖啡的价格是23美分。但由于那些"慈悲的爱国者"的建议，政府把价格压低了，定得太低了，低得无法支付高价运费，美国人只能停止进口咖啡。

我总是认为在我所有的期货交易中，这次咖啡交易是最合法的，甚至觉得它是投资而不是投机。这次交易耗时一年多。要是其中有任何伤天害理的成分，也是那些拥有德国姓氏和血统的爱国烘焙商干的。他们在巴西买进咖啡，又在纽约卖给我。价格管制委员会赶在牟取暴利的行为出现之前管制了唯一没有上涨的商品的价格，使人民免受不法行为的侵害，却无法保护大家免于高价，供求关系一如既往地运作着，所以高价不会因为政府管制而跌下来。不仅如此，当生咖啡豆的价格被限价后徘徊于每磅9美分时，烘烤咖啡的价格却没有被限制所以在跟随大势上涨，于是，烘焙商成了唯一的受益者。如果生咖啡的价格每磅上涨二三美分，我就能赚几百万，而且也不会让美国人在后来的上涨中付出这么大的代价。

事后分析投机活动只是浪费时间、毫无意义的马后炮。但这次交易颇具教育价值。它和我进行过的任何交易一样前景大好，价格的必然上涨是那么顺理成章，以至于我觉得不赚几百万美元都难，可最终事与愿违。

还有两次，因为交易管理委员会在毫无预兆的情况下通过管制改变了交易规则，我也深受其害。但这两次事件中，我的立场从交易技巧上看虽然正确，却不像咖啡交易那么符合赚钱标准。在投机中，没有什么事是绝对的。上述经历让我在投机风险列表的意外事故一栏添加了"不合常理故无法预测"一项。

咖啡事件之后，我在其他期货市场非常成功，在股票市场的做空交易中也非常成功，这招来了一些无聊的闲话。华尔街的专家和新闻记者开始习惯性地把价格的下跌怪到我头上，下跌是客观形势决定的必然，但我却总是成为打压价格的"罪犯"。有时，不管我是不是真的在做空，他们都指责我的做空是不爱国的行为。我想，他们夸大我的操作规模和影响，只是为了满足公众想为每次价格变动找出原因的心理期待，这是非常荒唐的行为。

我多次强调过，没有人能操纵股票下跌并使其保持低位。这当中没什么奥秘，每个人只要花半分钟思考一下就能找到原因。假设一个作手打压某只股票，也就是把股价压低到实际价值以下，将会发生什么？对了，他要面临蜂拥而至的内线买进。内线总是知道股票的实际价值，一定会趁此低价买进。如果他们无法买进，那一定是因为总体行情让他们不能自由支配资金，也就是发行这只股票的公司本来就不行。人们一谈及打压，就暗指这是不正当的行为，甚至是犯罪。可是以远远低于股票实际价值的价格做空是很危险的交易。你最好谨记：被打压下去爬不上来的股票是本身就有问题的股票，因为它得不到内线买进的支持；只要有打压股价的行为，即不正当的卖空，通常就会出现内部买进，价格不可能持续走低。我应该说，所谓的打压，实际上99%都是合理的下跌，只是有时某个专业作手的操作加速了这种下跌，但不管他的交易量有多大，这并不是导致下跌的根本原因。

把大多数价格的突然下跌或者暴涨归因于作手操作，这种理论完全是编造出来搪塞那些盲目的赌徒的，他们不愿思考，又极易轻信别人。证券公司和编造金融谣言的人经常告诉那些不走运的投机者，说他们的亏损是由作手打压引起的，但这种解释实际上是扭曲的建议。正常的建议是：明确地告诉你这是熊市，让你卖空。扭曲的建议是：给你个算不上解释的解释吓唬你，阻止你明智地去卖空。股票暴跌时自然反应应该是卖空，但是如果你被告知是作手在打压股市，它就成了一个充分的理由，你会退场。可是，如果真的是作手打压导致的下跌，就不应该退出，因为一旦他停止打压，股价必定反弹。这就是扭曲的建议！

回购股票是上市公司回报股东的最简单也是最有效的方法。

▌ 第16章
如果有唯一的内幕，
那也只能是老板的行事风格

内幕消息！人们多么渴望得到内幕消息啊！他们不但渴望得到内幕消息，而且热爱向别人提供内幕消息。这其中主要是贪婪在作祟，另外还涉及虚荣心。看见那些聪明人四处探听内部消息，总让人觉得很有趣。而且透露消息的人完全不必对消息是否真实负责，因为想知道内幕的人只希望得到一切消息，并不在意是真是假。如果消息灵验那自然很好，如果不灵，只能希望下次运气好一点。我说的是一般证券公司的普通客户。总有一个消息的发起人或操纵者，他是第一个相信内幕消息的人，而且由始至终都深信不疑。在他看来，内幕消息畅通无阻的传播是一种高级宣传工作，是世界上最好的促销情报。因为，由于寻求消息和接受消息的人无一例外都是消息的传递者，那么内幕消息的传播就变成了一种无休止的连锁广告。内幕消息的发起人认为只要传播恰当，没有一个活人可以抵抗内幕消息的诱惑。所以，他非常努力地传播这些消息，而且精心研究消息传递的艺术和技巧。

我每天从形形色色的人嘴里得到上百条内幕消息。我要讲一个有关婆罗洲锡业（Borneo Tin）的故事。还记得这只股票是什么时候上市的吧？那时是股市繁荣的巅峰时期。公司采纳了一位聪明的银行家的建议，决定越过慢慢销售股票的承销团，亲自上阵全面公开发行。这个建议很好，但创办人员由于经验不足犯了唯一的错误。他们不知道

成功的股票投资者应具备的个人素质包括：耐心、自立、深受痛苦的忍耐力、胸怀宽广、超然、终身学习、谦逊、灵活、冷静。

股市在疯狂的繁荣期会如何发展，同时他们也不够明智慷慨。为了推销这只股票，公司一致同意抬高价格，可他们挂牌的价格太高了，让一级市场的交易商和投机者们购买时疑虑重重。

按理说，这些创办人本应坚持这一风格的，但他们不敢太过明目张胆，但这可是疯狂的牛市啊，于是他们的贪婪看起来却像极了十足的保守。任何股票，只要做足了内部消息的散播工作，大家都会购买的。没人想靠头脑挣钱，所有人只想轻松赚钱，只想赚一定会赌赢的利润。由于美国向全世界出售大量的军用物资，黄金向美国滚滚涌来。听说公司的创办人在制订婆罗洲股票的上市计划时三次提高股票的开市价才投向市场，之后公众开始购进以赚大钱。

他们曾找过我，邀请我加入他们集团，我调查了一番，没有接受邀请，因为如果需要进行市场操作的话，我喜欢独自操作，我自己读取信息，用自己的方式交易。我了解这个集团的财力和计划，也明白公众能对事态的发展起到什么样的作用，所以我在它上市第一天的第一个小时内就买了10000股。该股票的首次发行是成功的，最起码在刚上市的时候是非常成功的。其实，公司发现股票需求是如此之大，所以认定在一级市场放掉那么多股票是个错误。他们发现我买了10000股他们公司股票，所以得出结论，如果将股价标高25或30个点，他们也能卖光所有股票。他们由此断定，我那10000股的利润会瓜分他们本来稳入囊中的几百万美元，而且瓜分的分量相当大。所以他们停止了多头操作，想把我清出市场，但我只是以不变应万变。他们不希望因为对付我而失去对市场的控制，于是不再理会我，转而继续抬高价格，但放掉的股数仍在他们的控制之中。

后来他们看到别的股票都屡创新高，于是舍弃原来几百万的梦想，开始想赚几十亿。对了，当婆罗洲锡业涨到120点时，我把那10000股全抛给了他们。这让股价突然停止上涨，集团经理也放缓了抬高股价的进程。在接下来的大反弹中，他们再次设法为这只股票创造抢手的市场，并成功处理了大量股票，但这一行为成本很高。他们最终把股价抬高到了150点，但牛市的繁荣期一去不返，这个集团被迫在股价一路下挫的情况下把股票抛给那些喜欢在大幅回落后买进的人。这些人错误地认为150点开盘卖出的股票降到130点是很便宜的，而降到120点就是捡了个大便宜。这个集团先放内部消息给那些场内交易者，因为场内交易群总能为股票制造短期市场，然后他们又放消息给证券公司。每放出一点消息都有帮助，而他们把各种可用的技巧都派上了用场。但问题是，做多股票的时间已过，愚蠢的股民又吞下了其他的诱饵。婆罗洲集团的这帮人却看不到或不愿看到这一问题。

当时我正和妻子在棕榈海滩度假。一天，我在格利得里公司赚了点钱，回家后从中拿出500块交给妻子。说来也巧，我妻子那天在晚宴上碰见了婆罗洲锡业公司的总裁威森斯坦先生，他是那个股票集团的经理。这件事过去一段时间后，我们才知道这位威森斯坦之所以在晚宴上坐在我妻子旁边，是经过刻意安排的。

他对我妻子表现得很殷勤，谈笑风生，最后神秘兮兮地告诉她："利文斯顿夫人，我打算做一件以前从未做过的事。我很高兴这么做，因为你将非常清楚这件事的意义。"他停下来，焦急地看着我妻子，好确定这是个明智的女人，应该能明白他说的话将是何等重要，而且确定她足够谨慎不会把他说的话随便透露出去。他把一切都写在脸上了，我妻子一眼就明白了，可她只是说："嗯。"

"好的，利文斯顿夫人，十分荣幸能认识您和您先生。我非常希望能够和你们两位保持频繁的联系，所以我想用我说的这些话来证明自己的诚意。不用说，你也应该知道我要说的话绝对是秘密！"然后他悄悄地说："如果你们买一些婆罗洲锡业的股票，一定能大赚一笔。"

"真的吗？"我妻子问。

他说："就在离开旅馆之前，我收到几封电报，上面的消息至少几天后公众才会知道。我自己也打算趁机尽可能买进这只股票。如果明天一开盘你们就买进一些，就会和我同时、以同样的价格买进。我向你保证婆罗洲锡业绝对会上涨！我只告诉你一个人，你绝对是唯一知道这件事的人！"

我妻子对他表示感谢，然后告诉他自己对股市投机一无所知。可是他向我妻子保证，她只用知道刚才听到的这个消息就够了，别的什么都不用知道。为了确保我妻子不会听错，他重复了自己的建议。

"你只用买进婆罗洲锡业的股票就行了，能买多少就买多少。我可以向你保证，只要你买进，就不会亏一分钱。我这辈子还从来没有因为仰慕任何人而让他们买进任何东西，无论男人女人。但我确信这只股票绝对会涨到200点甚至更高，所以想让你们也赚点钱。你瞧，我也不可能自己买光所有的股票吧，我愿意把这个赚钱的机会留给你们，而不是某个陌生人。我十分乐意这么做！我私下告诉您，因为我知道您不会说出去。利文斯顿夫人，记住我的话，买进婆罗洲锡业！"

他的话语里满含诚恳，成功地打动了我的妻子。她开始觉得我那天下午给她的500块终于能派上用场了。我动动手指就能赚500块，而她也不缺这500块。换句话说，即使她运气不好，也只是亏掉一笔翻翻手就能赚回来的钱。可是，那人说过她保证能赚。她觉得如果自己能瞒着我赚到钱，然后给我一个惊喜，那一定很棒。

于是，就在第二天早晨开盘前，她去了哈丁公司对经理说："哈利先生，我想买些股票，但不想记入我的普通账户，因为在赚到钱之前，我不希望我先生知道我在交易的事，哪怕一丁点也不行。你能帮我安排吗？"

经理哈利说："哦，当然。我们可以给你开一个专用账户，你想买哪只股票，买多少呢？"

她把那500块交给他，对他说："请听着，我想最多亏500块，如果这笔钱亏光了，我不想多欠你们什么。记住，我不想让利文斯顿先生听到任何风声。用这笔钱帮我买进婆罗洲锡业的股票，能买多少就买多少，一开盘就买。"

哈利接过钱，告诉她绝不会告诉任何人，然后一开盘就帮我妻子买进了100股。我想她是以108点买进的。那只股票那天很活跃，收盘时上涨了3个点。我妻子对自己取得的成绩欣喜若狂，她费了很大工夫才按捺住激动的心情没有告诉我。

正巧我对大盘越来越不看好。婆罗洲锡业的反常波动引起了我的注意。我认为这时任何股票都不应该上涨，婆罗洲锡业这样的股票就更不可能上涨。就在我妻子买进的当天，我已经决定开始做空了，我以做空1000股婆罗洲锡业开始。如果我没有做空，婆罗洲锡业那天就不会只涨3个点，而是会涨5—6个点了。

第二天一开盘我就抛出了2000股，收盘前又抛出了2000股，股价下跌到102点。

第三天早晨，经理哈利正在哈丁兄弟公司棕榈海滩的分公司等待我妻子的到来。她通常会在11点去那里看大盘情况，看看我有没有什么动向。

哈利把她拉到一旁边，说："利文斯顿太太，如果你要我帮你继续持有那100股婆罗洲锡业股票，就得再交些保证金。"

"可我只有那么多。"她说。

"我可以把股票转到你的普通账户上。"他说。

我妻子表示反对："不行，那样我先生就会知道了。"

"可是你的专用账户上已经出现了亏损……"他又说。

"可我明确地告诉过你，我不希望亏损超过500块，我连那500块也不想亏掉。"她说。

"我明白，利文斯顿太太，可我不想不征求你的意见就抛出。但是现在，除非你授权我继续持有，否则我就得马上把它清掉。"

"可我那天买进的时候它的表现很好啊，"她说，"我不相信它这么快就变成这样了，你相信吗？"

"不，我也不相信。"哈利回答。在证券公司工作，人都得圆滑一点。

"哈利先生，这只股票究竟出了什么问题呢？"

哈利十分清楚内情，可他不能告诉她，否则就是出卖了我，而他们要尊重客户的交易。所以他说："我也没有从任何渠道听到过任何特别的消息。反正它就是跌了！跌得太低了！"他指着报价板说。

我妻子盯着下跌的股票嚷道："唉，哈利先生！我可不想亏掉那500块！我该怎么办啊？"

"我也不知道啊，利文斯顿太太，可是如果我是你，就会去问问利文斯顿先生。"

"噢，不行！他告诉过我不想让我一个人做交易。只要我告诉他我要交易，他就会帮我买卖股票，但我从来没有瞒着他交易过，我不敢告诉他。"

"没事的，"哈利安慰她说，"他是个高明的交易商，他知道该怎么做的。"看到我妻子一个劲儿地摇头，他又凶猛地补了一句："不然你就得再拿出一两千块来保住你的婆罗洲锡业股票！"

左右为难的境地当场把她难住了。她在公司走来走去，走来走去，但随着大盘行情越来越糟，她跑到我身边来说想和我谈谈，我当时坐在报价板的旁边。我们走进了私人办公室，她把整件事和盘托出。我只是对她说："傻丫头，不要再插手这笔交易了。"

她保证不再插手了，于是我又给了她500块，她开心地走了。那时婆罗洲锡业的股价恰好是票面价值100块。

一切都明白了。威森斯坦是个狡猾的家伙，他本以为我妻子会把他的话告诉我，我就会研究这只股票并得出他想让我得出的结论。他知道活跃股对我的吸引力很大，而且我素来以大规模交易著称，我猜他一定觉得我会买进一两万股呢。

我听说过很多经过巧妙的策划和宣传的内幕消息，这是最巧妙的一次，却没有奏效。它注定会失败。首先，我太太那天刚好得到500块的横财，所以她抱着靠自己的力量赚一笔钱的希望，豁出去想试一试，而且，女人的特性让这种诱惑更加难以抵挡。她了解我从不看好外行进行股票投机，所以不敢对我提起此事。威森斯坦并没猜透她到底怎么想的。

威森斯坦对我投机风格的判断也大错特错。我从不听信内幕消息，而且我那时对整个股市都不看好。他以为利用这只股票的活跃和3个点的涨势就能有效地诱我买进，反而成了我选择婆罗洲锡业作为做空整个市场的开端的诱因。

听了妻子说的整件事后，我更加热衷于做空婆罗洲锡业了。我在每天早上开盘时与下午收盘前有规律地做空一些让他吸入，直到我发现可以收割可观利润的时机，我开始回补空头。

我一直认为靠内幕消息交易是愚蠢至极的行为。我从不听信任何内幕消息，有时甚至觉得那些听取内幕消息的人就像酗酒的人一样无法抗拒这种热切的愿望，自觉陷入他们自己编织出来的幸福感中自娱自乐。张开耳朵听信小道消息是一件容易事。有人明确地告诉你如何做能得到快乐，而你又乐意听从别人的意见，从而迈向幸福，大跨步迈向内心欲望的满足。这不是被渴望蒙蔽了双眼的贪婪，而是被懒得思考束缚了的希望。

喜欢听内幕的，并不是只有场外交易的股民，纽约证券交易所里的专业场内交易商中也不乏这样的人。我十分清楚他们当中有很多人因为我从不传播内幕消息而对我有误解。如果我告诉普通股民："抛出5000股美国钢铁！"他会立刻照办。但如果我告诉他，我很不看好整个市场，并详细解释原因，他一定不愿意听，我说完以后，他还会瞪我一眼，怪我浪费他的时间，怪我只是表达了一下对总体形势的看法，而没有像华尔街那些慈善家一样给他直接明确的消息。那种慈善家在华尔街很常见，他们给朋友、熟人，甚至完全不认识的陌生人一些内幕消息，让他们不费吹灰之力地赚上百万。

过度沉迷于希望导致人们相信奇迹的存在。有些人会定期陷入无限制的希望中，长期沉溺于希望中的人和酗酒的人无异，因为他们都是典型的乐观主义者。这样的人会听取内幕消息。

我认识一个纽约证交所的营业员，他和很多人一样，认为我是个自私、冷酷的混蛋，因为我从不给别人透露消息，或把朋友带进交易让他们赚钱。多年前的一天，他和一个记者聊天，这位记者随口说："据可靠消息，GOH股票会涨。"我这位证券商朋友立刻买进了1000股，结果股价一路下跌，他还没来得及止损就亏了3500美元。过了一两天，他遇到这位记者，依然很生气。

"你给我的消息真是太糟糕了！"他抱怨道。

"什么消息？"记者问，他早就忘了自己给过什么消息了。

"关于GOH股票的消息啊，你当时可是说是可靠消息啊。"

"我的确说过。这是公司的一位股东告诉我的，他是财政委员会的成员。"

"是哪个混蛋？"这位证券商怀恨在心地问。

"如果你一定要知道，"记者回答说，"那我就告诉你吧，就是你的岳父大人，韦斯特莱克先生。"

"见鬼，你怎么不早告诉我是他说的啊！"这位证券商嚷嚷着，"你让我损失了3500美元！"他不相信家人提供的消息。消息来源越远，就越值得相信。

老韦斯特莱克是位成功而富有的银行家和公司创办人。一天，他碰到约翰·盖茨，盖茨问他有什么消息。老韦斯特莱克没好气地说："如果你会按我提供的消息操作，我就告诉你，否则我就不必白费口舌了。"

"我当然会根据消息操作。"盖茨开心地保证。

"做空瑞丁公司！保证会有25个点甚至更多的利润，但这25个点的利润是绝对的！"韦斯特莱克态度坚决地说。

"非常感谢。"以"一百万以下不赌"著称的盖茨热情地和韦斯特莱克握手后，朝自己的证券公司走去。

韦斯特莱克专门研究瑞丁公司的股票，对这家公司的情况了如指掌，而且同内线人士有联系，所以这只股票的走势对他来说一目了然，人人都知道这一点。他现在建议这位西部投机者卖空瑞丁公司。

哎，瑞丁公司的股价持续上涨，几周内就涨了大约100点。一天，老韦斯特莱克在街上碰到约翰·盖茨，他装做没看见他，继续向前走。约翰·盖茨追上他，笑容满面地把手伸过去，老韦斯特莱克怔怔地和他握手。

"我要感谢你透露给我的有关瑞丁公司股票的消息。"盖茨说。

韦斯特莱克皱着眉头说："我没给过你任何消息啊。"

"你当然给过，而且是个不错的消息，让我赚了6万美元。"

"赚了6万美元？"

"当然！你忘了吗？你让我做空瑞丁股，所以我就做多了！逆着你给的消息交易，我总能赚钱，韦斯特莱克。"约翰·盖茨高兴地说，"总是这样的！"

老韦斯特莱克看着这位直率的西部人，过了一会儿，钦佩地说："盖茨，如果我有你这么聪明的头脑，现在一定很富有！"

有一天，我碰见著名漫画家W. A. 罗杰斯先生，证券商都很喜欢他画的华尔街漫画。他每天刊登在纽约《先驱报》上的漫画多年来给成千上万的人带来了快乐。他给我讲过一个故事，这个故事发生在美国与西班牙开战之前。那天晚上他在一位证券商朋友家里待了一会儿，离开的时候，他从衣帽架上拿起自己的圆礼帽，至少他认为那是自己的帽子，因为它和他自已那顶外形一样，而且戴起来很合适。

那时，整个华尔街都在思考和谈论关于和西班牙的战争的问题。战争会发生吗？如果战争爆发，股价就会下跌；不仅美国的股民会抛出，更大的压力将来自持有我们的股票的欧洲股民。如果不打仗，就一定要买进股票，因为由于报纸对战争的大肆渲染，股价已经大幅下跌了。罗杰斯告诉我接下来的事是这样的：

"前一天晚上，我在这个证券商朋友家里聊天，第二天早上，他站在交易所里，焦虑地做着思想斗争，不知道是该做空还是做多。他权衡了两方面的利弊，还是无法分辨哪些是谣传，哪些是事实。当时没有可靠的消息引导他。他一会儿认为战争不可避免，一会儿又觉得不可能交战。内心的纠结一定让他体温都升高了，因为他摘下礼帽，擦拭发热的前额，始终无法决定是做多还是做空。

"他碰巧朝帽子里看了一眼，里面用金色字母绣着WAR（战争）。这正是他需要的灵感。'这会不会是上帝通过帽子传达给我的消息呢？'于是他做空了大量股票。后来果然宣战了，他在股价下跌后回补空头，赚了一大笔钱。"然后，W. A. 罗杰斯用一句话结束了他的故事："我一直没有要回我那顶帽子！"

但在我听过的有关内幕消息的故事中，最经典的故事和纽约证券交易所里最著名的作手之一J. T. 胡德有关。一天，另一位场内交易员波特·沃克告诉胡德，说他帮了大西洋南方铁路公司的一位大股东一个大忙。为了报答他，这位内部人士让他尽可能多地买进大西洋南方铁路的股票。公司董事会打算采取措施让股票至少上涨25个点。不是所有的股东都参与了这件事，但大多数按照预期都会投赞成票。

波特·沃克确定公司会提高股息率，把这个消息告诉了他的朋友胡德，然后他俩各自买了几千股大西洋南方铁路的股票。在他们买进之前，这只股票就很疲软，他们买进后，情况也没有改观。但胡德说这显然是为了让内部集团更容易吸入股票，这个集团的首脑就是对波特感恩戴德的那位朋友。

第二周的星期四收盘后，大西洋南方铁路公司的股东们开会否定了分红方案。周五早上开盘后的六分钟内这只股票就跌6个点。

波特·沃克恼羞成怒，去找那位感激他的股东，这位股东对此也感到很难过、后悔不已。他说他忘了曾经让沃克买进了，所以忘记打电话告诉他董事会的主导派改变了计划。这位懊悔的股东急着想弥补自己的过失，所以又给波特提供了一条内部消息。善良的他解释道，与他当初的判断相反，他的几位同事想以低价吃进股票，所以对股价大力打压毫不含糊。为了赢得他们的选票，他只得退让。现在他们已经全额吃进，股价必定会上涨。现在买大西洋南方铁路公司股票绝对保险。

波特不但原谅了他，还和这位地位显赫的金融家热情地握手。他自然匆匆忙忙地去找患难兄弟胡德，与他分享这个令人开心的消息。他们准备大赚一笔。当初听说这只股票会涨，他们已经买进，但现在股票跌了15个点，这让一切都变得简单了，所以他们以联名账户买进了5000股。

他们一买进，这只股票就像接到下跌指令一样开始暴跌，显然是内部人士在抛出。胡德抛出了他们那5000股，波特·沃克对他说："要不是那个该死的东西前天去了佛罗里达，我一定会狠狠地教训他一顿！哼，我会的。你先跟我来。"

"去哪儿？"胡德问。

"去电报局。我要给那个该死的家伙发封电报，叫他一辈子都忘不了，跟我来。"

胡德跟着波特去了电报局。波特的情绪被那5000股上的重大亏损激荡着，写了一篇骂人的杰作，并读给胡德听，读完后说："我很快会让他明白我是怎么看他这个人的了。"

正当他要把电报递给等候在一旁的营业员时，胡德说："等等，波特！"

"怎么了？"

"我看咱还是别发这封电报了。"胡德诚恳地建议道。

"为什么？"波特厉声说。

"这会让他暴跳如雷。"

"这不正是我们希望的吗？"波特惊讶地盯着胡德说。

可胡德不以为然地摇摇头，十分严肃地说："如果你发了这封电报，我们就再也不能从他那里得到内部消息了！"

这种话的确出自这位专业的交易商之口！对于听信内幕消息的蠢货，我们还能说什么呢？人们听信内部消息，不是因为他们太蠢，而是像我所说的那样，他们喜欢沉溺于希望之中。

老罗斯柴尔德男爵致富的秘诀尤其适用于投机。有人问他在证券交易所赚钱是不是很难，他回答说恰恰相反，他认为非常容易。

"那是因为你很富有。"问话的人回应道。

"并非如此。而是因为我找到了捷径，并坚持那么做，所以不想赚钱都难。如果你想知道，我可以告诉你，捷径就是：我从不试图抄底，也从不刻意逃顶。"

投机者分成很多种。大多数人喜好研究公司的存货清单、公司收入数据及各类数字资料，他们认为这些是确定无疑的事实。他们通常把人的因素最小化。很少有人会看人买股。但我认识的最高明的投资者是一个德裔宾夕法尼亚人，他后来来到华尔街，还常常和罗素·塞奇见面。

他善于做调查研究，不知疲倦。他只相信自己的研究和观察结果，从不需要别人的意见。几年前，他那时似乎持有许多艾奇逊—托皮卡—圣菲铁路公司的股票，不久后就开始听到一些关于这家公司及其经营状况的利空消息。他听说那家公司的总裁雷哈特先生根本不是大家眼中的奇才，作为管理者，他挥霍无度又轻率鲁莽，所以公司陷入一片混乱，总有一天会有厄运临头的。

这种消息正是这个德裔宾州人不可或缺的。他立刻赶到波士顿去见雷哈特，想问雷哈特几个问题。他反复问这个艾奇逊—托皮卡—圣菲铁路公司的总裁那些指责是不是真的。

雷哈特先生不仅断然否定这些指责，还说可以用数据证明这完全是那些骗子对他的恶意中伤。这个德裔宾州人想要更确切的信息，总裁先生将数据一一奉上，让他充分了解公司的经营和财务状况，细致到一分一厘。

这个德裔宾州人谢过雷哈特总裁，回到纽约后马上卖掉了他所有的艾奇逊—托皮卡—圣菲铁路公司持股。大约一周后，他用闲置资金买进了大量特拉华—拉克万纳—西部铁路公司的股票。多年以后，我们在一起谈论幸运交易案例的时候，他就举了自己的这个例子，解释当时是什么原因促使他这么做的。

他说："是这样的，我发现雷哈特总裁写数字时，从他的桃木拉盖写字台里的文件格中抽出几张信纸，那是高级的重磅亚麻纸，上面还有精美的浮雕双色信头，很贵，但是完全没必要。他会在纸上写下一些数字，让我知道公司各个部门的收入，以及他们是如何缩减开支和成本的，然后就把这张昂贵的信纸揉成一团，扔进垃圾篓里。过了一会儿，他想给我讲讲公司正在推行的一些经济制度，于是又拿出一张这种精美的信纸，写下几个数字后，又砰的一声扔进垃圾篓里。无意中就浪费了不少钱。这件事让我想到，如果总裁是这样的人，一定没有节俭的员工。所以我没有相信总裁的说法，而是决定相信人们告诉我的消息：这个公司的管理阶层铺张浪费，于是我卖掉了所有手上持有的艾奇逊—托皮卡—圣菲铁路公司股票。

"几天后我碰巧有机会去特拉华—拉克万纳—西部铁路公司，老山姆·史隆是公司总裁，他的办公室离入口最近，而且大门常常是开着的。那时，不管谁走进特拉华—拉克万纳—西部铁路公司，都能看到总裁坐在写字台前，任何想谈生意的人都可以立刻走进去和总裁谈业务。当股市上的其他股东着急用钱、派遣财务报告员来申请资金的时候，和他说话完全不用拐弯抹角，只需直截了当地问能不能批准，山姆·史隆总会直接说行或不行，不管股市里的其他股东焦急到何种程度。财务报告员们经常和我提起他的独断专行。

"我进去的时候，他正忙着。我一开始以为他在拆信件，走近写字台才看清他在做什么。我后来得知这是他的日常习惯。每天信件分类拆开后，他都会把空信封收集起来拿到办公室。闲下来的时候，他就会把这些信封拆开，这样就能得到两张背面空白的纸了。他把这些纸片积累起来，分发到各个部门，代替便签纸使用，就像雷哈特用精美信纸写数字一样用。这样既利用了空信封，也有效利用了总裁的空闲时间，一点儿也不浪费。

"这件事让我想到，如果特拉华—拉克万纳—西部铁路公司有这样的总裁，公司的各个部门应该都比较节俭。总裁会保证这一点的！当然，我也知道这家公司有稳定的股息和雄厚的资产，所以我尽全力买进了特拉华—拉克万纳—西部铁路公司的股票。从那时开始，我的股本翻了一番又翻一番。我的年股息和原始投资资金一样多，直到现在，我还持有特拉华—拉克万纳—西部铁路公司的股票。艾奇逊—托皮卡—圣菲铁路公司后来则破产清算，就在几个月前，这家公司的总裁还把带有浮雕双色信头的亚麻信纸一张张地扔进垃圾篓，用数字向我证明他并没有挥霍无度。"

这则故事的动人之处在于，这件事千真万确，而且这个德裔宾州人买进的其他股票都不如他在特拉华—拉克万纳—西部铁路公司的投资成功。

收益和资产是决定一家公司是否有投资价值的关键两点。

▌ 第17章
理由不一定说得出，
说不出的理由总是最充分的理由

我的一位挚友很喜欢跟别人讲关于我的预感的故事。他总是说我有这种神奇的力量，但说不清到底是什么力量，他还说我只需盲目跟随这种神秘的感觉就能在恰当的时机平仓。他最爱胡诌说，一次我和他一起吃早餐，一只黑猫在餐桌上叫我抛空手里的持股，我听到这只猫咪提供的讯息后，马上心情不好，坐立不安，直到卖掉所有吃进的股票才恢复正常。后来我发现成交价也确实是最高价，这自然强化了这位固执的朋友的预感理论。

那段时间我去了华盛顿，想尽力说服一些国会议员过度征税并不明智，我当时没怎么关注股市。我抛出所有股票的决定来得太突然了，所以我的朋友才会想入非非。

我承认自己心里偶尔会出现不可遏制的冲动，觉得一定要做某种操作。

还记得我在世界一家空壳证券公司做空3500股美国制糖的那笔交易吗？那时我感觉有什么不对劲，觉得应该尽快平仓。其实我经常会有这种说不清的感觉，而且会跟着这种感觉操作。但有时候，我对这种荒唐的感觉十分不屑，觉得只凭一时的盲目冲动就改变仓位是极其愚蠢的。我认为这种感觉的产生，是由于过量吸烟、睡眠不足或肝脏不好等原因造成的精神不振。但每次我抗拒这种说不清的感觉，坚持自己最初的操作，最后又总会后悔。有十几次，我没有跟着感觉卖出，第二天到市区的证券公司，发现大盘走势强劲甚至出现上涨时，就觉得自己的那种感觉很可笑。但到了第三天，股价就出现大跳水。一定在什么地方出了什么问题，如果我不那么理智，不按照逻辑行事，而是跟着感觉走，我早就赚大钱了。而这种感觉显然不是生理上的，而是心理上的。

我曾向朋友们提起过类似的情况，一些朋友告诉我那并非预感，而是潜意识在起作用，正是这种富有创造性的潜意识让艺术家们在无意识的情况下创造出许多作品。而之所以这种事会发生在我身上，很有可能是我在不断的交易中积累了对股市走向的一种潜意识，这种潜意识的力量最终爆发。我说不出为什么会有这种预感，不知道它是怎么形成的。

那次的事与我做多还是做空无关，我只是觉得一定要平仓，不然就不舒服。但是我认为，这是因为我看到了许多警示的缘故。但是没有一个信号明确而有力地告诉我一定要这样操作，这可能就是别人所说的"行情第六感"吧。老一辈的操盘手说詹姆斯·基恩以及他的前辈都有很强烈的"行情第六感"。我承认，通常这种警示不但有效，而且时机也很准确。但这次事件中并没有什么预感，也与什么黑猫无关。我朋友告诉大家那天我起床以后心情就不好，我想如果确有其事的话，那也是因为失望，我没能说服国会议员。华尔街上税赋很重，他们对待金融税的看法与我大相径庭。我并不是想阻止或逃避股票交易税，只是想以一个有经验的作手的身份，提议一种既公平又明智的税收，我不希望美国政府杀鸡取卵！可能这次游说的失败令我不快，同时也觉得这个行业受到不公平的征税，前途堪忧。现在，让我把整件事的来龙去脉讲清楚。

牛市伊始，我十分看好钢铁交易和铜业市场，所以觉得应该做多这两类股票，于是开始吃进，我买进了5000股犹他铜矿后，发现它走势不对，于是马上停手持股观望，它的表现让我觉得买进非明智之举。我买进的价格大约是114点。我以几乎同样的价格开始买进美国钢铁的股票，这只股票走势不错，所以我按之前的操作方法第一天持续加码，总共买进了2万股。

美国钢铁走势持续利好，所以我继续吃进，最后总共持有7.2万股。同时我的犹他铜矿持股依然是初次买进的那5000股，它的走势不好，这让我不敢多买。

大家都知道当时正值强劲的多头市场。我清楚股市会上涨，总体行情利好。虽然股票已经大幅上涨，而且我的账面利润也已经非常可观，行情仍暗示真正的涨势尚未到来。我到达华盛顿的时候，形势依然一片大好。当然，在牛市后期，即使我仍对后市看涨，却不打算增加持股。此时，市场走向明显在我的预料之中，我完全没有必要整天坐在报价板前，时刻等待平仓的讯号。除非发生完全不可预期的灾难，否则在撤退的嘹亮号角吹响之前，市场走势定会出现迟疑，或以其他方式提醒我行情要逆转了，快做好准备。正因为这样，我才能毫无顾虑地去游说国会议员。

同时，股价的持续上涨意味着牛市结束的日子一天天逼近，我从不认为自己能确定牛市结束的准确日期，我可没有这种能力。但不用说你也知道，我在留意市场发出的讯号，不管怎样，我一向如此，这早已成为我交易中的一个习惯。

我不能清晰地记得抛出前后我到底在想什么，但我想大概是这样的：前一天我看到走高的股价就想到了手中的持股和巨额的账面利润，后来又想到自己劝说立法者公平明智地对待华尔街的努力碰了钉子。也许抛出的种子就在那时埋入了我心里，整个晚上，我的潜意识都在考虑这些问题。一大早我就想去市场，看看那天的走势会如何。当我到达交易大厅时，看到股价又涨了，利润很让人满意，但是，我更看到市场的强大吸货能力。在当时的市场中，我可以抛出任何数量的股票。当然，当持股量满额时，我必须寻找把账面利润套现的机会。经验告诉我，我总能找到机会套现账面利润，而我认为该套现时，往往就是市场走势的尾声。这不是看盘能力或者预感，而是经验。

那天早晨，我看到这个可以轻易出清所有持股的市场时，自然就抛出了。出清持股时，抛出50股并不比抛出5万股明智或勇敢。但你得考虑是否会压低价格。即使在最低迷的市场中，卖出50股股价也不会下跌，而不管什么情况下卖出5万股同一只股票就完全不同了。我持有7.2万股美国钢铁，这也许不算巨额持股，但一旦你抛出这么多股票，总是会让可观的账面利润遭受一些损失，这样的亏损就像看到煮熟的鸭子飞了一样令人心痛。

我总共大约有150万美元的利润，并在适合套现的时候套现了。在出清之前我并不知道这是最佳时机。是市场证明我做对了，这对我来说是极大的满足。事情是这么回事：我成功出清了所有7.2万股美国钢铁的持股，抛出均价只比当天的最高价也就是这次牛市的最高价低1个点，这证明我操作正确，而且时机恰到好处。但当我在同一天的同一个小时内抛出那5000股犹他铜矿股票时，它的股价却下跌了5个点。请记住，我是同时买进这两种股票的，明智地把美国钢铁的持股从2000股增加到了7.2万股，同样明智地没有增持犹他铜矿，始终保持

虽然你不能准确预测公司的未来收益，但至少你应该了解公司为高收益所制定的发展计划，然后你就定期查看公司实施这些计划后的效果。

初次买进的5000股。我之前没有抛出犹他铜矿股票的原因是我很看好铜矿交易，况且当时还是牛市，我认为即使我不能从犹他铜矿上大赚一笔，至少也不会损失多少。尽管统统做对了，但这确实与预感无关。

操盘手的成长过程就像医生受教育的过程。医生必须花很长时间去学习解剖学、生理学、药物学和其他十几种旁系学科，先学会理论，然后以毕生精力去实践。他对各种病理现象进行观察与分类，学会诊断。如果观察准确，就能得到正确的诊断，他就能出色地预测病人将会出现什么症状。当然，要时刻牢记，人非圣贤，孰能无过，而且诸事难料，这让医生无法达到百分之百的正确率。后来随着经验越来越丰富，医生不但知道如何做出正确的诊断，而且能瞬间诊断病情，很多人会以为他是本能地这么做的，但这绝对不是无意识的行为，这依靠的是他多年来对类似病例的观察。而且在诊断出病情后，他自然而然会凭经验用他的正确的治疗方法去治疗这种疾病。知识，也就是你收集的事实档案，是可以传播的，但你无法传播沉淀在潜意识里的经验。这些经验带来了速度。一个人即使知道该怎么做——他有知识，但如果下手慢了——他缺乏经验——还是会亏钱。

成功的交易者必须依靠自己的观察、自己的经验、记忆力和数学能力。他不但必须观察准确，还要一直记住自己的观察结果。不论一个人怎么偏爱无根无据的推论，或多么确信意料之外的事会经常发生，他也不能把赌注押在毫无根据或意料之外的事情上，赌它们一定会发生，他必须始终把赌注下在可能性上，也就是试着去预测可能性。多年的炒股实践、持续的钻研、不断的记忆让交易商能立刻作出反应，无论发生的事情是出乎意料还是意料之中。

如果没有记忆和自己的经验，即使一个人有再强的数学能力及罕见的准确观察能力，在投机中仍会失败。所以，就像医生要跟随科学的进步一样，英明的商人要不断研究市场的总体形势，以掌握各种可能影响各类市场走势的社会动态。在这一行打拼多年后，就会养成时刻关注新闻的习惯。他做判断几乎出自本能。他获得了能让他在游戏中经常获胜的宝贵的专业态度！操盘手同业余投资者或偶尔交易的人之间有很大差别，说这种差别天上地下并不过分。比方说，我认为我超常的数学能力和记忆力对我帮助很大。要在华尔街赚钱，就必须具备较强的数学能力，我的意思是要靠处理事实和数字来赚钱。

当我说交易者必须时刻关注新闻，并采取纯粹的专业态度对待各类市场及社会动向，只是想再次强调我的成功交易与预感或神秘的行情第六感并无关系。当然，经验丰富的操盘手常常能迅速操作，以至于根本说不清楚所有理由，尽管如此，说不出的理由却都是充分的好理由，因为它们是建立在事实的基础上的，而这些事实是他从职业角度通过多年实践、思考和观察积累起来的。

我一直关注着商品期货市场，这是很多年的习惯了。如你所知，政府报告显示：冬麦产量基本与去年持平，春麦产量则将高于1921年的产量。今年春麦的形势比往年好得多，而且可能比往年提前收成。当我看到作物情况的相关数据，并从数学角度算出产量会达到多少时，我也立刻想到煤矿和铁路工人的罢工。我想到这些是不由自主的，因为我总会考虑会影响市场的各种社会情况。我突然想到罢工已经影响到各地的货物运输，一定会给小麦价格带来不利影响。我的看法是：罢工引起交通瘫痪，已经大大延迟冬麦的市场运输，而等到情况好转，春麦运输又即将启动。这意味着当铁路恢复运输能力时，会同时运来延迟的冬麦和提前收成的春麦，大量小麦就会一下子涌进市场。这就是事实。在这种明显的可能性下，同我看法一致的交易商们暂时不会买进小麦，除非价格下跌到能使买进小麦成为不错的投资。市场上没有人购买，价格就会下跌。带着这样的想法，我想知道自己的判断是否正确。正像老帕特·赫恩经常说的："你不赌就永远不知道结果。"既然看空，就应该及时做空，没必要浪费时间。

经验教导我：股票行为是作手应该遵循的最好向导。市场的运动方式之于作手，就像病人的体温、脉搏、眼球的颜色和舌苔的厚薄之于医生一样。

通常，一个人应该能够在1/4美分以内的差价买卖100万包小麦。那天，当我卖出25万包小麦以测试市场操作时机时，价格下跌了1/4美分。由于市场反应并没有明确告诉我我要的答案，我又抛出了25万包。我发现我的卖盘被零散吸入，也就是说，是分批以10000或1.5万包吃进的，而不像正常情况那样两三笔交易就被吸走了。出现了零散吸入的情况，价格又下跌了1/4美分。此刻，市场的吸货方式，以及与我的卖出不相称的下跌让我立刻明白，市场没有购买力。情况如此，熊市明确了，我唯一该做的就是再多抛一些。严格遵循自己经验的指导，有时可能也会被愚弄，但是如果不按自己的经验行事，你就会成为十足的傻瓜。于是我抛出了200万包小麦，价格又下跌了一些。几天后，市场走向很顺，让我不得不再卖出200万包，价格下降得更厉害了。又过了几天，小麦价格开始暴跌，每包下跌了6美分，而且跌势还在继续，一路下跌，其间夹杂短暂反弹。

瞧，我遵从的并不是什么预感，也没有人给我内部消息。多年从事这一行业赋予了我专业的心态，正是这种对商品期货市场的习惯性的专业心态给我带来了利润。因为我从事交易，所以我要研究。当行情记录显示我的判断正确时，我的任务就是增加交易量，而我就是这么做的。事情就是这样。

我发现在投机中，自己的经验能给你带来稳定的利润，观察则会给你提供最好的内幕消息。你需要的就是某只股票的走向，你观察它，你的经验会告诉你如何打破一般的可能性，寻找黑马。例如，一般情况下，我们知道所有的股票不会同时涨或跌，但是一个板块会一起涨，一起跌。这是投机中的普遍现象，是股市给我们的最常见的明确指示。证券交易所对此相当清楚，并会把它告知任何不明白这一点的客户，我是说，他们会建议客户购买同一板块中相对落后的那些股票。所以，如果美国钢铁的股价上涨了，那么一般可以合理地推断，克鲁斯贝尔、瑞帕布里克以及伯利恒的股价迟早会跟着涨。同一板块的交易形势及前景一般应该相似，一荣俱荣。理论上，每只股票一般都会有出头之日，这也得到了无数经验的证实。基于这一理论，大家会买甲美国钢铁的股票，因为乙美国钢铁和丙美国钢铁的股票已经上涨了，而它还没有涨。

但是，即使是明确的牛市，如果某只股票并没有表现出在牛市中应有的走势，我也绝不会买进。即使是明确的牛市，如果我买进某只股票却发现这类股票中的其他股票并没有表现出涨势，我也会抛出这只股票。为什么呢？我的经验告诉我，背离我所说的明显的板块走向去操作是不明智的。我不能指望根据确切的事实操作，必须预料各种可能性，并根据可能性操作。一个老证券商曾对我说："如果我正沿着一条铁轨走，这时看见一辆火车以60英里的时速向我开来，我还会继续沿着铁路走吗？老兄，我会闪到一边，而且根本不必为这一行为夸奖自己的明智和谨慎。"

去年，当牛市大范围开始后，我发现某类股票中的一只股票并没有呈现出与其他股票相同的走向，除了这只股票，这个板块与大盘步调一致。我买进了大量布莱克伍德汽车公司的多头。大家都知道这家

一家公司可以用5种方法增加收益：降低成本，提高售价，拓展新的市场，在原有市场上提高销量，重振、关闭或者剥离亏损的业务。

公司的生意做得很大。这只股票每天上涨1—3个点，越来越多的股民开始买进这只股票，这自然使大家的注意力都集中到了汽车板块上，所有的汽车公司股票都开始上涨。但其中一只股票始终没有涨，那就是切斯特公司。它落后于其他股票，不久就引起了大家的议论。这只股票的低价和淡定与布莱克伍德汽车以及其他汽车股票的强劲、活跃形成鲜明的对比。大家认为不久以后，这只股票一定会与板块中的其他股票一样上涨，所以很自然地听信了大力吹捧的人、内线人士及自作聪明的人的话，开始买进切斯特的股票。

切斯特的价格不但没有因为大家的适量买进上涨，反而下跌了。考虑到同类股票中的布莱克伍尔德汽车是涨势的最佳领导股之一，而且那时我们不断听说市场上汽车的高需求量及创纪录的产量，要在这种牛市中推高切斯特的股价本该没什么困难。

显然，切斯特内幕集团当时并没有做任何内幕集团在牛市中该干的事情。造成这一结果的原因可能有两个。其一，也许内幕人士想在股价上涨前吃进更多的股票，所以没有抬高股价。但是如果你分析一下切斯特股票的交易量和交易特点，就会发现这个原因根本无法成立。另一个原因就是他们害怕吃进并抬高了股价之后卖不出去。

如果那些最应该要这只股票的人都不买进，那我有什么理由买进呢？我认为无论其他汽车公司股票多么兴旺，都一定要卖空切斯特公司的股票。我的经验告诉我：不要随便买进拒绝与板块中的领涨股步调一致的股票。

我轻易确定了一个事实：内部人士不但没买进这只股票，反而在卖出。还有一些其他警示告诉我不能买进切斯特，但只需要知道它和市场走势不一致这一个依据就够了。行情记录再次给我暗示，这就是我卖空切斯特股票的充分理由。

之后不久的一天，这只股票暴跌。后来我们从官方得到消息称，由于内部人士清楚地知道公司状况不好，他们果然一直在卖出持股。这一原因照例是在股价下跌后才公开，但警示在下跌之前就已出现。

在下单买进一只股票前，我会按下暂停键，再问一遍自己：我买这只股票的理由是什么。

当你分析研究一家公司时，实地调研会使你的分析更加准确。

我并没有留意跌势，而是留意警示。我当时不知道切斯特有什么问题，也没有什么预感，我只是知道一定有什么地方不对劲。

就在几天前，我们才从报纸上看过关于圭亚那金矿令人吃惊的走势的报道。这只股票在场外以大约50点卖出，在证券交易所挂牌上市时以35点开市，然后一路下跌，最后跌破20点。

我现在不认为这种跌势令我吃惊，因为这完全在意料之中。如果你调查过，就应该了解这家公司的历史。许多人都了解这一历史。我听说的情况是这样的：六个著名的资本家和一家有名的银行组成了一个财团，其中一个成员是贝尔岛开发公司的老板，这个公司贷给圭亚那公司1000多万美元现金，并收到一些债券和圭亚那金矿公司100万总股份中的25万股作为回报。这些股份后来准备分红，而且分红的事被大肆宣扬。贝尔岛公司的人觉得最好套现，就打电话给银行讨论把他们那25万股套现的事，这些银行做出安排，打算卖出贝尔岛公司那25万股和他们自己手上的一些持股。他们想委托一位专业人士通过操纵市场卖出股份，酬劳则是36点以上所获利润的1/3。我听说他们已经拟好协议并准备签字，但最后关头，银行决定亲自操作以省下这笔酬金。于是他们组织了一个内部集团，要求贝尔岛公司以36点的价位将那25万股出售给他们，然后以41点推出。也就是说内部集团首先得付给银行伙伴5个点的利润。我不知道他们是否清楚这一点。

显然，对银行来说，这次操作轻而易举。市场已进入牛市，圭亚那公司所属的板块是股市的领导板块。圭亚那公司业绩很好，且定期分红，再加上股票发行人的名声很好，大家普遍认为圭亚那公司基本上是潜力股。我听说股价一直涨到47点，期间总共售出约40万股。

黄金板块走势强劲，但圭亚那股票不久后开始下跌，跌了10个点。如果承销商还在继续销售股票，这种下跌并无大碍。但很快华尔街上就传开了，说情况并不乐观，公司财产并不多，那些推销者自己都被蒙在鼓里所以盲目乐观。

这一下，下跌的原因自然清楚明了。但在原因明了之前，我就得到了警示，并试探过圭亚那股票的市场。其表现与切斯特汽车公司股票如出一辙。我一抛出圭亚那公司股票，价格就下跌，我抛得越多，股价跌得越低。它重复着切斯特公司和其他十几种股票的表现，我清楚地记得这些股票之前的表现。行情记录明明白白地显示，其中必定有问题。内部人员不买进，而在牛市不买进自己的股票，他们必定有充分的理由。但毫不知情的公众还在买进，因为这只股票曾涨到45点以上，35点以下的价位让它看上去非常诱人，而且公司仍在分红，简直就是捡个大便宜。

接着，我收到消息——通常，我都会在公众之前得知重要的市场消息。这家公司开采出的只是废石而不是富矿的报道只是让我明白了为何会出现之前的内部抛售。我可不是因为这一消息才抛出的，因为我在早前就根据这只股票的表现做出了抛出的操作。我并非从哲学角度看待股票，我是个操盘手，所以会寻找一种迹象：内部购买。这只股票没有这一迹象。我没必要知道为什么内部人士不看重自己的股票，没有在下跌时买进。他们并没有进一步操纵市场以抬高股价的计划，知道这一点就够了。这一点让卖空势在必行。股民们买进了将近五百万股，这只是带来了股票所有权的转移，股票从一群毫不知情、一心想抛出止损的股民手里转到另一群毫不知情、一心想买进获利的股民手里。

我告诉你这些并不是想说明大众股民因为买进圭亚那公司股票而亏损或者我因为抛出而获利，而是想强调研究板块表现的重要性以及大大小小技术不够的交易商如何忽视了从中吸取教训。行情记录不仅会在股票市场上向你发出警告，在期货市场同样如此。

我在棉花交易中有一次有趣的经历。当时我已对股票看跌，适度做空，同时，我做空了5万包棉花。这笔股票交易赚了，我却忽视了棉花交易。等我知道的时候，那5万包棉花已经让我损失了25万美元。我说过，我的股票交易很有意思，而且我一直干得不错，所以我不想罢手。一想到棉花交易，我就对自己说："我会等到价格回落时回补。"价格的确有所回落，可在我决定认赔回补时，价格又反弹了，而且涨得比之前更高。所以我决定再等一等，又集中精力进行股票交易。最后，我出清所有股票，获得了丰厚的利润，然后就去温泉城休息度假。

这时我才真正静下心来，开始考虑如何处理棉花交易中的亏损问题。这笔交易处处与我作对。有几次看起来我都要胜出了，但是我发现有人大量抛出价格就会大幅回落，可几乎马上又会反弹，并创新高。

最后，就在我在温泉城住了几天后，我亏损了100万，而且价格丝毫没有停止上涨的迹象。我认真思考了自己的所作所为，最后告诉自己："我一定错了！"我发现自己错了，就立刻决定退出。所以，我以约一百万的亏损平仓了。

第二天早上，我心无旁骛地在打高尔夫球。我在棉花上的操作错了，我已经为此付出了代价，收据还在口袋里呢，我对棉花市场没什么兴趣了。我回酒店去吃午餐时，去证券公司看了看报价，发现棉花价格跌了50点，这没什么，可我还注意到棉花价格并没有像几周来那样卖压力量一缓和就出现反弹。之前的情况表明最小阻力线是上涨的，而我对此的漠视让我付出了100万的代价。

但现在，过去那种迅猛的反弹不复存在，促使我以重大损失平仓的理由已不够充分。所以我卖出10000包，开始观望，价格很快又跌了50点。我又观望了一段时间，没有反弹。此时我已是饥肠辘辘，所以我走进餐厅点了午餐。还没等服务员上菜，我突然跳起来，迅速跑去证券公司，看到价格并无反弹，所以又卖出10000包。稍加观望后，我高兴地看到价格又下跌了40点。这表示我的操作是正确的，所以我返回餐厅用完午餐后再回到证券公司。棉花的价格那一天没有反弹，我当天晚上离开了温泉城。

打高尔夫球的确让人开心，可是我在棉花交易中不断出错，卖出和平仓的时机都不对，所以，我必须回到让我能够安心交易的地方开始工作。我第一次抛出10000包棉花后市场的反应让我选择再抛出10000包，而市场对这第二笔交易的吸货方式让我肯定事情有了转机，我是通过市场前后表现的差异确定这一点的。

到达华盛顿后，我去了自己的证券公司，这家公司由我的老朋友塔克负责。我在证券公司看到价格又跌了一些，就更加确信自己这次的操作是正确的。于是我抛出了4万包，价格下跌了75点，这表明根本没有支撑力量。那晚，棉花的收盘价格更低，显然已无购买力量，至于购买力量何时才能再出现，谁也说不清，但我对自己明智的立场胸有成竹。第二天一早，我开车离开华盛顿去纽约，现在完全不用着急。

在费城停留时，我去了一家证券公司，发现棉花市场一片混乱，价格暴跌，引起了小范围恐慌。没等回到纽约我就给证券商打了长途电话，让他帮我回补空头。我一拿到成交报告就发现这笔交易的利润已经弥补了之前的亏损。我一路马不停蹄地开回纽约，途中再没有看行情报价。

时至今日，一些当年和我一起在温泉城的朋友还会谈及那天我从午餐桌一下跳起来去抛出第二笔10000包棉花的情形。但这显然也不是预感，而是不管我先前犯了多么严重的错误，我当时十分确信做空棉花的时机到了，我必须好好利用这个属于我的大好机会。可能我的潜意识一直在进行，直到为我得出结论。在华盛顿做出卖出的决定就是我观察的结果。多年来的交易经验告诉我，棉花的最小阻力方向已经从上涨变成了下跌。

我没有因为亏损100万而对棉花市场怨恨不已，没有因自己犯了大错而自怨自艾，更没有因为在费城回补空头后成功弥补了亏损而沾沾自喜，我的交易头脑只关心交易问题。我认为我可以说，弥补最初的亏损，靠的完全是我的经验和记忆。

第18章
投机者的勇气，
就是有信心按照自己的决定进行交易

在华尔街，历史总是在重演，今天发生的事，昨天发生过，明天也必将发生。还记得我说过的在斯瑞顿轧空玉米时，我如何回补空头的故事吧？呵，我又一次在股市上用了几乎相同的手法。这只股票是热带商业（Tropical Trading）公司。我做多和放空这只股票都赚过钱。这只股票一直很活跃，富有冒险精神的交易商都青睐它。报纸一再指责内线集团，说他们一味地抬高、打压，抬高、打压它，只想要股价的波动，而不支持长线。一天，我认识的最能干的一名证券商说，热带商业公司总裁穆立根和他的朋友的策略非常完美，整个市场都为他们公司的股票服务，这一点连伊利公司的丹尼尔·德鲁或美国糖业公司的哈弗梅耶都自叹不如。他们多次鼓励人们做空热带商业公司股票，然后迅速而彻底地轧空他们的利润。空头们对此过程都已经麻木了，就像看到压水机一样习以为常，再无仇恨或恐惧。

当然，也有一些人说热带商业公司股票的交易历史上发生过丑事。但我敢说，这些批评者都曾受过压榨之苦。既然这些场内交易员经常遭遇内线人士的欺诈，为什么还要坚持这个游戏呢？噢，首先，他们喜欢活跃的股票，热带商业股刚好符合。这只股票不会出现长期的惨淡交易。他们不动脑子也不用动脑子。不必浪费时间，不必花费任何耐心等待暴涨或暴跌。这只股票交易频繁，所以总有足够的股

一个被市场验证的投资原则：市盈率与净利润增长率相等，是衡量股价估值的准星。

票让你买个够或卖个够，除非空头太多内线又全部吃进导致市场上根本就没多少股票了。它总是在暴涨或暴跌，所以每分钟都会死一次或复活一次！

一段时间以前我碰巧像往年一样到佛罗里达州过寒假。我在那里钓鱼，过得很开心，除了收到报纸的时候看看市场行情以外，完全不关注市场。一天早上，半周一送的邮件送来后，我看了看股票报价，发现热带商业的价格是155美元。我记得上次看到这只股票的报价大概在140美元左右。我认为即将进入熊市。我等待时机做空股票，但不用太着急，这就是我为什么抛开市场行情来钓鱼的原因。我知道真正的时机一来临，我就会回去。时机成熟之前，我做什么都是徒劳。

那天早上收到的报纸上说：热带商业公司是市场上最耀眼的明星。这使我对大盘看跌的想法有了用武之地，我找到了可以操作的具体股票。因为我认为内线人士在大盘沉闷的时候再拉抬热带商业的股价，这实在愚蠢得可以。榨取利润的过程有时必须暂停。不正常的情况对于交易商来说是最扎眼的，在我看来，他们拉抬这只股票蠢得无以复加，在股票市场，没有人能够犯这么严重的错误还能全身而退的。

看完报纸后，我继续钓鱼，但我一直在想热带商业的内线人士打算怎么办。他们注定会失败，就像一个人不用降落伞从20层楼的楼顶跳下来一定会摔得粉身碎骨一样确定。我无心做别的事，所以放弃钓鱼，拍了一封电报给我的证券商，让他们帮我以实时价格卖出2000股热带商业以做试探。发出交易指令后我才能继续钓鱼，收获颇丰。

那天下午，我收到了特别信使送来的回复电报。证券公司说他们已经以153美元的价格卖出了2000股热带商业公司的股票。还行，我做空了，它下跌了，我猜对了。我开始思考如何才能让这只股票跟随大势下跌而不是跟随内部操纵而上涨。这时，我意识到我不能继续钓鱼了，在这里我无法随时了解行情报价。所以，我离开钓鱼营地，回

公司净利润增长率是市盈率的2倍或者更高的股票，获利概率大。

到棕桐海滩，那里与纽约有直通电报。

我一到棕桐海滩就发现误入歧途的内线集团仍在尝试抬高股价，于是我又做空了2000股热带商业的股票让他们吃进。委托单回来了，显示我放空了2000股。市场表现非常完美，也就是说，在我的卖压下股价又下跌了。一切都那么称心如意，我出去庆祝，却高兴不起来。我越想就越因为自己没有做空更多的股票而感到不高兴。所以我回到证券公司，又抛出2000股。

卖出这些股票后，我才觉得满意，不久后我放空的股票就达到了10000股。后来我决定回纽约，现在该回去工作了，钓鱼可以另择他日。

一到纽约，我就开始着力了解这家公司的业务现状及前景。我获悉的情况更加坚定了我的信念，此时无论是大盘走向还是公司收入都证明他们拉抬股价的举动不只是轻率而已。

这种涨势虽然不合理也不合时宜，却引起了一些股民的跟风买进，这无疑促使内部人士继续坚持这一不明智的策略。所以我做空了更多股票，内线人士终于悬崖勒马。于是我按照自己的交易方法继续再三试探市场，直到最后总共做空了3万股，此时股价已跌到133点。

曾有人提醒过我，热带商业公司的内线集团知道每一张股权证在华尔街的确切下落，他们精确地知道空头的交易量和具体身份，也知道很多其他具有战略决定意义的事实。他们很能干、很精明。总之，和这种集团作对很危险。但事实就是事实，市场大势才是最可靠的盟友。

从153点到133点的下跌过程中，做空的人当然越来越多，而在股价回落时买进的股民还是持以往的态度：这只股票在153点及更高价位时很抢手，现在下跌了20点，就更划算了。同样的股票，同样的股息，同样的管理人员，同样的业务，真是捡了个大便宜啊！

股民的买进使可供购入的股票减少了，内线人士知道很多场内交易员都在做空，认为轧空的时机来了，适时把股价抬高到150点。我想一定有很多人回补空头，但我还是继续持仓，有什么可紧张的呢？内线人士可能知道有一笔3万股没有回补，但我没必要害怕。促使我在153点时开始放空，并随着股价跌到133点时一路放空的原因依然存在，而且更加强烈。内线人士大概想迫使我回补，可他们无法给出有力的理由。基本大势对我很有利，我完全没必要害怕或不耐烦。投机者必须对自己及自己的判断充满信心。已故的纽约棉花交易所前任主席、《投机艺术》的作者狄克森·瓦茨曾说：投机者的勇气就是有信心按照自己的决定进行交易。对我来说，我不害怕自己会犯错，因为除非赔钱了，否则我从不认为自己是错的。实际上，我必须利用自己的经验获利，只有这样我才会觉得舒服。市场在某一时间的走向不能决定我的对错，只有涨势或跌势的特征才能决定我的立场正确与否。我有知识，故只有一种可能：获胜。如果失败了，一定是我自己的错误造成的，我愿意接受败局。

从133到150点的股价反弹中，没有任何特征能吓到我，令我回补。没过多久，不出所料，这只股票又开始下跌，在内部集团开始撑盘之前跌破了140点。他们买进的同时，恰巧有大量利多传闻相配合。我们听说这家公司赚了巨额利润，收入足以让他们提高固定的股利率，而且据说空头很多，广大的空头们，尤其是那些过度放空的作手即将遭受"百年一遇的轧空"。在他们把股价拉抬10个点期间，我听到了各种传言，纷繁复杂。

买进加利多的市场操纵方式，对我来说没有丝毫威胁。但在股价反弹到149点时，我觉得不能再让整个华尔街把四处流传的利多谣言当真了。当然，我或任何一个不起眼的交易者都不可能说服那些惊慌失措的空头或证券公司——那些轻信谣言的客户——只有价格披露的事实才是最有效的反击之道。大家现在不会相信任何人的话，哪怕是赌上身家性命的规劝，更不会相信一位放空3万股的空头的话。所以我采用了斯瑞顿轧空玉米时我用来对付他的那套策略。当时我卖出燕麦，让交易者对玉米看跌。我要再次利用经验和记忆。

内线集团企图通过抬高热带商业的股价让空头惊恐，而我并没有用抛售股票的方式制止股价的上涨。我放空了3万股，这占流通在外的股票的很大比例，我认为这个比例相当明智。他们利用股价的第二次反弹引诱我回补，但我不会自投罗网。热带商业公司的股价反弹到149点时，我卖出了大约10000股赤道商业（Equatorial Commercial）的股票。这家公司持有热带商业公司的大量股份。

每股现金流是分析一家公司的重要指标。

负债是一家公司抵御危机的重要指标，不可不看。

正像我所料，赤道商业股票不像热带商业股票那么活跃，在我的卖压下大跌，我的目的达到了。那些曾经听信热带商业公司多头谣言的证券公司客户看到，热带商业股票上涨的同时赤道商业股票却遭受了大力压制，股价大跌，自然断定热带商业股票的强劲走势只是炒作出来的涨势，以掩人耳目，便于热带商业公司的最大股东赤道商业公司内部出脱赤道商业。卖出的股票一定来自赤道商业公司内部的持股，因为没有外人会在热带商业股票走势如此强劲的时候放空这么多股票。认清事实的股民们卖出了热带商业公司的股票，该股不再上涨。内线集团丝毫不愿承接所有抢着卖出的股票，他们一停止护盘，热带商业的股价就开始下跌。趁着交易者和大型证券公司开始抛售一些赤道商业，我回补赤道商业的空头，赚了一小笔利润。我之前做空这只股票可不是为了赚钱，而是为了阻止热带商业继续上涨。

热带商业公司的内部人士和勤奋的宣传人员常常在华尔街上散布各种的利多因素，企图拉抬股价。每次他们这样做，我就做空一些赤道商业的股票，并趁热带商业股价回落、大家放空赤道商业时回补空头，以此先发制人，打击操作者的自信。热带商业的股价最后跌到125点，大量股民放空，而内线人士有能力把股价拉抬20—25点。这是他们轧空的好时机，虽然我预测到会有20—25点的反弹，却没有回补，因为我不想失去自己的立场。在赤道商业同热带商业一起上涨之前，我又放空了大量赤道商业的股票，结果与之前一样。这样一来就揭穿了在热带商业大幅涨势之后传得沸沸扬扬的利多消息。

此时大盘已变得十分疲软。我之前说过，因为确信熊市即将来临，我才在佛罗里达州的钓鱼营地开始卖空热带商业。我也卖空了许多其他股票，但尤其偏爱热带商业。最后，大盘行情让内部集团不堪负荷，热带商业开始暴跌，多年来第一次跌破120点、110点，然后跌破面值，但我仍然没有回补。直到有一天，市场极其疲软，热带商业跌破90点，我回补了。原因还是原来那个！我抓住了这个机会——市场够大、行情疲软、卖家远超买家。我可以告诉你——虽然这么说可能有吹嘘自己聪明的嫌疑——我几乎是在最低价回补那3万股热带商业的。但我其实并没有想过抄底，我只想在尽量减少亏损的前提下把账面利润套现。

因为知道自己的立场正确，我在整个过程中按兵不动。我没有抵制市场趋势或逆大势而行，恰恰相反，我一直都顺应大势，所以我确信不自量力的内线集团注定失败。他们的操作早有失败的先例。即使我与大家一样知道常见的反弹即将来临，也丝毫不为所动。我知道以不变应万变是最好的策略，远比设法回补然后在股价更高时再次放空好多了。因为我坚持认定自己的立场，我赚了一百多万美元。这可不是靠预感、熟练的读盘能力或愚蠢的勇敢就能做到的，这靠的是我对自己的判断的自信，与聪明或想象力无关。知识就是力量，而力量不必害怕谎言——即使这个谎言是印在行情收录器上的，它也很快就会被揭穿。

一年后，热带商业的股份再次被哄抬到150点，并连续几周徘徊在这个价位。整个市场已经持续上涨，牛市已过，大盘理应回落。我测试过市场，所以清楚这一点。那时，热带商业公司营业状况也不好，即使大盘接着上涨，我也看不出任何能帮他们抬升股价的因素或方法，何况那时大盘全无上涨迹象。于是，我开始抛出热带商业，打算一共做空10000股。股价随着我的抛售下跌，看不出有任何支撑力量。然后突然出现了大量买进。

我向你保证我一眼就能看出支撑力量的出现，这可不是想说明自己是个奇才。我突然想到，热带商业的内线集团从不认为支撑股价是道德责任，现在却在大盘下跌时买进，其中必有蹊跷。他们不是笨蛋或慈善家，也不是想通过抬高股价在场外卖出更多股票的银行家。股价在我和其他空头力量的抛售下却一路上涨。我在153点时回补10000股，股价涨到156点时，我实际上已转为做多，因为那时行情表明最小阻力方向是上涨。我对总体市场看跌，可我面对的是某只股票的交易状况，并非总体投机理论。股价一路飙升到200点以上，轰动一时。媒体都报道说我被轧空损失了八九百万美元。事实上，我并没有做空，而是一直在做多。实际上，是我持股时间太长导致我损失了一部分账面利润。你想知道我为什么会损失一部分账面利润吗？因为我认为，内线集团会做我觉得他们应该做的事，如果我是他们，就一定会那么做。可这不是我应该考虑的事，因为我的任务是交易，应该考虑的只是自己眼前的事实，而不该对别人该做什么事想入非非。

▋第19章

人性不变，陷阱不变，
现在犯的都是前人犯过的错误

　　不知道何时，是哪位仁兄第一个把证券交易所里大量抛售股票的普通交易过程叫做"操纵"的。先欺骗市场然后低价吃进是"操纵"的一种，但和一般意义上的"操纵"有所不同。因为这样的"市场操纵"难以避免被人认为不正当，但不至于不合法。如何才能在不抬高股价的前提下在牛市中买进大量某只股票？这是个问题，怎么解决？这取决于许多因素，没有公式，你最多只能说：巧妙的操纵也许可以做到。但要举个例子出来，怎样才算巧妙的操纵呢？这就要依具体情况而定了。

　　我很关注自己交易的各个阶段，也会从自己和他人的经验中吸取教训。但是今天已经很难从曾经在收盘后流传于证券公司的下午的交易轶事中学习如何炒作股票了，因为今天和昨天不同，操纵策略、手段大都已经过时、无效，或变得非法、不可行了。证券交易所的交易规则和情况已与往日不同，那些关于丹尼尔·德鲁（Daniel Drew）、雅各布·利特尔或杰·古尔德（Jay Gould）在50到70年前的交易故事，即使再详尽，也不值一听了。今天的炒作者不必在意这些前辈的做法及其效果，如同西点军校的学生不用通过学习古人的箭术以增长自己的弹道学知识一样。

公司财务报告上的账面价值往往与公司的实际价值相脱节，隐藏巨大风险和机会。

　　但是，研究人性会让你受益匪浅。比如：人类为何轻易相信自己愿意相信的事情？人类为什么允许自己——其实是鼓励自己——受贪欲或粗心的影响？很多人都曾经为自己的贪欲和粗心付出过金钱的代价。今天的投机者仍然充满了恐惧和希望，所以，对投机者心理的研究仍颇具价值。武器虽然改变了，但在如同战场一般的纽约证券交易所中，策略还是一样的。汤玛斯·伍德洛克（Thomas F. Woodlock）说的话一语中的："股票投机的成功原则的基础是：人类会在将来犯过去犯过的相同的错误。"

繁荣时期，进场的股民数量最多。此时完全不需要精明的操作，所以，探讨如何操纵市场或投机，就像企图寻找同时落在对街同一个屋顶上的雨滴有什么不同一样，完全是在浪费时间，毫无意义。傻瓜总想不劳而获，而市场的繁荣总能很容易激发由贪欲和暴富思想引起的赌博天性。赌博就是想不劳而获，这样的人注定都要付出代价，以得到天上不会掉馅饼的结论。以前，我听到旧时代交易的详细情形和策略时，觉得19世纪60、70年代的人比20世纪初的人容易上当受骗，但一定会在当天或隔天的报纸上看到有关最新的骗局、证券公司破产或一些傻瓜又损失了几百万美元的消息。

我初到纽约时，大家在热烈讨论冲销交易和对敲，因为这是证券交易所明文禁止的行为。偶尔会发生未经精心策划的冲销交易被大家识破的现象。每当有人对某只股票进行自我交易的时候，证券商一眼就能看出来并给你建议：自我交易太活跃。我在前面也说过，一些空壳证券公司多次使用所谓的"赶市"，也就是让某只股票的价格迅速下跌两三个点，以便用行情收录器上显示的跌势把空壳证券公司中许多以小本资金做多的交易者清理出局。至于对敲，由于很难协调统一不同投机商同时进行操作，使用这一方法总会有些疑虑。这些做法都违反证券交易所的交易规则。几年前，一位著名作手取消了他冲销交易委托单中的卖单，却忘了取消买单，结果他在毫不知情的情况下几分钟内就把股价抬高了大概25点，可他的买盘一停，又只能眼睁睁地看着这只股票以相同的速度迅速下跌。他们本来想制造交易活跃的假象，却用如此不可靠的武器酿成了不幸。瞧，即使是最要好的证券商，

当存货增长速度比销售增长速度更快时，要十分警惕。

只要他们还是纽约证券交易所的会员，就不能完全信任他们。虚假交易不仅被明令禁止，而且，赋税使它们的成本也比过去贵多了。

市场操纵可能是人为的，也可能是貌似有人操纵。实际上，大规模蓄意市场操纵中，很少有能获益的策划者。范德比尔特在两次操纵哈莱姆股票中损失惨重，却从企图欺骗他的空头哥们、狡诈的国会议员和市议员那里赚到了应得的几百万美元。另外，杰·古尔德在西北铁路股票的轧空中亏损，迪肯·怀特在轧空拉卡瓦纳股票的时候赚了100万，而詹姆斯·基恩在汉尼拔圣乔伊股票的交易中损失100万。

我以前常常会想，为什么50年前的这些大作手如此喜欢操纵市场，又如此容易被骗。他们能干、经验丰富，又很警觉，不会像孩子一样轻信同行都是慈悲为怀的，却出人意料地多次被骗个精光。一位见多识广的老证券商告诉我：19世纪60、70年代的所有大作手都有一个梦想，就是操纵一次市场，大多数人是出于虚荣心理，其他人则是为了复仇。总而言之，如果有人被大家指指点点，说他成功操纵了这只或那只股票，其实是大家对他的智慧、胆量和财富的认可，这让他们有了骄傲的资本，他可以尽情享受同行的赞美。是虚荣心在这些冷酷的作手心中作祟，促使他们竭尽全力策划，他们并不是为了赚钱。

那时，同行之间轻松愉快地自相残杀。我之前应该说过，我多次成功逃脱，这不是因为我拥有神秘的行情预感，而是因为我的经验。我是通过常识性的市场测试做到这一点的，老一辈的交易者一定也用过这种方法。老德鲁曾多次引诱小辈们卖出给自己，并让他们为此付出昂贵的代价，而他自己却被范德比尔特轧空在伊利股上。当老德鲁请求他手下留情时，他只是冷酷地引述大空头德鲁自己说过的不朽格言：卖出不属于自己的东西，要么自食苦果，要么锒铛入狱。

能被华尔街两代人记得的作手不多，而德鲁影响了几代人。他之所以名声不朽，是因为他创造了"掺水股票"这个名词。

爱迪生·杰罗姆被公认为1863年春季公共交易所之王。据说，他的市场消息真实有效，有了他的消息，利润就跟已经存进银行一

如果你找到了一家每年都能给产品涨价同时又不会降低市场份额的公司，你就找到了一个绝佳的投资标的。

样，总之，他是个厉害的交易商，赚了几百万美元。他挥金如土，在华尔街上曾有大批粉丝，直到有"沉默的威廉"之称的亨利·吉普（Henry Keep）通过轧空老南方股（Old South Corner）把他洗劫一空。顺便提一下，吉普是纽约州长兼大作手罗斯威尔·弗劳尔（Roswell P. Flower）的妹夫。

由于一般股民不会做空，市场操纵的主要对象是同行的专家。而过了这么多年，曾经让高明的专家上钩的原因现在并没有改变。

多年前，我碰巧和杰·古尔德以前的一位证券商聊天，他认真地告诉我古尔德先生不仅是个不同凡响的人——老德鲁心有余悸地说："他出手必胜！"——而且他几乎比所有的作手都高明。他无疑是个金融奇才，才会取得这样的成就。虽然时隔已久，我还能看出他拥有适应新行情的惊人能力，这一能力对交易者来说相当宝贵。相比股票投机，他更注重买卖实物，所以能面不改色心不跳地随意改变攻防。他要的是长期投资，而不是耍着股价玩，让它忽上忽下。他早就看出，拥有铁路公司才能真正赚大钱，而不是在证券交易所的大厅里操纵铁路股票。

他当然也利用股市。但我想，这是因为炒股是最快、最容易暴富的方法，而且他需要这几百万美元，就像老柯利斯·汉丁顿总是缺钱一样，银行愿意借给汉丁顿的钱总是比他需要的少两三千万。有远见却没钱，只能干着急；有远见又有钱，就意味着成功，成功带来力量，力量来财富，财富造就成功，如此反复，永无止境。

当然，操纵市场可不是当年那些大人物的专利，也有许多小作手。我记得一位老证券商给我讲过一个19世纪60年代初期的故事，他说：

"我对华尔街最早的记忆是我第一次去金融区。我父亲要去那里处理些事务，由于某种原因，他带着我一起去了。我们沿着百老汇大街走，转入华尔街，沿着华尔街走，就在我们走到百老街——更确切地说是纳索街的时候，就在现在信孚银行大楼所在的街角，我看到一群人跟着两个男人。第一个男人向东走，装出一副满不在乎的样子，后面跟着另一个气得满脸通红的男人，一只手疯狂地挥舞着帽子，另一只手在空中握拳摇摆，大声嚷嚷着：'你这个吸血鬼！吸血鬼！借点钱就这么难吗？简直是吸血鬼！'我看到大家都从窗户探出头来看，那时候还没有摩天大楼，我确定二三楼的人都在探头看。父亲询问怎么回事，有人回答了，但我没听见，只顾着紧紧抓住父亲的手，免得被人群从他身边把我推开。街上看热闹的人越聚越多，我有点不安。好奇的人们从纳索街、百老街和华尔街的两端跑来。我们终于挤出了人群，父亲告诉我那个喊着'吸血鬼'的人是谁，我不记得他的名字了，但我记得他是纽约市集团股票的最大作手。据了解，在整个华尔街，他赚钱和亏损的数额仅次于小雅各布。我记得小雅各布这个名字是因为我觉得一个男人叫这种名字很有趣。那个被叫成吸血鬼的人经常锁住资金，所以声名狼藉。我也忘了他的名字，但记得他又高又瘦、脸色苍白。那时，内线集团经常通过借钱，或更确切地说，通过减少证券交易所可以外借资金的总额，锁住资金。他们去借钱，得到保付支票。其实他们并没有把借的钱取出来用。这样当然是在操纵市场，我认为这是操纵市场的一种形式。"

我同意这位老证券商的观点，但这种市场操纵方式今天已不见踪影，所以必然已经被一种我还不了解的方式取代。

如果我决定长期持有一只非周期性行业的股票，那么我就选择一家税前利润率相对较高的公司；如果我打算在行业出现复苏拐点时持有一只周期性行业股票，我就选择一家税前利润率相对较低的公司。

第20章
让一只股票看起来活跃的最好方式
就是让它真的活跃一段时间

华尔街上津津乐道一些伟大的股票作手，我无缘和他们交谈。我指的是股票作手，而不是金融领袖。那些作手事业如日中天的时候我还不记事儿呢。虽然我初到纽约时，最厉害的作手詹姆斯·基恩还风华正茂，但那时我只是个孩子，一心只想在证券公司恢复我在家乡空壳证券公司里的辉煌。而且，当时基恩正忙着炒作美国钢铁，这是他炒作生涯中的杰作，而我完全没有炒作的经验，对炒作及其价值与意义一窍不通，所以也不太需要这种知识。即使我曾经考虑过炒作这个概念，我想当时我一定把它看成一种经过伪装的高级骗术，而空壳证券公司曾用在我身上的那些手段就是这种骗术的初级形式。从那时起，我听到的关于炒作的讨论大多是猜测和假设，而不是智慧的分析。

很多了解基恩的人都告诉我，他是华尔街有史以来最勇敢、最聪明的作手。能得到这样的评价是很了不起的，因为华尔街出过很多厉害的操盘手，如今他们的名字人们大多记不起来了，但在他们事业顶峰的时候，他们都是国王，即使只有一天！行情收录器曾让他们从默默无闻到富甲天下，成就英名，可小小的行情收录器的力量不够强大，无法让他们持续成功，名垂青史。总之，基恩毫无疑问是他身处的时代最优秀的作手，而且，这是个持久而又振奋人心的时代。

他利用自己的股票知识、作手经验和卓越的才能为哈弗梅耶兄弟提供操盘服务，哈弗梅耶兄弟希望他为美国制糖股票创造抛售的市场。基恩当时破产了，否则他一定不会受雇于人的。他可是了不起的投机家！他成功炒作了美国制糖，把它变成了抢手的热门股，想要抛售就很容易了。这次事件之后，很多内线集团多次邀请他去操盘。听说，在这些内线操作中，他从不索取或接受任何雇佣费用，只是像集团的其他成员一样得到股份利润。股票的市场表现尽在基恩的掌握之中，双方经常会传出一些指责对方背信弃义的闲话，他和惠特尼·瑞恩集团的宿怨就是由互相指责演绎出来的。作手要让同伴误解并不难，同伴可不像他一样清楚地了解市场的需要。对此我感同身受。

很遗憾基恩没有详细记录下他的杰作——1901年春季成功炒作美国钢铁一事。据我所知，基恩从未与摩根先生当面谈过此事。摩根的公司通过塔伯特·泰勒公司与基恩交涉，塔伯特·泰勒是基恩的女婿，基恩以这家公司为自己的大本营。我确信基恩不仅仅从工作中得到了利润，还乐在其中。他在那年春天炒热市场并从中赚取了几百万美元的事迹众所周知。他告诉我一位朋友说，他几周内就在公开市场上为承销团卖出了超过75万股的股票。想想下面这两件事情，你就会明白这一操作干得不赖：第一，这是一家资本总额超出当时美国债务总额的公司投放到市场的新股；第二，在基恩创造的这个市场里，诸如雷德、利兹、莫尔兄弟、亨利·菲普斯、弗里克等钢铁业巨头同时也向广大股民卖出了几十万股。

当然，当时的大盘也对他有利。天时地利人和造就了他的成功。那时不仅是牛市，而且经济繁荣，人们的心态极好，这种好心态大概不会再次出现了。后来，市场难以吸收的证券带来了恐慌，1901年被基恩炒高到55点的美国钢铁普通股，到1903年已跌至10点，1904年跌至8 7/8点了。

由于基恩没有出书，也没有关于他的操作的翔实记录，我们现在无法分析他的炒作活动。否则，了解他如何炒作联合铜矿公司一定很有意思。罗杰斯和威廉·洛克菲勒曾尝试在市场上脱手盈余股份，却失败了，最后只好请基恩帮忙抛售持股，基恩应承了。切记，罗杰斯可是他那个时代华尔街上最能干的商人之一，而威廉·洛克菲勒是整个标准石油集团里最勇敢的投机者。他们资金充足、颇具威信，又有多年的炒股经验，可还是得找基恩帮忙。我说这些，是想让你知道有些工作必须要专家去做。这只股票由美国最大的资本家主办，备受吹捧，只有牺牲大量金钱和名望才能抛售出去。罗杰斯和洛克菲勒很明智，认定只有基恩能帮他们。

基恩马上投入工作。他面对牛市，以票面价值上下卖出22万股联合铜矿。他抛售完内线持股后，股民们还在买进，价格继续上涨了10个点，以至于当内线人士看到散户那么迫切地买进这只股票时，开始看好他们已经抛售的股票，觉得抛出持股是个错误的决定，而且传说罗杰斯其实建议基恩做多联合铜矿。说罗杰斯打算倒货给基恩是不太可信的，他精明得很，知道基恩可不好欺负。基恩按他的惯用方式操作，即，在股价大幅上涨后，随着股价一路下跌大量抛售。当然，他根据自己的需要和股价每天的细微变化选择战术手法。在股票市场上，就像在战场上一样，最好牢记战略和战术的差别。

基恩的亲信之一是我知道的最善于迷惑别人上钩的人。他几天前才告诉我，在联合铜矿的操作中，一天，基恩发现自己手上几乎没有持股，也就是他已售空之前为抬高股价预先买进的所有股票；第二天，他买回几千股。一天后，他又全部卖出。然后他退出市场，观望市场反应，也让市场习惯他的这种操作。到了真正卖出持股时，就像我告诉你的那样，他随着股价一路下跌大量抛售。散户总是期待股价反弹，当然，也总有人平仓空头。

这次交易中与基恩联系最密切的人告诉我，基恩替罗杰斯和洛克菲勒卖出所持股份，套现约2000万到2500万美元后，罗杰斯送给他一张20万美元的支票。这让人联想到那位给世界一家歌剧院的女工人50美分以酬谢她替自己找到价值10万美元的珍珠项链的富太太。基恩把支票退了回去，附上一张客气的纸条说他很高兴能帮到他们，但他不是廉价的操盘手。罗杰斯和洛克菲勒留下支票，写信告诉基恩说期待与他再次合作。不久之后，正是罗杰斯告诉了基恩内部消息，让他以130美元左右的价位买进联合铜矿！

詹姆斯·基恩真是个天才操盘手！他的私人秘书告诉我，当市场走向如他所愿时，他就会变得暴躁；认识他的人说，他会对别人进行冷嘲热讽以表达自己的暴躁，让听的人久久难以忘怀。可他亏钱时脾气却很好，温文尔雅、和蔼可亲、言辞精辟、谈笑风生。

他拥有成功投机者应该具备的最佳心态。他从不与大盘作对。他有勇有谋，而且一旦发现自己错了，能立刻回头。

从基恩的时代开始，证券交易规则出现了许多变化，对旧的交易规则执行也更加严格，而且对股票买卖和利润征收多种赋税，诸如此类，所以这个游戏变得不同了，基恩运用的精妙的赚钱手段已不再受用，而且，可以肯定的是，华尔街上的人已经比以前更专业了。不过，说基恩在金融历史上所有时期都称得上一位厉害的操盘者一点也不为过，因为他是一位高明的股票作手，对投机游戏了如指掌。当时的条件下，他有了那样的成就。他1876年刚从加利福尼亚来到纽约，两年内就赚了900万，在后来1901年和1922年的交易中，他也同样成功。不管大家怎么改变，有些人始终走在队伍前列，注定要成为领袖。

其实，市场炒作变了，但并不像想象中那么彻底。收益确实没有起初那么高了，因为这不再是首创性的工作所以没有首创性的收益了。在某些方面，炒作比以前容易了，在另一些方面，又比基恩的时代难多了。

广告无疑是一种艺术，而炒作则是用行情收录器来传播的广告艺术。行情收录器应该显示作手希望散户看到的行情，显示得越真实就越能让人信服，这个广告就越成功。今天的作手不仅要让股票看起来走势强劲，而且要让这只股票走势真的很强劲。所以，炒作也是交易，得遵循原则让股票看起来很健康。正是这一点成就了基恩这个了不起的作手，他从一开始就是个高明的交易者。

"炒作"这个词现在带有行径丑陋的意思，需要一个化名。如果炒作的目的是出清大量持股，只要操作中没有恶意误导的成分，我并不觉得炒作的过程有什么见不得光或不正当的地方。毫无疑问，炒作者必须从投机者中寻找买主，他会把矛头指向那些希望得到高回报的人，因为这些人更愿意冒险。总有些人想轻轻松松地赚钱，他们也清楚自己这样很危险，但还是把自己的失败归咎于炒作者，我一点儿也不同情他们。一旦赚钱，他们就觉得自己十分聪明，可一旦亏钱，就说别人是骗子，在炒作市场！他们说出这个词时，意思就是有人在暗中搞鬼，但事实并非如此。

炒作的目的通常是激活市场，让自己能随时以某个价位抛出大宗股票。有时市场大势突变，内线集团发现自己不得不做出牺牲才能脱手持股时，但是没人乐意牺牲，所以就可能做出决定，雇一位拥有炒作经验和炒作手段的专业人士，让他帮助自己有序地退出市场，而不至于大举溃败。

你应该注意到了，我并没有说那些为了以最低价吸进大量股票而进行的炒作，比方说为了获得控制权而大批买进股票之前的打压炒作，因为这样的炒作现在比较少见。

当杰·古尔德决定买进大量西部联合公司的股票来控制这只股票时，他并没有出现，突然现身西部联合股票的交易处的是多年未在证券交易所交易大厅露面的华盛顿·康纳，他不断买进这只股票。在场的交易员无一例外地嘲笑康纳愚蠢地以为他们头脑简单，高兴地卖出他想要买进的所有西部联合股。他们以为康纳正在幼稚地假装古尔德

投资周期性行业公司应密切关注存货变化和供需状况。

投资一定要有耐心。

买进西部联合以拉抬股价。这算是炒作吗？我只能说："不算，也算是！"

就像我说的，大多数炒作的目的是以最好的价格把股票卖给散户。与其说是卖出，不如叫分散出货更合理一些。由1000个人来持有一只股票显然比由一人持有要好，这对这只股票的市场比较好。所以，炒作者不仅要考虑以有利的价格卖出，还必须考虑如何分散出货。

如果你不能引诱散户从你手上承接股票，抬高股价就没有意义。缺乏经验的炒作者总是设法在最高价脱手却总是惨遭失败，这时，老前辈就会表现出大智慧，告诉他：牵马到河边很容易，强迫马喝水就难了。老一辈才是奇才，充满智慧！事实上，最好牢记炒作的一条规则，基恩和一些能干的前辈熟知这条规则：尽量把股价炒到最高，然后在下跌中抛给股民。

让我从头说起。现在假设有一个承销团、内线集团或个人，想以最有利的价格发行在纽约证交所按期上市的大宗股票，那么，最好的销路应该是公开市场，最好的买主就是广大股民。相关销售事宜由某人负责，而这个人，或者公司现在或过去的合伙人曾设法在证交所发行该股，却宣告失败。他已经或很快便对股市有了充分的认识，深知自己经验尚浅、能力有限，无法完成这一操作。然后他从传说中知道或亲自听说过一些在类似交易上成功操作的人，于是决定求助于他们的专业技巧。他找到其中一个专业人士，就像生病时去看医生，或是不懂工程技术时去找工程师一样。假设他听说我精通炒股。我想他会尽可找到我所有的资料，然后设法与我见面，并选择一个时间到我的办公室造访。

当然，可能我正好了解这只股票及其特点。我以此挣钱谋生，所以我应该了解这些。这个来访者告诉我他和他的同伴想做的事，并要求我接下这笔交易。轮到我说话时，我会询问一切相关信息，以明确他们想让我做什么，然后确定这笔交易的价值，评估脱手这只股票的市场可能性。以上相关信息及我对现行大势的解读帮助我判断这次操作成功的可能性。

如果我觉得可行，就会接受这个建议，并当场与他协商报酬。如果他接受我的条件——酬劳和条件——我就立刻着手操作。

我通常会坚持以累进的方式认购大宗股票。因为这对各方都有利。认购的价格从略低于现行市价开始，然后逐步上升。比如说，现在股价为40点，我得到10万股的认购权。我会以35点的股价先购买几千股，再以37点再购买一笔，40点时又买一笔，然后是45点、50点，这样一直升到75点或80点。

如果我专业的操作——炒作，使价格上涨，如果涨到最高价时，市场上这只股票的需求强劲，我可以卖出大量股票。我当然也会认购这只股票，于是，我赚钱了，我的客户也赚钱了。事情应该是这样的。如果他们要买的是我的炒作技术，他们理应得到价值。当然，内部集团有时也会亏损，但这种情况比较少见，因为我只有明确对客户有利可图的时候才会应承这个工作。今年，我有一两次不太走运，没赚到钱。造成这个结果的原因有好几个，那是题外话了，或许稍后我会细说的。

要让一只股票一路上涨，第一步是让它先涨起来。听起来很傻，是吧？仔细想一想，并不像听起来那么傻，对吧？你得通过宣传落实你的实际意图并扩大结果，而最好的宣传方式莫过于让这只股票真的变得活跃而且走势强劲。万事俱备后，世上最有力的宣传工具就是行情收录器，世界上最有效的广告媒介就是行情收录器。我不必替客户出版任何宣传资料，不必告诉日报社这只股票的价值，不必敦促财经评论员留意这家公司的前景，我也不需要粉丝。我只要让这只股票变得热门，就可以达到所有这些理想的效果。交易热门时，人们就会寻求解释，这自然意味着媒体需要它出现在自己的版面上。我无需插手，手指头都不用动，必要的理由会自己显现出来的。

场内交易商只需要活跃的股票。只要能卖出去，他们就会以任何价位买卖任何股票，一看到活跃股，他们就会交易上千股，他们的交易总容量相当大。他们必定会成为被炒作股票的第一批买进力量。他们会随着股价的上涨一路跟随你买进，所以在整个操作中，他们都是很大的助力。我很了解基恩为什么经常利用本性活跃的场内交易员，一来是为了掩盖炒作来源，二来是因为他知道这些活跃的交易者是今天最善于扩大业务和散布小道消息的人。他经常以高于市价的价位口头转让给他们认购权，好让他们在套现之前帮他一把，同时也让他们赚取一定利润。我只需把某只股票炒热，就可以让专职交易商纷纷跟进，他们没什么别的需求。但切记，这些场内专业人士买进股票是为了卖出获利，不一定要赚很多，但一定要快。

因为上述原因，我会把某只股票炒热以吸引场内投机者的注意力。我买进卖出，这些场内交易商都会跟着买进卖出。如果一个人有认购权所以可以持股，卖压力量不会很强劲，这跟我的情况一样，我也拥有认购权，我也不会卖出。买盘会多于卖盘，而且散户通常会跟随场内交易员而不会跟随炒作者，他们进场成为买方，我则会卖出所有股票以满足这种求之不得的需求。正常情况下，这种需求能吸入的股票会超出我在炒作初期被迫吃进的股票数量，这样，我就会技术性地卖出这只股票。换言之，就是卖出比我实际持有的股数更多的股票。此时我根据自己的认购权卖出股票，所以这个操作对我来说万无一失。一旦广大股民的需求变弱，股价自然停止上涨，我就是在等待这个时机。

如果这只股票停止上涨，大盘就会疲软，整个市场可能出现回档趋势，或者一些眼光锐利的操盘手可能看出我炒作的这只股票已无买盘，于是他会卖出这只股票，他的粉丝也跟着卖出。不管原因是什么，这只股票开始下跌。而我开始买进，给它支撑力量，让它看上去深受股民吹捧。更妙的是：我能在不吃进股票的前提下给它支撑，也就是不需要吃进免得日后还得卖出，而且我这么做不会减少自己的财力。因为我实际上只是在回补之前我做的空头，是在交易商和散户的买进需求旺盛时我积攒的空头。我应该让交易者和散户明白，总有人会在股价下跌时买进。股票在没有支撑力量的时候就会变得越来越疲软，大家就会纷纷卖出，而我的这种操作既可以阻止专业人士鲁莽放空，也可以阻止恐慌的散户急着出清。这种回补操作是我所谓的稳定工序中的一环。

积攒的空头是怎么来的呢？当初随着市场的扩大，我自然会随着股价的上涨一路在高价做空，但做空量会小于涨势。这是在严格执行我的稳定策略。显然，我在当初稳定有序的涨势中积攒的空头越多，此时就越能鼓励那些保守的投机者，保守投机者的吃进能力远远大于轻率的场内交易员，这样就能给疲软大势中的股票更多的支撑力量。通过当初积攒的做空，我就能一直一分不花地支撑该股。我一般会在高价时做空，因为这有利可图。但我经常做空却不获利，只是为了创造或增加自己所谓的无风险购买力。我的任务不仅是拉抬股价或替客户卖出大宗股票，还要为自己赚钱，所以我从不要求客户资助我的操作，只有在成功的时候才收取费用。

当然，以上所说的做法并不是一成不变。我从来不采用或坚持因循守旧的操作系统，我会随机应变。

要想把某只股票散出去，就要把它炒到尽可能高的价位，只有这样才能散出去。我重复这句话，是因为这非常重要，而且广大股民显然认为，还没达到最高价时候就应该继续买进。有时，一只股票会像浸透了水一样，无法上涨，此时就应该卖出，卖压自然导致股价下跌，而且跌幅超乎你的预计，虽然通常可以让它恢复。只要我炒作的股票价格随着我的买进上涨，我就能确定自己干得不错，必要时，我会用自己的钱买进这只股票，就像买进任何其他有同样表现的股票一样，信心十足，毫不畏惧，因为我确定这是最小阻力方向。你还记得有关最小阻力方向的交易理论吧？确定最小阻力方向后，我就会顺应这一方向操作。这么做并不是因为我正在炒作这只股票，而是因为我一直是个股票交易者。

当我的买盘不能使股价上涨时，我就停止买进，然后开始随着股价的下跌抛售该股，即使我没有炒作这只股票，也会这么做。如你所知，股票分散出货的原则就是随着下跌一路抛出。在下跌中能抛出巨大数量的股票。

我一再强调，在炒作过程中，我从未忘记自己是个普通的交易者。毕竟我作为作手和作为一般交易者遇到的问题是相同的。一旦炒作者无法让股票按照自己的意愿发展，炒作就结束了。当你炒作的股票的表现出乎意料时，应该马上停止炒作，不要跟行情理论。不要指望挽回利润，趁还能以较少的代价退出时赶紧退出。

▌ 第21章
止损和止盈同样重要，
在能够脱身时尽快脱身

我知道，这样泛泛地说无法给人留下深刻的印象，概述通常都达不到理想的效果。也许举个实例就能让你印象深刻。我会告诉你一个案例，当时我只用7000股就把一只股票拉抬了30个点，为这只股票开拓了无可限量的销路。

这只股票就是帝国钢铁，由一群有名望的人发行上市，且对外大力宣传这只股票一定能赚钱。他们把大约30%的股本通过华尔街的几家证券公司销售给了股民。但股票上市后交易并不活跃。不时有人问起这只股票，个别内线人士——初期承销团的成员——会说这家公司收入出乎意料得好，前景也一片大好。他们说得没错，公司的状况还好，却无法令人兴奋，缺乏投机吸引力。而且投资者也不确定这只股票的股价是否稳定，分红能否持续。它没有惊人的表现，走势平淡，在内线人士真实的报告的刺激下也没有出现相应的上涨，而价格也没有下跌。

帝国钢铁就一直这样默默无闻、无人问津，成了一只由于没人抛出，所以股价不会下跌的股票之一。没人愿意做空这种股权不够分散的股票，因为你会完全受制于持股的内线集团。同样没有诱因使人买进。对投资者来说，这只股票会一直是投机股的苗子但没人动手。对投机者来说，它属于滞销股—— 一旦你做多这种股票，就会成为另外一个人，不管你愿意不愿意，因为只要买进，你马上就只能望着横盘发呆，觉得还是选择长期持股为好。被这样一只滞销股拖累一两年，损失将会很大，还不如及早卖出脱身。而且，等别的大好机会出现时，你会发现自己已经被套牢了，无法脱身。

一天，帝国钢铁财团的一位元老代表他自己和同事来找我。他们想为这只股票制造销路，因为他们手里还有70%的股份没有分配出去。他们觉得如果自己在公开市场设法卖出，不会得到什么好价钱，所以想要我帮他们以更好的价位出货，问我怎样才肯承接这项工作。

我告诉他几天后给他答复。然后，我开始研究这只股票，找了一些专家考查该公司的生产、业务和财务部门。他们给我提供了公正的报告。我可不是要找出公司的优缺点，只是想了解实际情况。

报告显示这只股票的确能赚钱。如果投资者少安毋躁，前景证明他们可以全部分散出去。从市场的情况和这家公司的情况来看，股价的上涨是最合情合理的趋势，也就是说，不久后股价应当上涨。所以，我义不容辞、胸有成竹地承接了帝国钢铁的多头炒作任务。

我通知这个人我的决定，他登门造访，详谈这笔生意的细节。我告诉他自己的条件：不要酬金，只要10万股帝国钢铁的认购权，认购价格从70美元到100美元不等。可能有人会觉得这是一笔很大的费用，但他们应该考虑到，这只股票没有买进力量，那些关于公司的高收入和大好前景的宣传都无法吸引大量买家，所以内线人士清楚地知道，他们自己根本无法卖出10万股，甚至5万股也不行，以70点的价位卖出他们也做不到。而且，只有让我的客户赢利上百万美元，我才能得到回报。我不能稳赚高额佣金，费用完全无法预知。

我知道这只股票其实能赚钱，而且市场大势看涨，所以，这有利于所有好股票上涨，我相信自己一定能干得很漂亮。我的看法让客户备受鼓舞，立刻同意了我的条件，交易在令人愉快的氛围中开始了。

我要尽量彻底地保护自己。这一财团拥有或控制着大约70%的流通股。我让他们签订了一份信托协议，把这70%的股份暂时由我支配。我可不想成为这些大股东的倒货对象。牢牢控制了这多数持股后，我该考虑如何对付那30%的散户了，这就要冒险了。投机老手从不求安稳的交易。事实上，想让所有的股票一下子涌进场，就像人寿保险公司的所有投保人同时死亡一样，是不可能的。就像有印着的人口死亡率的保险统计表一样，也有这样的股市风险统计表。

应根据公司资产的真实价值而不是账面价值来买入股票。

消除了可规避的风险后，我准备开始操作。我要让我的认购权有价值就必须拉抬股价，开拓出让我可以抛售10万股的市场——我持有这10万股股票的认购权。

我做的第一件事就是确定在一旦上涨，大概会有多少股票涌进市场。这对我的证券商来说易如反掌，他们轻易就打探清楚，在比目前市价略高的价位上，有多少多少股票待售。我不知道是哪些专家告诉了他们有哪些记录在案的卖盘。股价现在是70点，但以这种价格，我连1000股都卖不掉。现在没有买进力量，在这个价位低一点的价位上，也没有任何买盘。我得根据证券商掌握的资料行动。但是这些资料只能让我了解到有大量待售股票，需求量却很小。

我一打听到这些消息，就以70点和更高的价位悄悄吃进了所有待售股票。你应该知道我说的"我"是指帮我交易的证券商。由于我的客户已经锁住自己的股票，他们不可能发出任何卖单，我吃进的股份都来自一些小股东。

我不需要买进很多股票，而且我知道适当的涨势会吸引买单，当然，也有一些卖单。

我没有给任何人帝国钢铁的利多消息，没必要这么做。我不是说不需要利多宣传。我的任务是通过最好的宣传直接影响股民的观点。就像宣传羊毛制品、鞋子或汽车的价值一样，我必须宣传某只新股的价值，宣传是合理的原则，但是应由散户来提供精确、可靠的信息。我的意思是行情会帮我搞定一切的。我前面说过，有名气的报纸总是会设法刊登对市场动向的解释。这就是新闻。读者不仅想知道股市的最新动向，而且想了解其中的原因。所以，炒作者不必动一根手指头，财经记者就会刊出所有可以刊登的信息、谣言，并分析公司的收入报告、业务状况及前景，简言之，就是刊出有关涨势的任何线索。一旦有记者或熟人问及我对某只股票的看法，我就会毫不犹豫地表达自己的想法。我不会自动给别人建议或小道消息，但秘密操作对我有百害而无一利。而且我知道，行情收录器是最能干的情报员与最有说服力的销售员。

当我以70点和更高价位吃进所有待售股票时，就消除了市场的卖压，帝国钢铁的最小阻力方向自然随之明朗，显然是上涨的。交易大厅里善于观察的交易员发现这一点后，会根据常理推断这只股票正在或即将上涨，涨幅不得而知，但足以让他们确定应该买进。他们对帝国钢铁的需求完全源于这只股票明显的涨势——这就是行情透露的可靠的利多消息！我立刻卖出以满足这种需求。我把一开始从疲惫不堪的股东手中买来的股票卖给这些人，当然要审慎地卖出。我乐于供应这些需求。我没有在市场上强卖我的股票，我并不希望涨势太快。

在这一阶段就卖光5万股不是好事，我的任务是开拓一个让我能抛出所有10万股持股的市场。

尽管我只卖出了他们急切地想买进的股票，却无法再像一直以来那样在市场上买进股票了。投资者已经停止买进，价格也不再上涨。一旦这样的情况出现，失望的多头就会开始卖出。而随着涨势的停止，投资者们再无买进的理由，也开始卖出。但是我早已做好准备，随着股价一路下跌，把之前以高出几点的价位卖给他们的股票买回来。买进这些我早料到会被卖出的股票一定会让跌势停止，而当价格停止下跌时，他们也会停止卖出。

然后我就故技重施，一路吃进所有待售股票——数量并不多——然后股价以略高于70点的起点再度开始上涨。记住，股价一路下跌时，很多持股人恨不得自己早已卖掉了所有持股，但是一旦离头部3到4个点他们也不愿割肉卖出。这些投机者总是暗暗发誓：只要股价反弹，就全部卖出。他们买进就是为了随着股价的上涨抛出，但是看到股价走向有变，他们又改变了心意。当然，总有一些反应迅速、操作稳妥的交易商能从中赚钱。对他们来说，获利落袋才是上策。

之后，我只需重复这个过程，买进、卖出，但要让股价的起涨点越来越高。

有时你吃进所有待售股票后，可以大幅抬高股价，在你炒作的这只股票上形成小型看涨骚动。这是极好的宣传，会引起股民的议论，吸引专业交易商和喜欢频繁交易的投机散户。我认为这种人相当多。帝国钢铁的操作正是如此，而且不论这种急涨引起的需求量有多大，我都会卖出股票以满足市场需求。我的抛售总能把股价涨幅控制在一定范围和速度内。我就这么随着股价的下跌一路买进，又随着股价的上涨一路卖出，不仅抬高了股价，更为帝国钢铁开拓了活跃的市场。

自从我开始操作这只股票，股民们就可以随心所欲地买卖它了，我的意思是，只要交易量合理，不造成股价的过度波动。股民们再也不必担心买进之后被晾干，或者卖出之后被轧空了。股票的表现给了大家信心，越来越多的专业人士和股民开始相信帝国钢铁股票始终有市场。而且，交易的活跃也消除了其他人对这只股票的异议。最后，在买卖数千股后，我成功地把股价拉抬到了票面价值：大家都很乐意以每股100美元的价位买进帝国钢铁。人人都知道这是一只热门股，而且涨势证明，之前以及现在买进都还很划算，那么有什么理由不买呢？很多人认为：一只股票既然能够从70美元上涨到100美元，就能从票面价值的100美元继续上涨30个点。

我只吃进了7000股就把股价抬高了30个点，这7000股的均价为85美元，这意味着我每股能赚15个点的利润，但我持股的利润远比这个要大，虽然还只是账面利润。而且这笔利润绝对安全，因为我已经成功开拓了市场，可以随心所欲地卖出持股。经过审慎的炒作，股价还有上涨空间，我这10万股认购权的认购价从70点一直到100点。

股票的发展情况非常顺利，让我没有执行原定计划把账面利润转化为实实在在的现金。不是我自夸，这次炒作太漂亮了，绝对正当，理应成功。这家公司的资产很值钱，股价即使再高一点也不算贵。帝国钢铁最初的集团成员——财力雄厚的某著名银行表示，希望能控制该公司。对于帝国钢铁这样前景大好、受到越来越多的关注的公司，由银行来控制一定比由散户控制更有前途。总之，这家银行提出条件，要我让出我对这只股票的所有认购权，这意味着我能获取巨额利润，我立刻接受了。当我能以高额利润一次全部卖出时，我总是很乐意这么做。我对自己在这只股票上的获利相当满意。

在我让出那10万股股票的认购权之前，我得知这家银行雇了更多专家对帝国钢铁进行了更加彻底的评估，评估报告足以让他们决定对我提出收购条件。于是，我保留了几千股作为投资，我对这一操作很有信心。

我对帝国钢铁的炒作十分规范，绝对遵守我的交易原则。我一买进，股价就相应上涨，这让我知道这么操作很安全。有些股票会像浸透了水一样无法上涨，但这只股票从未浸过水。当你发现买进一只股票它却无法做出相应反应时，你就应该毫不犹豫地卖出。如果一只有价值的股票碰上合适的大势，你就能确定自己能在股价下跌后让它恢复，即使下跌20多个点也没问题。但对于帝国钢铁，我不必这么做。

炒作过程中，我从未忘记基本交易原则。也许你觉得很奇怪，我为何总是强调这一点，而且反复说自己从不因为市场表现欠佳而发脾气或与行情理论。那些在生意上赚了上百万，而且经常在华尔街操作成功的精明人一定明白要冷静应对这一游戏，你能想到这一点吧？但你一定会惊讶，许多成功的作手会因为市场表现不如意而行如泼妇。他们把这看成是对自己的蔑视，大发脾气，进而亏损。

业界流传着许多关于我和约翰·普伦蒂斯不和的谣言。一旦我或他损失了几百万，人们就总觉得是由于什么戏剧性的原因导致了交易出错或其中有欺诈行为，诸如此类。可情况并非如此。

普伦蒂斯和我一直相处和睦，他常常给我一些有利的消息。我也常常给他操作建议，当然他并没有全部听从，如果他总能听从我的这些建议，就能少亏一些了。

　　普伦蒂斯是推动石油产品公司上市与宣传该股的主要力量。该股的首次发行表现不错，但随着市场形势急转直下，股票行为并不像他们期望的那样表现。后来大势有所好转，于是普伦蒂斯组建了一个内部集团，开始对该股进行操作。

　　我对他的操作手法一无所知。他没告诉过我他是如何操作的，我也没问。但很明显，尽管他经验丰富、生性聪颖，他的这次操作毫无作用。没过多久，内部集团就发现他们根本无法脱手什么股票。他应该已经想尽了一切办法，因为集团领导一般不会求助于外人，除非觉得自己无法胜任，而这也是大家最不愿意承认的事。不管怎样，普伦蒂斯来找我了。一番友好的寒暄之后，他说想让我帮忙为石油产品公司的股票开拓市场，卖出集团大约十万股的持股。该股当时的价格为102—103美元。

　　我对这种操作没什么把握，谢绝了他的建议，可他坚持让我看在他的面子上出手相助，最后我只得答应。我天生不喜欢做自己没把握的事，可又总觉得应该帮助亲朋好友。我说我会尽力而为，也列举了我要克服的不利因素，告诉他我不能保证一定会成功。但普伦蒂斯只是说，他并不要求我为集团赚几百万的利润，但是他确定只要我出手，结果一定会令所有通情达理的人满意。

　　就这样，我开始从事一件违背自己判断的事。正像我担心的一样，由于之前普伦蒂斯代表内部集团炒作时犯下的错误，情况很棘手。但主要的不利因素还是时间不对。我确信牛市即将过去，所以，现在这种令普伦蒂斯备受鼓舞的乐观的市场形势只会带来短暂的反弹。我担心在我能让石油产品公司股票有所进展之前，市场就已经完全由牛市转为熊市了。但我已许下承诺，决定尽力而为。

　　我开始拉抬股价，取得了一定的成绩，把股价抬高到了大概107点，已经很不错了，我甚至卖出了少量股票，虽然不多，但我很高兴没有增持。一些集团之外的散户也在期待股价的小幅上涨，以抛售他们的持股，我简直是他们的救星。如果市场大势好一点，我应该能做得更好。普伦蒂斯没有早点来请我出山，错过了好时机，这实在很糟糕。我觉得自己现在唯一能做的就是尽量平手退出。

　　我请普伦蒂斯来，告诉他我的看法，但他反对。我就向他解释为什么采取这种立场，我说："普伦蒂斯，我能清晰地把握市场脉搏，你的股票没有人跟进，你很容易就能看到股民们对我的炒作有什么反应。听着：我已经尽了全力来炒作石油产品公司，给了它我能给的吸引力，一直给它支撑，但是广大股民仍然无动于衷，那你就能确定，这不是股票的问题，而是市场出了什么问题，强行操作是没有用的，这样注定会亏损。在有人跟进的时候，内部集团的领导者应该买进自己公司的股票；但如果完全没有跟进，他还买进，那就是个笨蛋。我每买进5000股，股民们应该跟着买进5000股。我可不会做唯一的买家。如果我这么做，只会让自己陷入不想要的大量多头股票中。现在唯一能做的就是卖出，立刻卖出。"

"你的意思是狂抛，能卖多少算多少？"普伦蒂斯问道。

"对！"我说，我看出他准备反对，接着说："如果我把你们的集团持股全部卖出，你要做好心里准备，股价一定会跌破票面价值，而且……"

不等我说完，他就喊道："噢，不行，绝对不行！"仿佛我在叫他自杀。

"普伦蒂斯，"我对他说，"股票炒作的基本原则是要拉抬股票以便卖出。但你不会也不能在上涨的时候大量抛出。只有在股价从最高点往下跌时，才能大量抛售。我很想帮你把股价抬高到125或130点，可我无法做到，所以你只能从现在的价位开始卖出。在我看来，所有的股票都会下跌，石油产品公司也不例外。现在你们集团卖出引领股价的下跌，总比下个月因为其他人的卖压导致大幅下跌要好。反正它注定会跌的。"

我并没有说什么悲痛的事，可他大声哀嚎，根本听不进去。他哭道：这样可不行！这会给该股留下不良交易记录，更别说会在银行方面带来不便，因为这只股票已经抵押给银行了，还有其他种种后果。

我再次告诉他，据我判断，没什么力量能阻止这只股票下跌15—20点，因为整个股市都会跌这么多，我再次强调，不要指望这只股票会是个例外。可我又是在浪费口舌，他坚持让我支撑这只股票。

这就是那个最精明的商人，那个曾经的最成功的作手，他在华尔街的交易中赚过上百万，对投机游戏再了解不过了，现在却坚持在熊市初期支撑一只股票！当然，这是他的股票，虽然这是个愚蠢的操作，这么做完全违反交易原则。于是我又和他争论起来，但只是徒劳，他坚持让我买进来支撑它。

不久整个市场陷入疲软，真正的跌势自然开始了，石油产品公司的股票与其他股票一起下跌。按照普伦蒂斯的指示，我不但没有卖出，反而为该集团买进了。

唯一的解释就是普伦蒂斯不相信熊市已经来临。我确信牛市已经结束。我不仅通过石油产品公司的股票，还通过其他股票进行过测试，证实了自己最初的判断。我可不能等到熊市正式开始才开始放空。虽然我做空了其他股票，但一股石油产品也没有做空。

不出我所料，石油产品公司的内部集团的最初持股被套牢了，后来为支撑股价买进的股票不仅没有起到相应的作用，也都被套牢了。最后他们只能清盘，但是，如果当时普伦蒂斯同意我卖掉，他们就能以高一些的价位清盘了。结果注定是这样。可普伦蒂斯还是执迷不悟，坚持说自己是对的。听说，他说我当时建议他卖出是因为我做空了股市，而当时大盘还在上涨。他这么说就是暗示如果当时狂抛石油产品公司，它的价格就会暴跌，这有利于我在其他股票上的空头立场。

完全是胡说八道。我可不是因为做空股票才看淡后市，而是因为看淡后市才做空。我只有先看跌才会卖空。操作方向错误是赚不了什么钱的，在股市中尤其如此。我建议抛出这个集团的股票，是因为20年的交易经验告诉我，这是唯一可行且明智的做法。作为一个经验丰富的作手，普伦蒂斯应该像我一样看得很清楚，那时进行任何其他操作都为时已晚了。

我想普伦蒂斯以为炒作者无所不能，这个观点本来只有外行人才会有。其实这是错误的。基恩最大的成就就是1901年春天对美国钢铁的普通股和优先股的炒作。他之所以成功，不完全是因为他头脑清晰、足智多谋，也不完全是因为美国的首富们都是他的后盾，这些只是他成功的部分原因，其主要原因还是当时的市场形势对他有利，股民的心态也刚好合适。

经验能教会人很多事情，违背经验行事就是重复交学费，而且会败得很惨。违背常识行事更是不应当。但不是只有外行才会成为华尔街傻瓜。我刚刚已经说过普伦蒂斯对我的不满。我没有按照自己的意愿操作，而是按照他的指示，他对结果深感痛心，却把责任推到我身上。

为了大量抛售股票而炒作，只要操作中不含恶意误导成分，就不算暗箱操作，也不是不光彩或不合法的行为。健康的炒作必须以健全的交易原则为基础。大家总是强调诸如冲销交易之类的旧式操作。但我可以向你保证，骗人的成分在操作中既不合法，也没有用处。

股市炒作与在柜台上卖股票和债券的区别在于客户的心理不同，而不是哪种形式更有吸引力。摩根集团向民众发行债券，客户是投资者，而炒作者向民众卖出大宗股票，客户则是投机者。投资者力求从资本中获取稳妥、长期的回报，而投机者为的是快速获利。

炒作者必须把市场目标定位在投机者上，因为只有他们会为了高额回报的机会而冒更大的风险。我自己从不盲目赌博，我对赌博没有兴趣。我可能会全力一搏，也可能只买100股，但不管怎么做，一定是有原因的。

我还清楚地记得自己是如何开始从事炒作的——也就是帮别人卖股票。这些经历是一段愉快的回忆，因为它恰到好处地展示了华尔街真正的专家对股市操作应该持有的态度。那是在我"东山再起"后——也就是1915年的伯利恒钢铁股票交易让我开始恢复元气后。我的交易相当稳定，也很走运。我从不刻意为自己的炒作寻求报纸的帮助，也不有意回避公布我对这只股票看多的立场。而且你知道，如果哪个作手恰巧很活跃，华尔街的专家都会夸大他的成功和失败，媒体自然就会听说这个作手，并刊登所有有关他的真实和不真实的报道。有谣言说我破产过很多次，也有说我赚了好几百万的，这两个消息来自同一份报纸。我对这些报道的唯一反应就是好奇，我不明白它们是如何产生的，更不知道为什么会传播得非常广泛，同时我也为谣言传播的速度之快深感惊奇。我的证券商朋友们会接二连三地来告诉我同样的故事，每个人都有个新版本，每个故事都有些变化，变得更加详尽，并更加离谱。

说这段话是要告诉你，我是如何开始替别人炒作股票的，这还得归功于关于我如何瞬间全额偿还几百万债务的报道，它夸大了我的赌注和收益，于是整个华尔街都开始议论我。现在的作手已经不能靠炒作20万股就主导市场了，但是你也知道，民众总是希望能为老一辈的领袖找到接班人。大家都知道基恩是个高明的股票作手，独立操作赚了几百万，正是因为大名鼎鼎，承销商和银行才会请他出山帮忙抛售大笔股票。简言之，就是因为整个华尔街都听说了他交易成功的事迹，才会有人需要他来提供炒作服务。

但是基恩已经去世了——他上了天堂。他曾说：除非看到他的太太赛森比在天堂等他，否则他不会在那里停留片刻。还有两三个曾经创造数月股市历史的人，但他们都已经很久没有交易活动了，他们销声匿迹了。我指的是1901年来到华尔街的几个喜欢大手笔交易的西部人。他们从自己的美国钢铁持股中赚了几百万后，仍然留在华尔街。其实他们并不是基恩那样的作手，而是超级承销商。但他们非常能干，非常富有，而且极其成功地操作了自己或朋友控制下的股票。他们其实不是像基恩或州长弗劳尔那样的伟大作手，但华尔街上的人们还是觉得他们的故事中有许多值得议论的东西，而且一些专业人士和活跃的证券公司都是他们的粉丝。他们销声匿迹后，华尔街上就找不到真正的炒作者了，至少在报纸上看不到任何这方面的消息了。

你应该还记得1915年证券交易所恢复交易之后的那次牛市吧。协约国向美国购买了数十亿的物资，市场大大地扩张，我们进入了经济繁荣期。那时，一些因战争活跃起来的股票不需要任何炒作，它们拥有着无限的市场。许多人靠着合约甚至靠着可以得到合约的承诺进行投资，赚了数百万美元。这些人靠着友好的银行家的协助，或让自己的公司在场外交易市场上市，成了成功的承销商。任何股票，只要经过恰当的吹捧，股民们都会买进。

繁荣时期结束后，一些承销商发现他们需要专业人士帮忙销售股票。虽然买进时的价格有高有低，但是广大股民算是全被套牢了，此时想要脱手没有经过市场考验的股票可不是件容易的事。繁荣过后，股民们明白任何一只股票都不会涨了。这不是因为购买者变得更有分辨力了，而是大家不再盲目买进了，股民的心态已经改变。不需要股价下跌，只要市场交易变得惨淡且持续一段时间，股民们就会变得悲观。

在每次繁荣时期，就会有一些公司成立，或多或少地想利用股民们的乐观心理：不用挑，买什么都会赚的！也有人迟迟不愿积极地发行股票。他们会犯这种错误的原因是，人们总是不愿看到繁荣退去，总是怀揣希望，所以认为繁荣会永远持续下去。而且，面对可能获取的高额利润，冒险也是值得的。当希望遮住了人们视线时，大家便看不到股价的最高点了。普通人会看到，一只股价在12—14点时没人买进的股票突然涨到30点，这应该是最高价了，可它又涨到了50点，绝对不会再上涨了，可它紧接着又涨到了60点、70点、75点。这时，大家坚信这只几周前还不到15美元的股票不可能再涨了，可它又涨到了80点、85点。普通人总是不考虑股票真正的价值，而只考虑现实的价格，他们的行为受控于恐惧而不是市场形势。此时，这些人就采取了最容易的方法——相信这只股票会一直涨下去。这就是为什么这些外行虽然知道不应该在最高价买进，却总在最高价买进故而赔得一塌糊涂的原因。繁荣时期，广大股民总能获得高额账面利润，不过，这些利润却永远停留在了账面上，无法套现。

█ 第22章
没有永恒的朋友，
利益共同体只在有限范围内有效

有一天，吉姆·巴恩斯来找我，他既是我的主要证券商之一，也是我最亲密的朋友。他说想请我帮他一个大忙。他以前从来不用这种语气跟我说话，所以我让他说来听听，希望我能帮得上忙，因为我很想帮他。他告诉我说，他的公司对一只股票很感兴趣。事实上，他们一直是这家公司的主要股东，持有该公司大量股票。因为情况有变，他们必须大量抛售，吉姆想让我帮他脱手。这只股票就是统一炉具。

由于种种原因，我不想和这件事扯上任何关系，但是我欠吉姆一些人情，而且他坚持让我看在他的面子上出手相助，这让我无法拒绝。吉姆是个好人，又是我的朋友，我想他的公司一定遇上了大麻烦，所以最后我同意尽力帮忙。

在我看来，战时繁荣与其他时期的繁荣之间最明显的差别就是，到底有多少年轻人摇身一变成了银行家，他们都在股市扮演什么样的角色。

战时繁荣规模宏大，大家都知道是什么原因。与此同时，美国最大的银行和信托公司都竭尽所能，帮助各种各样的军火制造商和承销商一夜暴富。一个人甚至只需说他有一个朋友是某个盟军委员会成员的什么朋友，就能贷到一笔资金去履行他还未获得的合约。那时我常听到一些匪夷所思的故事，说小营业员用从信任他的信托公司借来的钱，通过转过不止一次手的合约做成了几百万的生意，摇身一变，成了某银行总裁。那个时候，大量黄金像潮水一样涌入美国，多得仿佛银行里都放不下。

老一辈的人也许会不相信钱这么好赚，但此时华尔街也没有多少老前辈了。在太平盛世，白发苍苍的老前辈很适合当银行的总裁，但在这种奋发向上的年代，年轻就是最大的资本。

银行的确趁机赚了不少利润。

巴恩斯和他的生意伙伴跟马歇尔国民银行年轻的总裁是朋友，深得他的信任，他们决定将三家著名的炉具公司合并，发行新股。几个月来，广大股民都在不断买进又买进各种旧股票。

可问题是，当时所有三家炉具生意都很兴旺，而且都开始第一次发放普通股的股息，公司的主要股东都不愿出让控制权。他们的股票在场外交易所很抢手，已卖光了他们愿意让出的所有股票，现状令人满意。但这三家公司各自的资本总额都太小，不足以在公开市场上市大展拳脚，这正是巴恩斯的公司介入的原因。三家公司一旦合并，规模变大，就能在证券交易所上市，新股会比旧股更有价值。通过让股票改头换面使其变得更有价值，是华尔街上的惯用伎俩。这是华尔街的老招术，改变股票的颜色，使股票变得更有价值。比如一只股票难以按票面价值售出，有时，通过把股票总数变成原来的四倍，可以使新股以每股30或35美元卖出，这就相当于每股旧股的价位成了120—140美元，以前的旧股是绝对达不到这个价位的。

巴恩斯与其合伙人似乎成功地说服了一些为了投机而持有大量格雷炉具公司股票的朋友参与合并，条件是以一股格雷公司的股份换取合并后的统一炉具公司股票的四股。格雷炉具公司是这三家公司中最大的一家。接着，米德兰炉具公司和西部炉具公司紧跟老大哥的脚步，以一股换一股的条件加入了合并。这两家公司的股票在场外交易的价位在25—30美元左右，而格雷公司因为名气更大，而且有分红，股价在125美元左右。

因为这些股东坚持现金支付，而且新公司需要额外的营运资金以改善业务、推广股票，巴恩斯他们必须筹措几百万美元。于是巴恩斯去找马歇尔国民银行的总裁。友好的总裁借给他350万美元，以新组建公司的10万股股份做抵押。据我所知，巴恩斯集团向总裁保证，新股价格不会低于50美元，总裁能从中赚取巨额利润，这绝对是笔赚钱的买卖。

质优股票就长期持有。

何时卖出股票取决于你买入股票时的理由是否发生了变化。

公司发起团的一大错误就是时机不对。市场已经达到承受新股的饱和点，他们本应看到这一点的。尽管如此，如果他们没有急于像其他发起团一样想尽快在这个巅峰繁荣时期赚取巨额利润，应该也能赚到不少的。

你可不能就此认定吉姆·巴恩斯这群人是傻瓜或者缺乏经验的毛头小子。他们都很精明，熟知华尔街的各种交易方法，其中一些人还是极为成功的作手。可他们的错误不仅在于高估了民众的购买力——毕竟只有经过一些实际测试才能确定市场购买力有多大，让他们付出沉重代价的错误在于：认为牛市将持续下去。我觉得他们之所以会犯这种错误，是因为曾经经历过急速的成功，所以他们坚信自己能在牛市结束前完成所有操作。这些人都很有名气，而且一大批专业人士和证券公司都是他们的粉丝。

他们为这笔交易大肆宣传，报纸上刊有大篇幅报道，说原来的三家公司是整个美国炉具业的化身，产品名扬四海。此合并无疑是一次爱国主义行为。日报上每天都有一茬又一茬关于公司产品如何征服世界市场的文章，亚洲、非洲、南美洲的市场都已被其牢牢占领。

财经版的读者对公司股东的名字都已耳熟能详。宣传工作非常成功，而且匿名的内线人士明确承诺股价会有极佳的表现，令人信服，所以市场上出现了对新股的大量需求。结果申购结束时的报告显示，以每股50美元的价格公开申购的这只股票，超额申购25%。

想一想！发起人能够期待的最好结果是什么样的？应该是在股票上市几周后再把股价抬高到50点，等继续涨到75点或以上后，均价就是50美元了。但是在申购阶段就按50美元出售，这相当于在正式上市之前各个公司的旧股价格就已经凭空提高了一倍，这是个危机。他们本应及时采取行动应对这一危机的，实际上却没有采取任何行动。从这里你可以看出，不同的生意有各自特殊的需求，专业常识比笼统之见总是更有价值。承销商看到出乎意料的超额申购，万分欣喜，认定股民们将愿意用任何价位买进任何数量的股份。而他们也实在愚蠢得可以，居然没有足额配售，也就是没有答应所有的优先认购权。即使决定要贪婪一点、自私一点，也不应该这么愚蠢啊。

他们当然应该足额配售。这样就欠公众25%的股票。需要的时候，这25%就能支撑股价，发起者不需要自己花一分钱，不费吹灰之力就能处于有利的战略位置。我每次炒作的时候，都会设法让自己处于有利的战略位置。他们本可以抑制股价下跌，让股民们相信新股能保持稳定的涨势，相信这一股票背后的集团。他们理应记住他们的任务不仅仅是把股票卖给股民，这只是他们销售工作的一部分。

他们自认为很成功，可没过多久，这两大致命错误就带来了严重的后果。股民们看到大盘有回落趋势，不再买进这只新股。内线人士也开始临阵退缩，不再支撑统一炉具的股价。如果衰退时连内线人士都不买进自己的股票，还有谁会买？缺乏内部支撑就是最充分的利空消息。

没必要调查详细数据，统一炉具的股价与大盘一起波动，但股价从来没有超过最初上市时的五十几点。巴恩斯一行人最后只能进场充当买家，为了把股价维持在40点以上。没有在上市之初支撑该股实在是种遗憾，可没有足额配售则更加令人惋惜。

总之，这只股票如期在纽约证券交易所上市，股价也如期一路下跌到37点，而它之所以不再下跌，是因为巴恩斯一行人以10万股做抵押，从银行贷出的那350万美元，他们必须把股价维持在这个价位上。一旦银行让他们清偿贷款，不知道股价会跌到什么地步呢。股价为50点时，股民们纷纷买进，现在股价跌到37点，人们已经不热心了，如果跌到27点，想必就更没人要了。

随着时间的推移，银行的过度放贷引起了人们的思考。青年银行家的时代过去了。银行业眼看着就要退回保守主义的管理风格。银行总裁从挚友变成了债主，仿佛他们从来没有一起打过高尔夫，也从来不是朋友一样。

此时，催偿贷款或请求放宽还款期限都没多大意义，境况让双方都很尴尬。与我朋友巴恩斯有业务联系的那家银行仍然乐于帮忙，但他们的态度仿佛是："看在上帝的份儿上，一定要清偿贷款啊，否则大家都没好日子过了！"

面对这种困境及它可能带来的严重后果，吉姆·巴恩斯只能来找我，请我帮他卖出10万股以清偿银行那350万美元的贷款。他现在不指望在这只股票上赚钱了，只要能降低亏损，他们就谢天谢地了。

当时，整个市场并不活跃，走势也不强劲，所以这似乎成了一个不可能完成的任务，尽管股价反弹也会偶尔出现，让人们兴奋起来，试图相信牛市归来。

我告诉巴恩斯，我要研究一下情况，然后答复他以什么样的条件承接这项工作。我的确做了一番研究，但我没有分析公司最新的年度报告，只是研究了问题产生的股市阶段的情况。我不打算通过宣传公司的收入及前景来吹捧这只股票以拉动其上涨，我只想在公开市场上卖出这一大笔股票。我考虑的是有什么因素应该、可以或可能有利于或不利于我的操作。

经过研究，我首先发现，太多股票掌握在太少人手里，多得非常危险，多得令人不安。

克利夫顿·凯恩集团持有7万股。这个集团旗下有一些银行和证券公司，都是纽约证券交易所的会员公司。这些公司的老板是巴恩斯的挚友，多年来专做炉具股票业务，所以，他们在促成三家炉具公司的合并上发挥了重大作用。他们还把自己的客户也拉进了这笔生意。前参议员塞缪尔·戈登也有7万股的持股。戈登兄弟公司就是他的侄子们办的，他也是公司的特别股东。另外，著名的约书亚·沃尔夫持有6万股。这几位华尔街的专业老手加起来，就持有20万股统一炉具的股票。他们知道应该什么时候卖出持股，不需要好心人的指点。一旦我想办法炒作该股以吸引股民的购买——也就是说，一旦我让该股变得强劲、热门，就会眼睁睁看着凯恩、戈登和沃尔夫大量出货。我可不希望看到他们的20万股股份像尼亚加拉瀑布一样涌进市场。别忘了，牛市的巅峰早已过去，不管我的操作多么精妙，也不会带来巨大的市场需求。巴恩斯谨慎地退到一旁请我代为操作，其实也不抱太大希望。他这是让我在牛市尾声抛售一只浸透了水的股票。虽然报纸上还没说过牛市即将结束，但我清楚这一点，巴恩斯也清楚，银行当然一样心知肚明。

但我已经答应帮忙，所以我派人请来凯恩、戈登和沃尔夫。他们手中那20万股就像达摩克利斯剑，随时会对我的操作产生致命的影响。我觉得最好先和他们通好气，以求稳妥。在我看来，最简单的办法就是跟他们达成某种互惠协议。只要他们在我卖出银行那10万股时按兵不动，我就积极帮助他们开拓一个让大家都能顺利出货的市场。就当时的情形来看，即使他们只卖出1/10的持股，统一炉具的股价也会大幅下跌。他们深知这一点，所以从未尝试卖出。我希望他们做的只是看准卖出的时机，明智地表现得无私一点，以免让自私带来不良后果。我只是要求他们判断卖出的时机，以及不要使明智的不自私变成不明智的自私。无论是在华尔街，还是在任何其他地方，占着茅坑就得拉屎，是集团分子就得出力，要不大家都不会有好结果。时间紧迫，我打算说服他们，仓促或欠考虑的出货只会妨碍全盘出货。

我希望我的建议能引起他们的共鸣，因为他们都是华尔街上的交易老手，并不指望市场上会出现对统一炉具的刚性需求。克利夫顿·凯恩的证券公司生意兴隆，在11个城市设有分公司，拥有成百上千的客户。他的公司担任好几个内部集团的操盘经理。

手中持有7万股的戈登参议员极其富有。纽约媒体的读者对他的名字耳熟能详，因为他好像曾被一个16岁的美甲师控告毁弃婚约，戈登送给这位美甲师一件价值5000块的貂皮大衣，还给她写过132封情书，这些都成了证据。戈登协助他的侄子们创立了证券公司，是该公司的特别股东。他曾参与几十个内部集团，靠着从米德兰炉具公司继承的大笔股票换得了10万股统一炉具公司的股票。他的持股太多，完全不理会巴恩斯狂热的利多消息，在市场大势变糟之前就卖出了3万股套现了。他后来告诉一个朋友说，其他大股东——这些股东也是他的亲密老友——求他不要再卖了，他是因为尊重他们才停手的，不然他会卖得更多，再有就是我之前说的那个原因：那时也没有市场让他出货了。

第三个人是约书亚·沃尔夫，他可能是股票作手中最著名的一个了。二十年来，人人都认为他是交易大厅里的大赌客，在哄抬或打压股价方面很少有人和他一样能干，对他来说，操作两三万股和别人操作两三百股一样简单。早在来纽约之前，我就听说他是个大手笔的人。他当时跟随一个好赌成性的小集团到处豪赌，不管在股市还是在跑马场都一掷千金。

人们以前常说他只是个赌徒，但他其实是有真本事的，对投机游戏很有天分。同时，大家都知道他对文化知识从来都不感兴趣，这使他成为无数趣闻轶事的主角。其中流传最广的故事是这样的。约书亚有一次参加他所谓的上流社会的晚宴，由于女主人的疏忽，一些宾客开始讨论文学，女主人还没来得及阻止就出事儿了。

一个女孩坐在沃尔夫旁边。她一直只听到他的嘴大声咀嚼，除此之外还没听到它发过别的什么声音。她转向他，急切地想跟这位大金融家聊聊，于是问道："噢，沃尔夫先生，您喜欢巴尔扎克吗？"

约书亚礼貌地停止咀嚼，把食物咽下，然后回答说："俺从来不做没有名气的股票！"

这就是统一炉具公司最大的三位股东。我把他们请来，告诉他们，如果他们组成一个可以提供现金的财团，并以略高于市价的价格把他们手中股票的认购权出让给我，我会尽力创造市场。他们立刻问我需要多少钱。

我回答说："你们都持有这只股票很久了，它对你们毫无用处。你们三个一共持有20万股，而且你们很清楚，除非能为这只股票创造市场，否则毫无机会卖出。要创造市场来吸入你们脱手的股票，就必须有足够的现金先买进一定数量的股票。如果中途由于资金不足而停止，就会前功尽弃。我建议你们组成财团，筹集600万现金，然后把手里的20万股股票的认购权以40美元的价格出让给这个财团，并交由第三方保管。如果一切顺利，你们不仅能出脱所有持股，财团还能从中赚一点。"

我之前说过，市场上有各式各样关于我在股市中获利的谣言，这些谣言这次或多或少帮助了我，因为一旦功成名就，事事都会比较顺利。总之，我不用跟他们多费唇舌解释，他们很清楚，孤军奋战是不会有什么结果的。他们觉得我的建议不错，所以走的时候，他们说会立刻组建财团。

他们轻而易举地说服了一些朋友加入。我想，他们一定很肯定地告诉那些朋友这个财团能获利。据我了解，他们自己也相信能获利，所以这不算黑心消息。不管怎样，几天后，财团就成立了。凯恩、戈登和沃尔夫以40美元的价格出让了20万股的认购权，我负责把这些股票交由第三方保管。这样，如果我要抬高股价，这20万股就不会流进市场了。我必须首先自保才能救人。不少看上去很有希望的交易最后都因为集团内部成员之间没有相互信守承诺而失败。华尔街是一个人吃人的地方，人们认为必须尔虞我诈，不尔虞我诈就是愚蠢。当初第二家美国钢铁线缆公司上市时，内线人士曾相互指责对方在背信弃义地出货，而约翰·盖茨、盖茨的朋友、塞利格曼家族、该家族的银行伙伴这四家之间，也曾有过君子协定。我曾在一家证券公司听到有人背诵一首四行诗，相传是盖茨写的：

毒蜘蛛跳到蜈蚣的背上，

令人毛骨悚然地狂笑道：

"我要毒死这个凶残的坏蛋，

不然他就会毒死我。"

注意，我绝不是想暗示我在华尔街的朋友都想在交易中欺骗我。但是原则上最好以防万一，这是明显的常识。凯恩、戈登和沃尔夫告诉我他们已经组建好可以提供600万美元现金的财团之后，我只用等着资金到位了。我早就告诉他们要快，可资金还是零零散散的，大概来了四五次。我不清楚为什么，但我记得当时他们发出了紧急求救信号。

一天下午，我收到一些大金额的支票，使我掌握的现金达到400万美元，而且他们向我保证，剩下的那200万将在一两天内到位。这样看来，在牛市结束前，这个财团或许还能有所作为。但不管怎样，这个任务都有一定难度，我越早开始操作，结果就会越好。广大股民们对交易惨淡的股票出现的新动向不会特别感兴趣，但一个手握400万现金的人可以想办法激发人们对任何一只股票的兴趣。这些钱足以吸入所有卖盘。就像我说的，时间紧迫，没有必要傻傻等着另外200万到位。很明显，越早把股价抬高到50点，对这个财团越有利。

次日早上一开盘，我惊讶地发现，统一炉具公司的股票出现了异常的大笔成交量。我之前说过，该股几个月来一直没有进展，股价停留在37点。吉姆·巴恩斯以每股35美元作为抵押向银行贷款，所以他费尽心机阻止股价继续下跌。但要让它上涨，他知道几乎是不可能的。

可这天早上，这只股票出现了大量买盘，价格涨到了39点。开盘后的一个小时内，该股的成交量就超过了过去半年的总成交量。这成了那天的爆炸性新闻，并给整个市场带来了利多的影响。我后来听说，那天所有证券公司的投机客都在谈论这只股票。

我不知道这意味着什么，但统一炉具的振作并没有伤害我的感情。通常，我不用亲自打听任何股票的异常走向，因为我在交易大厅的朋友——替我交易的证券商和我的场内交易商朋友——都会告诉我消息。他们认为我肯定想知道的情况，就会打电话把他们听到的任何消息或谣言都告诉我。这天，我听到的消息是，明显有内部人士在买进统一炉具，这其间并无冲销交易，都是真正的买进。买方吃进了从37美元到39美元之间的所有卖盘，而有人询问原因或内部消息时，却没人能透露任何消息。所以，警觉而聪明的交易商断定其中定有内情，有大动作。当股价因为内线人士的买进上涨，而又没有利多消息鼓励散户跟进，那些追随行情的人就会开始四处打探到底出什么大事儿了，官方消息什么时候能出来。

我可是什么也没做。我带着疑问关注事态的发展，追踪交易情况。可第二天，买盘规模更大了，且来势汹汹。那些委托在37点的卖盘放了几个月都没人理，现在都被轻易吸收了，而且新卖单也不足以抑制涨势。股价自然一路攀高，突破40点，不一会儿就涨到了42点。

股价一涨到42点，我觉得应该开始抛出作为银行抵押的持股了。我当然料到股价会因为我的卖压下跌，但以37点的均价抛出所有持股，应该没什么问题。我了解这只股票的价值，而且我跟踪了几个月的冷清交易了，知道应该如何抛出。我小心翼翼地脱手了3万股，居然还没有抑制住涨势！

那天下午，我得知了这种适时而神秘的涨势的原因。事情似乎是这样的：在涨势开始的前一天下午收盘后和当天早上开盘前，场内交易员得到消息，说我十分看好统一炉具，准备把股价一路抬高15—20个点。对于不了解我的操作手法的人来说，这就是我的惯用手法。这一消息的主要散布者就是约书亚·沃尔夫。正是他自己的内部买盘引起了从前一天开始的涨势。他的那些场内交易员朋友很乐于听信他的内部消息，因为他知道许多内情，绝不会误导这些粉丝。

其实，拥进市场的股票没有我之前担心的那么多。想想我手里的30万股，你就会明白这种担心很有道理。现在要拉抬股价比预想的要轻松。毕竟弗劳尔董事是正确的。每当别人指责他炒作自己公司负责的股票时，比如芝加哥汽油、联邦钢铁或B.R.T.，他总是会说："我知道怎么拉抬股价，但是唯一的办法就是花钱买进。"这也是场内交易员让股价上涨的唯一办法，价格会做出相应的反应。

次日早餐前，我从早报上读到一则消息："拉里·利文斯顿即将积极操作，推动统一炉具上涨！"成千上万的人一定也看到了这一消息，而且它无疑已经通过电报被传送到几百家证券公司的分公司和城外办事处。至于细节，各大报纸的报道不尽相同。一个版本是我组建了一个内部集团，准备给那些过度放空的空头点颜色看看。另一版本暗示公司近期将宣布分红。还有一个版本是提醒大家记住我在操作自己看涨的股票中取得过的成绩。甚至有报道指责公司隐藏资产以便让内线人士吃进股票。这些报道一致认为真正的涨势还没开始。

当天早上开盘前，我在办公室查看信件，滚烫的利多消息像洪水一样席卷着华尔街，敦促大家立刻买进统一炉具。我的电话响个不停，接电话的营业员听到的是以各种方式问的同一个问题：统一炉具真的会上涨吗？我必须承认，约书亚·沃尔夫、凯恩和戈登——可能也包括巴恩斯——干得太漂亮了！

我从不知道自己有这么多粉丝。那天早上，全国各地的股民争相买进几千股这只股票，就在三天前，这只股票还无人问津。别忘了，其实广大股民的买进完全是因为从报纸上听说我是个成功的赌徒。这样看来，我还得感谢那一两位富有想象力的记者。

在这种情况下，我于股价上涨的第三天、第四天、第五天卖出统一炉具，帮巴恩斯把他在马歇尔国民银行作为350万美元贷款抵押的10万股卖光了。如果最成功的炒作指的是炒作者以最小的代价达到预期目的，那统一炉具交易绝对是我交易生涯中最成功的一次。我在操作过程中一股也没有吃进。我完全不必为了能顺利卖出而先买进。我没等股价抬到最高点就开始了全面抛售。甚至不是随着股票的下跌抛售的，而是随其上涨一路抛售。你不费吹灰之力就得到了别人为你创造的强大市场购买力，就像进入了梦想的天堂，尤其在你有这种迫切需求的时候。我曾听弗劳尔董事的一个朋友说：一次弗劳尔成功帮B.R.T.的内部集团获利卖出了5万股，但是交易了超过25万股，而作手的佣金是按照交易多少抽成利润的。汉密尔顿曾说：詹姆斯·基恩在炒作联合铜矿的时候，交易了至少70万股才把22万股全部卖出，这可是一笔数目不小的佣金啊！想想他们的情况，再想想我，如果我也按他们的方式抽取佣金，这次交易中我只需从为巴恩斯卖出的那10万股中抽取，省了一大笔钱呢！

我已经将答应帮忙卖出的股票全部出脱，而财团之前同意筹集的资金还没完全到位，我又不想买回卖出的股票，所以我开始考虑去什么地方来个短期度假。我记不清去了什么地方，但清楚地记得我不再理会这只股票，很快，股价开始下跌。一天，大盘疲软，一位失望的多头想尽快脱手他手中的持股，在他的卖压下，股价跌破了40点，也就是我当初的认购价。这只股票开始变得烫手。我之前说过，我不看好市场的总体形势，所以我更加感谢出现的奇迹，让我没有像好心的内部消息散播者说的那样把股价拉抬二三十个点就脱手了那10万股。

失去支撑力量后，股价一路下跌，直到有一天再创新低，跌破32点。你应该还记得，为了避免银行在市场上廉价抛售他们作为抵押品的10万股，巴恩斯一行人一直把股价支撑在37点。

一天，我正在办公室安静地研究行情，有人通报说约书亚·沃尔夫要见我，我说请他进来，他冲进我的办公室。他身材短粗，我一眼就看出他怒气冲冲。

他径直冲到我站着的行情收录器旁边，嚷道："嘿，这到底是怎么回事？"

"请坐，沃尔夫先生。"我一边坐下，一边客气地说，想让他冷静下来。

"我不坐！我想知道你是什么意思！"他扯着嗓子喊道。

"什么什么意思？"

"你究竟对它做了什么？"

"我对什么做了什么？"

"那只股票！那只股票啊！"

"什么股票？"我问他。

这让他勃然大怒，他吼道："统一炉具啊！你对它做了什么？"

"我什么也没做啊！绝对什么都没做。怎么了？"我问道。

他瞪了我整整五秒，然后大吼："你看看价格！看啊！"

看到他如此生气，我站起来看了看行情，说："现在的价格是31 1/4点。"

"是31 1/4点！而我这儿还有一堆持股！"

"我知道你持有那6万股很长时间了，因为你当初买进格雷炉具时……"

不等我说完他便打断了："可我又买进了一些，有些还是在40美元的高价位买进的，现在还在我手里呢！"

看到他充满敌意地瞪着我，我说："我没叫你买进。"

"你没做什么？"

"我没有叫你吃进。"

"我不是说你叫我吃进，但是你本应拉抬……"

"我为什么要这么做？"我打断他。

他看着我，气得说不出话来，好不容易才开口说："你应该拉抬股价的，你手里有资金。"

"是的，但是我一股也没买。"我告诉他。

他忍无可忍了，"你手里有四百多万现金可以买进，可你一股也没买？"

"一股也没买！"我重申。

听到这话，他气得话都说不出来，最后好不容易才说："你玩的什么把戏？"

我从他们眼睛里可以看出，他内心一定在指责我的万恶罪行，所以我对他说："沃尔夫，你真正想问的是，为什么我没有用50美元以上的价格买进你以不到40美元的价格买进的股票，是吧？"

"不，不是这样。你有以40美元买进股票的认购权，又有400万现金可以拉抬价格。"

"是啊，可我没动那笔钱，而且我的操作没有让财团亏一分钱。"

"听着，利文斯顿……"他说。

但我没让他说下去："你听我说，沃尔夫。你、戈登和凯恩持有的20万股已经锁定，如果我想为统一炉具创造市场，并从40美元的认购权中赚取利润，就会拉抬股价同时保证市场上不会涌入大量股票。但你并不满足于持有数月的6万股以每股40美元卖出，也不满足于你在财团中分配到的利润，于是决定以低于40美元的价格吃进大量股票，当我用财团筹来的钱拉抬股价时，你就可以倒货给我，因为你确定我会拉抬股价。你要先于我行动，我很有可能成为你倒货的对象。显然，你为了倒货，买进了大约10000股。而且为了以防万一，你没有考虑可能给我带来的困难，透露消息给美国、加拿大和墨西哥的每一个人，让你所有的朋友都知道我准备如何操作。在他们和我的买进中，你就能全身而退。你把消息告诉一些挚友，他们买进后，就会告诉他们的朋友，这些人又会告诉第四批、第五批甚至第六批傻瓜，打算出货给他们。于是，当我最终决定卖出股票的时候，发现有几千个聪明的投机者在等着我行动呢。沃尔夫，你这个想法真是帮了我一个大忙。当我看到统一炉具在我还没来得及买进的时候就开始上涨，你不知道我有多么惊讶；当我替财团以40美元左右的价格把那10万股卖给股民时，你不知道我有多么感激。这些股民们本来准备以50或60美元的价格把这些股票卖给我的。我真是个笨蛋，没有用财团筹集的那400万美元替他们赚钱，是吧？那些钱本来就是用来买进的，但我只会在必要的时候买进，可我认为当时没必要买进。"

沃尔夫是华尔街的老手了，不会让怒气影响生意。他冷静地听我说完后，用友好的语气说："那么，拉里，老兄，我们该怎么做？"

"想怎么做就怎么做。"

"哎，讲点义气嘛，如果是你，会怎么做？"

我严肃地说："如果我是你，你知道我会怎么做吗？"

"怎么做？"

"我会全部卖光！"我告诉他。

他看着我好一会儿，没说一个字，转身离开了我的办公室，再也没有来过。

不久后，戈登参议员也来找我。他同样很恼火，责怪我给他们带来的麻烦。后来凯恩也来抗议。他们忘了在组建财团的时候，他们的股票根本没有销路，他们只记得我手里掌握着财团筹集的几百万美元却没有在股价涨到44点且交易活跃的时候帮他们卖出持股。而现在，股价跌到30点了，而且交易惨淡。他们认为我本该以高额利润帮他们卖光持股。

当然，过了一阵子，他们也冷静下来。财团毫无亏损，主要问题仍是如何卖出他们的持股。一两天后，他们又回来找我帮忙，戈登尤其坚持要我帮忙。最后，我让他们以25 1/2美元把共同持股委托给我出售。我提出的酬金是以25 1/2美元以上的价位卖出后所获利润的一半。该股的最新报价大约是30美元。

就这样，我答应帮他们出清持股。根据当时的大盘行情和统一炉具的表现，要出清这些股票只有一个办法，就是不拉抬股价，而是随着股价的下跌一路抛出。如果拉抬股价，我就得吃进股票，但如果随着股价的下跌抛出，总能把股票卖给一些觉得现在买进很划算的买家。这些人总是认为当一只股票的股价比最高价低15—20个点时就是便宜货，尤其是现在最高价刚刚过去，在他们看来，股价即将出现反弹。统一炉具的股价曾上涨到44点，现在不到30点，他们一定会觉得很适合买进。

这个办法一如既往地奏效，想捡便宜的买家大量买进，让我出脱了这个财团的全部持股。可戈登、沃尔夫和凯恩一点儿也不感激我，他们还在生我的气，至少他们的朋友是这么告诉我的。他们常常对别人说我怎么耍了他们，他们对于我没有遂其意愿拉抬股价耿耿于怀。

其实，如果不是沃尔夫一行人到处散布利多消息，我根本无法脱手抵押给银行的那10万股。如果按我的惯用做法，也就是合理自然的方式，我就得以任何可能的价位卖出。我刚刚说过，市场那时正处于衰退期。在这种市场中，卖出的唯一办法未必是不顾一切的卖出，但一定要不计价格地卖出，别无他法。可他们不相信这一点，依然很恼火。可我一点也不生气,生气是没有用的。多次经验让我认识到,发脾气的投机者注定玩完。这次,他们的抱怨并没有带来什么不良后果。

但这期间有一件怪事。有一天,我妻子去了一家别人极力推荐的裁缝店,这位女裁缝手艺高超、乐于助人、性格随和。去了两三次之后,她和我妻子渐渐熟了,就对我妻子说:"我希望利文斯顿先生快点拉抬统一炉具的股价。我们听说他要拉抬这只股票的价格,而且一直听说他的交易总是很成功,就买进了一些统一炉具。"

告诉你,一些无辜的人因为听信了"我"的内部消息而亏钱,一想到这事儿我就很难过。或许你现在能理解为什么我从来不散播内部消息了。那位无辜的女裁缝亏了钱,这让我觉得,我比沃尔夫更有抱怨的权利。

周期型股票的最佳卖点是，当公司增长达到顶峰或周期即将结束时，通常出现库存大幅增加，而且公司销售放缓，大宗商品价格下跌。

▌ 第23章
内线和股民的心理博弈中，
刻意地误导舆论总会笑到最后

股票投机永远不会消失，因为人性不希望它消失。无论"投机有风险，交易需谨慎"的危险被警告多少次，人们也永远无法停止。不管一个人多能干或经验多么丰富，都不能避免猜错。再精心拟定的计划，也有可能因为预想不到甚至根本无法预想的事而以失败告终。灾难可能是自然灾害或恶劣天气，也可能源于你内心的贪欲或虚荣，也可能来自恐惧或无法抑制的希望。这些都是交易商要对付的自然敌人，除此之外，他还要提防他人不地道的行为，那些无论从道德上还是从生意原则上来说都不正当的行为。

当我回想25年前初到华尔街时这里的操作惯例时，我必须承认现在的情况已经大大好转了。空壳证券公司已经消失，虽然带有对赌性质的证券公司依然生意红火，因为总有无数男男女女愿意为一夜暴富的梦想付出代价。证券交易所的成绩不错，不仅一次次痛击这些彻头彻尾的骗子，而且监督其会员公司严格遵守交易规则。许多健全的规章制度得到严格执行，虽然仍有待改进。某些恶行顽固不化，不在于道德上的麻木不仁，而在于华尔街不愿改变。

在股票投机上赢利一向都很困难，现在更是一天比一天难。不久前，真正的交易者还对每只上市股票都能适当了解。1901年，摩根推出由几个较小的集团合并而成的美国钢铁，这些小集团大都不到两年

股价长期走势取决于公司盈利成长性及可持续性。

历史。那时，有275只股票在证券交易所上市，还有大约100只场外交易的股票。其中许多股票发行量很小，或由于是次要股或保息股，交易清淡，毫无投机吸引力，所以你完全不必去了解它们。事实上，绝大多数股票都好几年没有一笔交易。而今天，大约有九百只上市股票，近期的活跃股就有六百多只。过去，不仅上市股票资本额较小，股票种类也较少，交易者不需要留意这么广范围的消息。可现在，人们的交易涉及各行各业，几乎每个行业都有上市股票，股民们没有那么多时间和精力去收集所有股票的所有信息。这样，对于依照理性操作的人来说，投机变得困难多了。

成千上万的人都在交易股票，可真正获利的人不多。大众总是沉迷股市不能自拔，所以一定总有人亏损。无知、贪欲、恐惧和过度的希望都是投机者的死敌。世界上所有的法规和交易规则都无法消除人类的这些本性。此外，即使再周密的计划也可能被意外事件打乱，冷静的经济学家和热心的慈善家也无法预料。股民还可能因为听信刻意用来误导大众的消息而亏损。这类消息和普通的内幕消息不同，因为它们常常以各种伪装和粉饰的形式出现，所以更危险，也更具摧毁性。

普通的外行当然都靠内幕或谣言交易，无论是直接从别人那里听来的还是间接从报纸上看到的。对于普通的内部消息，你无从防范。例如，一个患难之交告诉你他真诚地希望你能听从他的内幕，这样你就能发财了，他是一片好意。可如果这个消息有误你能怎么办呢？你也无法防范狡猾的专业情报贩子的内幕，股民们上当受骗的几率和买到假金砖或假酒的几率相当。但是这些都不是可怕的，因为你可以听，也可以不听。

对于典型的"华尔街谣言"，投机大众毫无防范能力，也无力补救。报纸和行情显示器传播的利多消息才是最致命的。大宗证券交易商、炒作者、内线集团及一些个人可以运用多种手段帮他们以最好的价格脱手多余的持股。

随便翻开一天的财经报纸，你会惊讶地发现里面充斥了大量带有

不断地寻找价值低估更厉害、获利机会更大的股票，来替换掉手中现有的赚钱机会相对较小的股票。

半官方性质的声明。说这些话的人都声称消息确切，因为他们是"重要的内线人士"、"大股东"、"高级官员"或"权威人士"。我从今天的报纸上随便挑出来一则消息，你听："据一位重要的银行家透露，市场近期不会衰退。"

真的有一位重要的银行家说过这样的话吗？如果这是事实，那他为什么这么说呢？他为什么不公布自己的名字呢？难道他害怕一旦报纸刊出他的名字，人们就会相信他说的话吗？

这里还有一则关于一个近期变成活跃股的公司的消息，这次透露消息的是一个"大股东"。如果真有这么个人，那究竟是公司董事会的十几个股东中的哪一位说了这样的话呢？显然，用匿名的方式，谁也不用承担这句话可能带来的任何后果。

除了要认真研究各种投机先例之外，股票交易者还必须考虑股票交易中的一些事实。你不仅要研究如何赚钱，还要知道如何避免亏损。知道什么不该做，和知道什么该做一样重要。所以最好记住，个股的涨势中或多或少存在一些炒作因素，内线人士想通过这种炒作达到唯一的目的：以最有利的价格脱手持股。但证券公司的任何一个客户一般都自认为不那么容易上当，因为他会坚持寻找股票上涨的原因，并在找到的时候自认为满意。炒作者自然会迎合这种"聪明"来"解释"为什么涨，以便出货。我坚信，如果不允许媒体刊登匿名的利多消息，就是那些促使大家买进或继续持股的消息，股民们的损失就能大大降低了。

绝大多数匿名股东或内线人士刊出的利多消息都是不可靠的，这些消息是刻意用来误导股民的。每年，这些股民都会因为把这些声明当成是半官方的可信消息而损失成百上千万美元。

比如说，一家公司的业务经历了经营低谷，股票交易惨淡。股价反映了股民们对这只股票的价值的普遍、大概精确的看法。如果股价低于价值，也就是股票比较便宜，就会有人知道，然后买进，股价就会上涨；而如果股价高于价值，也就是股票很昂贵，同样会有人知道，然后卖出，价格自然下跌。而现在股价既不便宜也不算贵，所以无人问津，大家都按兵不动。

这家公司的业务发生了转机，谁会是最先知道的人呢？内线人士还是广大股民？绝对不会是广大股民。然后会发生什么？如果情况持续改善，公司收入增加，公司就能恢复股票分红，如果分红持续，就会提高股息，也就是说，这只股票的价值会上涨。

假设情况持续好转，管理层会把这个好消息公诸于众吗？总裁会告诉股东这个好消息吗？会有一位博爱的股东为了那些阅读报纸财经版和通讯社报道的股民的利益，站出来发表具名声明吗？会有某位谦虚的内线人士以惯用的匿名方式告诉大家公司前景一片大好吗？

当然不会，他们会只字不提，报纸或行情也不会透露半点风声。

　　他们会谨慎地封锁这种真正的利多消息，不让大众知道，这时，"著名内线人士"们会保持沉默，在沉默中进场购买尽可能多的便宜股票。随着知道内情的人的低调买进，股价开始上涨。财经记者知道内线人士应该了解上涨的原因，就去采访他们。这些不透露姓名的内线人士会怎么做？他们会统一宣称他们毫不知情，这种上涨毫无理由，甚至说自己并不关心股市的变化和投机者的行为。

　　股价持续上涨，直到了解内情的人买进了所有可以持有的股票后，华尔街上马上充斥着各式各样的利多谣言。行情显示，"据可靠消息"，这家公司业务好转。那位不愿透露姓名的谦虚的股东曾说这只股票的上涨毫无理由，现在却说，当然还是匿名的方式所以你不知道他是谁，股东们有充分的理由相信这家公司的前景一片大好。

　　利多消息如洪水一般汹涌而至，大众受到鼓舞，纷纷开始买进这只股票，刺激股价进一步上涨。这时，一致不愿透露姓名的股东的预言变为现实，根据实际情况，公司恢复分红或提高股息率。随之而来的是更多利多消息，不仅数量增多，而且更具煽动性：当有人直截了当地问一位"大股东"经营状况如何时，他向世人宣告，情况会进一步好转；经过一家新闻机构的百般央求，一位"著名内线人士"终于承认公司收入惊人；一位与该公司有业务联系的"著名银行家"被迫指出，公司销售量出现空前增长，即使没有新的订单，公司也得夜以继日工作好几个月才能满足已有的订单；一位"财务委员会的成员"在报纸上的一份大字号声明中表示，他完全没想到大众会对这只股票的上涨感到如此惊讶，令人震惊的应该是股价的攀升速度太慢，任何人只要分析一下即将发布的公司年报，就会知道该股的净值远远高于市价。但这些消息绝不会提到透露消息的慈善家的名字。

　　只要公司收入持续增长，而且内线人士没有察觉公司的大好前景有减缓迹象，他们就会一直持有低价买进的股票。股票价值会持续上升，那就没有理由卖出，于是市价就不会跌。然而，一旦公司业务有变坏的倾向，会发生什么事情呢？内线会出面做出宣布、警告或稍加暗示吗？根本不会！就像当初公司业绩好转时他们低调买进一样，他们现在会悄悄卖出，所以股价现在呈下跌趋势。在内线的卖压下，股价自然下跌。接着，人们开始听到熟悉的"解释"：一位"重要内线人士"宣称一切正常，之所以会下跌，仅仅是由于那些想影响该股走势的不怀好意的空头在大量抛售。股价持续下跌一段时间后，某天出现暴跌，人们就会吵着要"理由"或"解释"。这时除非有人出来说明，否则人们会陷入慌乱，害怕最糟的情况发生。于是新闻上会出现这样的消息：“我们从公司的一位重要股东那里了解到了实情。对于如今这只股票的疲软状态，他宣称唯一的结论就是空头的掼压。公司的基本状况并没有改变，生意空前兴旺，不出意外的话，很有可能在下次讨论分红的董事会议中提高股息。空头势力咄咄逼人，显然想利用疲软的假象低吸犹豫不决的持股者手中的股票。”新闻机构为了让这种消息更可信，可能会继续声明：据“可靠消息”，股价下跌当天抛售的股票大部分已被内线吃进，这些抛售的空头完全是在作茧自缚，早晚要付出代价的。

一部分股民因为听信了利多消息，继续买进，所以遭受了亏损，还有一部分股民打消了卖出的想法，继续持股，也遭受了亏损，其实真正在抛而想让股民接盘的正是那些“重要内线人士”，他们想方设法阻止股民卖出他们不想支撑的股票。大众看了“大股东”的声明后会相信什么呢？一般的外行会怎么想呢？当然是相信这只股票绝对不会下跌，只是由于空头的卖压才暂时疲软，一旦空头停止做空，内线人士就会发动一次报复性的涨势，逼迫空头高价回补。大众完全相信这一点，因为如果跌势确实是由空头卖压引起的，事情一定会这么发展。

尽管市场上流传着内线集团威胁说会大力轧空过度放空的空头势力，这只问题股票的价格并没有反弹，跌势汹涌，根本无法阻挡，因为内线人士放给市场的股票太多，市场难以消化。

这些由“大股东”和“重要内线人士”卖出的内线持股成了专业交易商之间的足球，被踢来踢去，谁都不愿承接。股价不断下跌，似乎永远不会触底。内线人士知道现如今的业务状况会让公司收入继续下跌，所以在公司业务再次好转之前，不敢支撑这只股票。一旦公司业务再次好转，内线人士又会低调买进。

我从事股票交易这么多年，一直对股市十分了解，在我的记忆中，没有一次空头掼压造成股价大跌的事例。所谓的空头卖压，不过是确切了解真实情况的内线在抛出。但他们不可能对外公布说股票的下跌是由于内线的抛售或缺乏内线支撑，这样大家就会纷纷卖出了，卖压就更大了。一旦人人都卖出，却无人买进，情况就会大乱。

股民们应该铭记这一点：股价长期低迷的原因绝不会是空头掼压。一旦某只股票持续下跌，你可以肯定其中一定有问题，不是市场有问题，就是公司本身有问题。如果这种下跌没有道理，价格很快就会跌到股票的实际价值以下，股民就会买进，股价随着大家的买进停止下跌。实际上，空头只有在股价过高的时候卖出股票才能赚大钱。可以肯定的是，内线人士绝不会向世界宣布任何事实。

纽黑文铁路公司当然是一个经典案例。现在人人都知道是怎么回事，可当时知道的人很少。这只股票1902年的股价是255美元，而且它是新英格兰地区最大的铁路投资公司。那时在新英格兰地区，一个人在这只股票上的持股数量决定了他受尊重的程度和他在股票圈子的地位。如果谁说这家公司濒临破产，他不会被关进监狱，而是会和其他疯子一起被关进疯人院。但当摩根先生任命一位固执己见的新总裁时，惨剧开始了。大家一开始并不知道新总裁的新政策会让公司沦落到今天这种境地，但随着一笔又一笔资产以虚高的价格被联合铁路套牢，一些眼光敏锐的人开始怀疑梅兰总裁的新政策。纽黑文铁路公司以1000万美元从联合铁路买进了一种价值200万的有轨电车系统，对于这一事件，公司委员会的一两位轻率成员出言不逊，说公司管理阶层行事鲁莽，暗示连纽黑文这样的公司也经不起这种挥霍。

首先看出大难临头的人当然是内部人士。他们了解了公司的实际情况，开始抛出持股。第一批看出大难临头股灾不远的人，当然是内线人士。他们逐渐了解公司的真正状况，开始减少持股。由于他们纷纷抛售持股，不再支撑这只股票，新英格兰地区的这只优质铁路股票开始下滑。人们一如既往地开始询问原因，要求得到合理的解释，而惯用的伎俩也很快出现："重要内线人士"宣称，他们觉得这只股票没什么问题，这种下跌是鲁莽的空头在抛售引起的。听到这话，新英格兰地区的投机商继续持有他们手中的纽约—纽黑文—哈特福德联合股票，还以为就跟投资一样稳赚不赔，根本没把它当做投机。内线人士不是说这只股票没有问题吗？几个空头的抛售有什么了不起？公司不是宣布继续分红吗？那他们当然觉得应该继续持股啊！

同时，公司并没有兑现轧空空头的承诺，股价反倒再创新低。内线人士开始更加急切且明目张胆地抛售。这样的下跌会给新英格兰地区寻求稳妥投资和稳定分红的股民们带来惨重的损失，所以，一些情绪激动的波士顿人开始要求相关人士对股价的暴跌给出明确的解释，可他们却被谴责为蛊惑人心的股票奸商。

从255美元到12美元的暴跌是空前绝后的，这绝对不是，也绝不可能是空头掼压的结果。这种跌势不是由空头卖压引起的，也不是空头的操作维持的。内线人士总是能一边高价卖出，一边鼓动股民继续买进。而如果他们把真相公诸于众，就绝对无法在高价位抛出了。内线人士知道，不管股价是250美元，还是200美元、150美元、100美元，或是50美元、25美元，这都高于这只股票的实际价值，可广大股民并不知情。股民们试图在这只股票的交易中赚钱，因为他们认为股价暂时的劣势对他们低吸有利，而这家公司的全部真实情况只有少数人清楚。

过去二十年里所有最惨重的暴跌都不是由空头卖压引起的，可大家却一再轻信这种解释，导致他们损失了几百万又几百万。一些股民看到这只股票的表现后本来打算卖出甚至出清所有持股的，可就是听信了这种解释，他们还抱有一线希望，以为空头停止卖压后，股价就能反弹。以前我总听到大家指责基恩，在基恩之前，他们指责查理·沃瑞索夫或爱迪生·柯马克。后来，连我自己也成了他们无端指责的对象。

说到这儿，我想起了在英特维尔石油股票上发生的事。当时，有一个内线集团在拉抬这只股票的价格，一些股民看到股价上涨便开始买进。这些炒作者把股价炒高到50美元后卖出，股价随之出现暴跌。于是，像往常一样，股民们又在问：为什么英特维尔变得如此疲软？大多数人都有同样的疑问，这一问题的答案也就成了头条新闻。一家财经通讯社召集了一群证券商，这些证券商完全知晓英特维尔石油上涨的内情，所以也清楚这只股票下跌的原因，他们其实也是这一内部做多集团的成员。当这家通讯社问他们股价为何暴跌时，为了找到一个可以公诸于众的原因，他们竟然说：是拉里·利文斯顿在打压股市！不仅如此，他们还说要"教训"他。但这一内部集团当然还在不断卖出。股价那时跌到了12美元，他们还可以把它压到10美元甚至更低，即使那样，平均售价仍会高于他们的买进价。

对内线人士来说，随着股价下跌一路卖出是合理而明智的，可对在35—40美元的价位买进的不知内情的人来说就不同了。毫不知情的股民们看到新闻报道后，依然保留持股，等着拉里·利文斯顿落入愤怒的内线人士手中。

在牛市中，尤其是市场繁荣时期，广大股民一开始都能赚钱，可后来都因为流连于牛市不肯收手而亏损。他们就是听信了这种"空头打压"的解释才会流连然后套牢。对于这些解释，大家应提高警惕，这只是那些不愿透露姓名的内线人士的圈套。

第24章
有些人有时候能打败某些股票，但没有人能永远打败整个股市

　　股民们总是希望得到内部消息，所以才会有这么多人听信后把内部消息传给下一个。证券商理应通过证券公司内刊简讯或口头方式给客户一些交易建议，可他们不应过于强调现状，因为市场运作总是领先现状6—9个月。证券商不能根据某公司当日的收益就建议客户购买该公司的股票，除非能肯定这家公司6—9个月后还能保持当日的收益水平。把目光放长远，你就能清楚地看到，形势的发展会改变当前正在发挥作用的力量，你就不会认为股价现在很便宜了。投机商的目光必须长远，证券商则只关心现在是否能赚到佣金，所以证券公司内刊简讯中通常都不可避免地存在错误的推断。证券商主要靠从股民那里收取交易佣金谋生，但他们也会通过市场内刊简讯或口头的形式引诱散户购买内线或炒作者抛出的股票。

　　经常会有内线人士去找证券公司的老板，请求证券公司为他的股票开拓市场，让他脱手5万股股票。证券商想进一步了解情况。假设这只股票的报价是50美元。内线人士会告诉公司老板："我会以45美元的价格给你5000股股票的认购权，之后股价每提高1个点，我就多给你5000股股票认购权，直到把所有5万股的认购权都给你，我还会给你以实时价格出售这5万股的卖出选择权。"

　　这样，只要这家证券公司有大批粉丝——内线人士要找的当然正

和每一次经济衰退结束时一样，周期型股票又开始引领股市创出新高。

是这种公司，这钱是相当容易赚的，证券公司常常有大批粉丝。记住，因为证券公司手上有卖出选择权，所以这是十拿九稳的生意。只要能让股民跟进，证券公司就能出脱所有持股，既赚取了正常情况下的佣金，又能以高额利润出脱所有持股。

我还记得华尔街上一位著名"内线人士"的成就。

他打电话给一家大型证券公司的客户经理，有时甚至打电话给本公司的小股东，告诉他们："嘿，老伙计，我很感激你多次帮我，为了报答你，现在给你透露一个赚大钱的机会。我们正在用我们一家旧公司的资产充实一家新公司，股价肯定大幅上涨。我准备以65美元的价位送给你500股班塔姆连锁店的股票，而该股现在的报价是72美元。"

这位心存感恩的内线人士把这个消息告诉了十几家证券公司的经理。既然华尔街的证券商收到了慷慨的内线人士提供的消息，当他们得知这只股票能让他们获利时，会怎么做呢？当然是建议公司的每个客户都去买进该股，好心的内线人士早就料到了这一点。这些证券商帮助这个好心的内线人士创造了市场，让他可以把手中的这只股票高价转给可怜的广大散户。

证交所还应禁止其他一些股票承销手段。这些手段数不胜数，数量和种类都超乎人们的想象，且大多合法。

以部分付款的方式在场外销售股票的上市公司，应当禁止其在公开市场交易。在公开市场正式上市并有报价，就让这只股票有了某种形式的保证，让它在场外能够吸引股民买进这种股票。在自由市场正式出现以及股价上偶尔的优势就足以吸引股民超额买进了。

投资周期型股票，重要的是要抓住正确时机及时抛出，获利了结，否则，高涨的股价会跌回起点。

如果发现公司基本面恶化，要果断地第一时间全部卖出。

还有一种股票推销手段，会让不肯自己思考的广大股民亏损成千上万块，但它完全合法，所以没人需要为此担负任何法律责任。这就是仅仅由于所谓股市需求增加股本金，这一过程并不会改变什么，除了股票的颜色。为了让某只股票变得抢手，操作者可能会用新股的2股、4股甚至10股代替旧股的1股。就像价格为1块1磅的产品，本来很难销售，但把价格改为25美分0.25磅就可能比较容易售出，甚至价格是27

或30美分0.25磅时都能售出。广大股民从来没想过这只股票的价格为何会变得低廉，其实又是华尔街的"慈善家"在作怪。精明的交易者会提防这种"特洛伊木马"，这种特征本来是必须应当警惕的，可广大股民们毫不理会，于是每年都亏损数百万美元。

编造并散布谣言，给某一行业、个人或公司信誉带来不利影响的人会受到法律的制裁，因为那些人企图促使股民卖出压低股价。本来，这一法律的主要用意是惩罚那些在经济紧张时期公开怀疑银行偿付能力的人的，这样可以减少挤兑的风险。但同时，它当然也是为了保护大众，以防他们以低于股票实际价值的价格抛售股票。换句话说，美国的法律惩罚散布这类利空消息的人。那法律又如何保护大众不在高于股票实际价值的价位买进呢？谁来惩罚那些散布毫无根据的利多消息的人呢？没有人。股民们会听从匿名内线消息在股价过高的时候买进，也会听信所谓"空头掼压"的解释以低于股票实际价值的价格抛售，这两者虽都会带来亏损，但前者带来的亏损明显高于后者。如果像惩罚散布空头谎言的法律一样，惩罚散布多头谎言也能做到有法可依，就能让广大股民少损失几百万了。

承销商、炒作者是匿名乐观消息的受益者，但是这些人都会说：根据谣言和不具名的声明进行股票交易，这样的人活该亏损。甚至有人会说：愚蠢的股痴就像吸毒成瘾的人一样没有资格受到保护。

证券交易所应当站出来，积极保护广大股民不受不正当行为的侵害。如果了解内情的人想让股民们相信他对事实的声明或个人观点，就让他签名，对自己说的话负责。有署名并不能保证利多消息就是真的，但这样做可以让"内线人士"和"大股东"说话时更谨慎。

大家应当时刻谨记股票交易的基本原则。股价上涨时，不要问它为什么涨，持续买进自然会推动股价上涨。只要股价持续上涨——上涨中偶尔会出现合理的小幅回落——继续跟进就是稳妥的操作。但如果经过长时间的持续上涨后，股价突然回档，逐渐开始下跌，其间虽偶尔小幅反弹，你就明白，很显然，最小阻力方向已经从上涨变为下跌了。情况就是这么简单，为什么要苦苦寻求解释呢？可能真的有某些充分的理由引起股价下跌，可只有少数人知道这些原因，他们要么将原因秘而不宣，要么就对股民宣称这只股票现在的价格很便宜。这个游戏的本质就是这样，所以，股民们应该认识到，知情人是少数人，而且他们绝对不会透露真相。

那些以所谓的"内线人士"或"官方"名义发表的声明大都没有事实依据。甚至根本没有人要求什么内线人士发表具名或不具名的声明，编造并发表这些声明的，都与该股有极大的利益关系。在一只股票股价的某个上涨阶段，大量持股的内线人士不会反对专业交易商参与到这只股票的交易中，并从旁边协助。但内线人士可能告诉这位大投机商应当何时买进，却一定不会告诉他应当何时卖出。这让这个专业交易商与广大散户处于同一境地，只是他们定会创造一个更大并足够大的市场让内线出货。此时，你就会获得误导性消息。有些内线人士的买进建议是可信的，当然，还有一些内线人士在游戏的任何阶段都不可信。而公司的大老板们，通常会根据内情在市场上买进卖出，他们并不说谎，只是什么也不说，因为他们发现，有时候沉默是金，更有诱惑力。

我已经说过很多次了，而且说再多也不为过：作为股票作手的多年经验让我坚信，有人有时能打败某只股票，但没人能永远打败整个股市。不管他的经验多么丰富，任何交易商都可能遭受损失，因为投机活动不可能百分之百全中。华尔街的专家们都知道，根据内线消息操作，会让你加快破产进度，它比饥荒、瘟疫、作物歉收、政治调整或其他正常的意外事故带来的摧毁效应更迅速，更彻底。不管是在华尔街，还是其他任何地方，都没有通往成功的康庄大道，既然都是羊肠小路，何必再用内幕消息堵塞前进的路？

影响股价的增长率是收益增长率。高收益增长率是牛股的关键所在。